FLENSBURGER HEFTE

Erziehung

Aus dem Inhalt

Liebe Leserinnen und Leser!

Erziehung war für die Menschen vergangener Tage kein Thema. Kinder waren einfach da, man kümmerte sich nicht weiter um sie, schenkte ihnen weniger oder kaum mehr Beachtung als dem eigenen Vieh.

„Kinder seien zunächst 'eitel wilde Tiere und Säu in der Welt, die zu nichts nutze sind, denn zu fressen und zu saufen', verkündete Martin Luther 1520, wohl der konsequenteste Vordenker des rigiden Erziehungsstils der Neuzeit." (Kursbuch Kinder. Köln 1993, S.342)

Kinder wurden unterdrückt, mit Schlägen wurde ihnen erwünschtes Verhalten eingebleut. Emotionale Nähe zum Kind konnten sich die Menschen in Zeiten hoher Säuglingssterblichkeit zudem auch emotional kaum leisten. Kinder überlebten, oder sie überlebten nicht. Zumindest in den Industrienationen hat sich das Bild grundlegend gewandelt. In einer Umfrage des Deutschen Jugendinstituts aus dem Jahre 1991, in der Eltern nach ihren Erziehungszielen befragt wurden, nannten von je 100 Eltern 92 Selbstvertrauen, 85 Verantwortungsbewußtsein, 84 Selbständigkeit und Verständnis für andere und 78 Höflichkeit und eine gute Bildung als erstrebenswerte Eigenschaften, die Kindern erzieherisch zu vermitteln seien (vgl. ebd., S.329). Damit scheint weniger der auf Anpassung und Unterordnung erpichte Mensch im Zentrum pädagogischen Interesses zu stehen, sondern zunächst der eigenverantwortliche, mündige Mensch.

Doch auch wenn man das Ziel kennt: Was ist konkret zu tun? Wie muß die Erziehungspraxis gestaltet werden? Welche Probleme stellen sich im Alltag? Was ist eigentlich die Aufgabe der Schule? Welche Einflüsse wirken heute auf die Kinder, und welche Auswirkungen haben sie? Wie kann man überhaupt die kindliche Entwicklung verstehen?

Diesen und anderen Fragen wenden wir uns im vorliegenden FLENSBURGER HEFT in verschiedenen Interviews und Artikeln zu. Ursprünglich hatten wir auch Beiträge zu den Themen „Berufliche Bildung" und „Oberstufenpädagogik" vorgesehen, doch sie hätten den Umfang dieses FLENSBURGER HEFTES ins Unermeßliche anschwellen lassen.

Drei bereits vorliegende Beiträge – ein Interview mit Prof. Dr. Peter Schneider und Dr. Wilfried Gabriel zu den Themenbereichen Neuorientierung der Berufe, neue Modelle für Schule, Berufsbildung und Arbeitswelt, Teamarbeit, umgekehrter Kultus, Karma des Berufes und ein Artikel von Reinhard Elsler über Hindernispädagogik sowie eine Darstellung der Markus-Stiftung von Peter Brodersen – erscheinen voraussichtlich noch in diesem Jahr in einer weiteren Publikation unseres Verlages (Sonderheft 15). In diesem Buch behandeln wir dann die Themenbereiche: Oberstufenreform, Lebensvorbereitung der Schüler, berufliche Bildung, Reform der staatlichen und der Waldorfschule, moderne Arbeitswelt, Teamarbeit und vieles mehr.

Wenn in den einzelnen Beiträgen der vorliegenden Ausgabe in allgemeinen Aussagen die männlichen Schreibweisen „der Lehrer" oder „der Erzieher" benutzt werden, so sind selbstverständlich mit diesen herkömmlichen Bezeichnungen sowohl Männer als auch Frauen gemeint, eben alle jene Menschen, die lehren bzw. erziehen. Diese Tatsache auch ständig in der Schreibweise zu berücksichtigen wäre beim Lesen störender als die jetzige unzulängliche Form.

Nebenbei bemerkt: Vor Ihnen liegt das 50. FLENSBURGER HEFT – Anlaß für ein kleines Jubiläum!

Es grüßt Sie
Ihre
FLENSBURGER HEFTE-Redaktion

Zu den Steiner-Zitatangaben in den FLENSBURGER HEFTEN: Die GA-Nummern beziehen sich auf die jeweilige Bibliographie-Nummer der Rudolf Steiner Gesamtausgabe im Rudolf Steiner Verlag, Dornach/Schweiz. Danach sind in der Regel das Erscheinungsjahr der benutzten Ausgabe, das Vortragsdatum bzw. Kapitel und die Seitenzahl angegeben, von der Autor-, Titel- und Ortsnennung wird abgesehen. Nach Bibliographie-Nummern geordnet ist die Rudolf Steiner Gesamtausgabe im Katalog des Rudolf Steiner Verlags aufgeführt. Der Katalog ist durch den Buchhandel erhältlich.

Eure Kinder sind nicht eure Kinder.

Sie sind die Söhne und Töchter der Sehnsucht des Lebens nach sich selber.

Sie kommen durch euch, aber nicht von euch,

Und obwohl sie mit euch sind, gehören sie euch doch nicht.

Ihr dürft ihnen eure Liebe geben, aber nicht eure Gedanken,

Denn sie haben ihre eigenen Gedanken.

Ihr dürft ihren Körpern ein Haus geben, aber nicht ihren Seelen,

Denn ihre Seelen wohnen im Haus von morgen, das ihr nicht besuchen könnt, nicht einmal in euren Träumen.

Ihr dürft euch bemühen, wie sie zu sein, aber versucht nicht, sie euch ähnlich zu machen.

Denn das Leben läuft nicht rückwärts, noch verweilt es im Gestern.

Ihr seid die Bogen, von denen eure Kinder als lebende Pfeile ausgeschickt werden.

Der Schütze sieht das Ziel auf dem Pfad der Unendlichkeit, und Er spannt euch mit Seiner Macht, damit Seine Pfeile schnell und weit fliegen.

Laßt euren Bogen von der Hand des Schützen auf Freude gerichtet sein;

Denn so wie Er den Pfeil liebt, der fliegt, so liebt Er auch den Bogen, der fest ist.

Khalil Gibran

Aufgaben der Erziehung

Interview mit Stefan Leber

von Klaus-Dieter Neumann

Stefan Leber, *geb. 1937. Studium der Politik, Geschichte u.a. in Berlin. Elf Jahre Lehrer an der Oberstufe der Waldorfschule Pforzheim. Seit 1973 Dozent am Seminar für Waldorfpädagogik Stuttgart und Vorstandsmitglied des Bundes der Freien Waldorfschulen.*

Veröffentlichungen: „Die Sozialgestalt der Waldorfschule", [3]1991 (Erscheinungsort immer Stuttgart). „Selbstverwirklichung – Mündigkeit – Sozialität. Eine Einführung in die Idee der Dreigliederung des sozialen Organismus", 1978. „Die Geschlechtlichkeit des Menschen – Gesichtspunkte zu ihrer pädagogischen Behandlung", [2]1989 (mit W. Schad und A. Suchantke). „Die Waldorfschule im gesellschaftlichen

Umfeld", 1981. „Atomtechnik und Anthroposophie. Die Energiekrise als Prüfstein moralischer Verantwortlichkeit", 1981. „'... es mußten neue Götter hingesetzt werden'. Menschen in der Entfremdung: Marx und Engels, Cieszkowski, Bauer, Hess, Bakunin und Stirner", 1987. „Freiheit durch Gewalt? Zum Phänomen des Terrorismus", 1987. „Weltanschauung, Ideologie und Schulwesen. Ist die Waldorfschule eine Weltanschauungsschule?", 1989. „Die Menschenkunde der Waldorfpädagogik. Anthropologische Grundlagen der Erziehung des Kindes und Jugendlichen", 1993. Zahlreiche Aufsätze in Sammelwerken und Zeitschriften.

Das folgende Interview mit Stefan Leber, Dozent am Seminar für Waldorfpädagogik Stuttgart, gibt einen ersten Überblick über die Entwicklung des Kindes und Jugendlichen sowie die sich daraus ergebenden Aufgaben der Erziehung. Es benennt die Eckpunkte menschheitlicher Entwicklungsschritte, die dem gesamten Inkarnationsprozeß jeder Kindesentwicklung und aller individuellen Ausformung zugrunde liegen. Auf diese Entwicklungsschritte muß Erziehung antworten, wenn sie die Entfaltung der menschlichen Individualität fördern will. Denn die gesunde leibliche und seelisch-geistige Entwicklung des Kindes vollzieht sich nicht von selbst – heute weniger denn je. An der sich heute mehr und mehr abzeichnenden Krise der Erziehung wird nicht nur deutlich, daß die Lebensumstände für die Heranwachsenden immer ungünstiger und schädlicher werden, wenn sie ihnen bloß ausgeliefert sind, sondern auch daß der Sinn menschlicher Entwicklung im allgemeinen den Erwachsenen zunehmend entgleitet. Denn Erziehung heißt immer Selbsterziehung, wie in dem Interview gezeigt wird.

Die hier angesprochenen Grundlagen der Erziehung werden in den anderen Beiträgen dieses FLENSBURGER HEFTES unter verschiedenen Blickwinkeln weiter vertieft.

Der Mensch kommt nicht nur einmal auf die Erde

Klaus-Dieter Neumann: Welche Bedeutung hat die Tatsache der Wiederverkörperung für die Erziehung?

Stefan Leber: Der Gedanke der Reinkarnation liegt der anthroposophischen Pädagogik zugrunde. Zunächst kann man feststellen, daß der Mensch alles erlernen muß, wenn er heranwächst. Denn im Unterschied zum Tier hat er keine Ausstattung im Hinblick auf seine Überlebenssicherheit. Auch die urmenschlichen Funktionen müssen erworben werden: Er kann weder gehen, noch kann er sprechen, noch denken. Dabei kann man schon früh signifikante Unterschiede feststellen. Man kann z.B. bemerken, daß einigen Kindern das Ergreifen des eigenen Leibes, die Aufrichtung schwerfällt. Sie mühen sich, stürzen oft, während andere es da leichter haben. Dasselbe kann man auch im Hinblick auf den Erwerb der Sprache feststellen.

Jan Stevenson, einer der wenigen Forscher, die ganz nüchtern, pragmatisch an den Gedanken der Reinkarnation herangehen, berichtet in einem Werk über Reinkarnation, wie gelegentlich Kinder im 2. Lebensjahr über ihre frühere Verkörperung zu sprechen anfangen. Wenn man diese Fälle durchgeht, sind das in der Regel Kinder, die in ihrer vorhergehenden Inkarnation in jungen Jahren durch Gewalteinwirkung, Unfälle, Blitzschlag usw. ums Leben gekommen sind. Sie sagen dann auch zu ihren Eltern, daß diese nicht ihre Eltern seien.

Ich konnte mich bei meinen Kindern nicht erinnern, daß sie so früh solche ausführlichen Schilderungen gegeben hätten, und dachte, daß es eigentlich gar nicht möglich sei, daß Kinder etwa Mitte des 2. Lebensjahres ganze Geschichten erzählen. An einem Enkelkind habe ich dann aber beobachtet, wie es so mit 2 Jahren und 3 Monaten anfing, ganz zusammenhängend zu sprechen und Erlebnisse aus sich herauszusetzen, allerdings nicht über ein früheres Leben. Das will nur zeigen, daß auch das Ergreifen der Sprache völlig individuell geschieht. Jeder Mensch muß das Sprechen lernen, aber wie der Lernvorgang geschieht, das ist höchst individuell.

Nun kann man fragen, ob es da eine unterschiedliche Ausstattung gibt, ob es am Erbgut liegt oder irgendwie mit dem kollektiv Errungenen in früherer Zeit zusammenhängt. Man könnte dann annehmen, daß der Mensch sich einen Zusammenhang sucht, in dem er manches vielleicht schwerer erringen muß und anderes ihm leichter von der Hand geht. Die vielfältigen Phänomene betrachtet, kann man auf die Tatsache der Reinkarnation zurückgreifen und sich verdeutlichen, was Reinkarnation eigentlich heißt. Der abendländische Gedanke der Reinkarnation ist meines Wissens zuerst von Lessing formuliert worden. Er hat in seiner Schrift „Die Erziehung des Menschengeschlechts" diesen Gedanken ganz aus der Rationalität der Aufklärung heraus gewonnen: Die Menschheit muß auf dem Wege ihrer Weiterentwicklung Lernschritte vollziehen. Zur gleichen Zeit können wir auf der Erde sowohl Steinzeitkulturen als auch modernste High-Tech-Kulturen vorfinden. Der einzelne Mensch kann aber niemals in einem Leben alle Kulturen gleichzeitig durchlaufen. Und der einzelne ist auch niemals in der Lage, alles in einem Leben zu lernen, was er zu seiner Vervollkommnung braucht. Daher – so führt Lessing den Gedanken der Reinkarnation ein – kommt der Mensch nicht nur einmal auf die Erde. In jedem seiner Erdenleben erwirbt der Mensch neue Fähigkeiten und Kenntnisse. In jedem Leben gibt es weitere Lernschritte zu vollziehen.

Und nun zeigt sich schon in den ersten Entfaltungen der Anlagen des Kindes, daß ganz unterschiedliche Willenszugriffe im Bezug zur Welt vorhanden sind, sei es zu körperlichen Tätigkeiten oder sei es zu sprachlichen oder auch denkerischen Bereichen. Die Grundfähigkeiten, die Kinder zu erlernen haben, sind zwar dieselben, aber in der Art, *wie* sie erlernt werden, sind ganz individuelle Vorgänge und Zugriffe beobachtbar. Desweiteren kann man auch bemerken, daß die Lernumwelten, die dem Kind angeboten werden – anthroposophisch gesprochen: das Karma –, jeweils einzigartig sind, daß die Herausforderung sich für jedes Kind einzigartig darstellt. Da gibt es keine zwei gleichgearteten Lernumwelten.

Der Geist des Menschen ergreift die Leiblichkeit

K.-D.N.: Woher stammen die Talente, die Anlagen zu bestimmten Fähigkeiten? Stammen sie ausschließlich aus dem Errungenen vergangener Erdenleben, also aus dem, was sich das Kind mitgebracht hat, oder stammen sie auch aus dem Erbstrom, der von den Großeltern und Eltern herkommt?

S. Leber: Anlagen sind keine ausgebildeten Fähigkeiten, und jede Anlage hat immer zwei Gesichter: Wenn ich z.B. schnitzen will, brauche ich eine Hand, mit der ich das Schnitzeisen führen kann. Der Mensch hat also die Anlage der Hand, er braucht eine Körperlichkeit. Die Art aber, wie er eine Tätigkeit ausführt, steigt nicht aus dem Leib auf. Der Leiblichkeit bedient sich eine Kraft, und die ist etwas rein Geistiges. Der Geist des Menschen greift in die Leiblichkeit ein und führt sie. Und da gibt es natürlich aus der Leibdisposition unterschiedlich gegliederte Anlagen, z.B. feiner gestaltete Hände und gröbere. Allerdings kann man sich da auch erheblich täuschen, wenn man sich vom äußeren Eindruck leiten läßt. Denn man kann auch immer wieder überraschend feststellen, daß ein Kind z.B. hervorragend geigt, aber man den Händen die Fähigkeit gar nicht ansehen kann.

Ich will das einmal mit dem Johannesevangelium beantworten: Es ist immer die Frage, ob die Finsternis des Leibes, die Matrix, das Licht begreift oder nicht. Das ist das Entscheidende. Wir brauchen eine Leibanlage, aber das Licht, nämlich die Gestaltungskraft, dasjenige, was Fähigkeiten erbildet, das entstammt nicht dem Leib selbst.

Und das Herbeiführen dieses Zusammenstimmens eines Geistigen mit dem Leiblichen, das ist eben die Lernleistung. Jeder Mensch befähigt sich, wenn er übt. Aber es gibt große Unterschiede des Übens: Die einen üben und sind nach kurzer Zeit schon weit fortgeschritten, während andere auch über längere Zeit ziemlich verharren und man kaum einen Fortschritt bemerkt. Wir haben es also in diesem Zusammenhang nicht mit einem Entweder-Oder, sondern mit einem Sowohl-als-Auch zu tun.

Jetzt kann man noch den weiteren Gedanken hinzunehmen, daß sich der Geist des Menschen immer die Leiblichkeit und den Erbstrom sucht, der am meisten mit dem übereinstimmt, niemals voll, was er zu verwirklichen strebt. Sogar Eduard Spranger, der gewiß nichts mit Anthroposophie im Sinn hatte, spricht von einem Lebensplan, den jeder Mensch hat und den er nach und nach aus sich heraus entwickelt. Er kommt also erst zu dem, was er sowieso schon hat bzw. erstrebt.

K.-D.N.: Er kommt erst dahin?

S. Leber: So Spranger. Er meint dabei die Entwicklung im Jugendalter. Das macht deutlich, daß im Unbewußten bereits etwas da ist, das erst nach und nach ins Bewußtsein eintritt. Eine höhere Intelligenz als diejenige, die uns im Wachbewußtsein zur Verfügung steht, sucht sich die Leiblichkeit, die ihren Intentionen entspricht.

K.-D.N.: Wann ist denn in der Kindes- bzw. Jugendentwicklung oder auch beim Erwachsenen der Stand erreicht, daß das früher Errungene und Mitgebrachte entfaltet ist?

S. Leber: Man kann den Lebensplan nicht davon abtrennen. Daher kann das nie ein Augenblick sein, sondern das Leben ist immer ein Gesamtwerk. Ich würde das so verstehen: Ein Künstler geht schwanger mit einem Werk, das er aus sich heraussetzen will. Und dann fängt er an und produziert. Schließlich vollendet er das Werk, und plötzlich bemerkt er, daß noch mehr Werke in ihm stecken. Also fängt er wieder an.

Das ist ein unentwegtes Schaffen. Der Lebensplan entfaltet sich in der Gesamtheit, und er ist nicht auf einer Station erfüllt, die man irgendwann erreicht. Diese Gesamtheit umfaßt alle Höhen und Tiefen, alles Ringen, Gelingen und Niederlagen. Das ist die Lebensintention. Unsere Lebenssinfonie besteht nicht nur aus fünf Takten.

Erziehung muß Anlagenvielfalt ermöglichen

K.-D.N.: Wie würden Sie die Aufgabe der Erziehung vor diesem Hintergrund charakterisieren?

S. Leber: Die Erziehung kann im Grunde genommen nur Handreichung sein, daß die Anlagen, die der Mensch in sich trägt, nicht einseitig gefördert werden, sondern eine Anlagenvielfalt möglich wird. In der Waldorfpädagogik sieht man daher – sehr grob umrissen – folgende Aufgaben: Im ersten Lebensjahrsiebt ist die zentrale Aufgabe, körperliche Gesundheit zu geben und dem Kind einen Reichtum zur Nachahmung anzubieten, so daß die Individualität des Menschen in der nachahmenden Tätigkeit mit Hilfe des Leibes sich möglichst viel an sinnvollen Bewegungsabläufen aneignen kann.

Im zweiten Lebensjahrsiebt kommen dann „Lehrinhalte" dazu. Und wir wissen alle, daß schulische Lehrinhalte schon etwas vermindert interessant gegenüber demjenigen sind, was sonst die Fülle des Lebens bietet. Da müssen wir auf der einen Seite ganz pragmatische Aufgaben erfüllen: Ein Kind wird heute geboren, und wir haben nicht die Aufgabe, das 19. Jahrhundert zu restituieren, sondern müssen die Welt des ausgehenden 20. Jahrhunderts mit im Blick haben. Allerdings haben wir nicht im Vordergrund der Erziehung zu sehen, was das Kind sowieso aus der Gesellschaft ergreifen wird – ob wir wollen oder nicht –, sondern als Erzieher haben wir darauf zu achten, was nach Möglichkeit an Substanz für die Seele des Kindes mitzugeben ist.

Man könnte vielleicht meinen, daß die Kulturtechniken dafür gar nicht so wichtig sind, aber ihre Vermittlung wird natürlich von der Schule erwartet. Also muß die Schule das Lesen und Schreiben möglichst kindgemäß vermitteln. Da gilt es abzulauschen, was der Seelenhorizont des Kindes ist, was die Erwartungen, die Möglichkeiten sind, die da liegen. Wir haben darauf zu achten, daß der Mensch nicht nur einen Kopf hat, sondern daß unterhalb des Kopfes noch ein ganzer Mensch mit seinen Empfindungen und mit seinem Bewegungsdrang existiert. Diese Dreiheit muß in einen Gesamtzusammenhang gebracht werden.

Im Jugendalter hat man dann noch einmal einen neuen Blick auf die Lebenssituation des Jugendlichen zu richten, weil sich dann auch die Interessen wandeln. Da steht dann anderes im Vordergrund. Wir haben dafür Sorge zu tragen, daß jetzt auch Verbindlichkeit, Arbeit, Tätigkeitselemente in aller Konsequenz erfahrbar werden, kurz: daß das Leben wirklich erfahren wird, nicht nur als Genuß.

Menschheitlicher Gestus und individuelle Entwicklung

K.-D.N.: Wie eng sind die Zeitangaben Rudolf Steiners zu nehmen, die er in bezug auf die Entwicklungsschritte des Kindes in den einzelnen Lebensjahrsiebten gibt? Hat sich da seither nicht vieles verschoben, und ist nicht vieles individuell sehr verschieden?

S. Leber: Steiner unterscheidet da selbst zwei Zeitströme: Der eine ist allgemein, der andere individuell. Der allgemeine Strom ist der, den man konkret nie vorfindet, denn das ist eigentlich ein Typus, er ist menschheitlich. Die Embryonalzeit z.B. dauert etwa 9 Monate. Und dann schließt gerade an die leibnahe Entwicklung auch eine Entwicklung an, die zeitlich ziemlich geordnet verläuft: Erwerb der Aufrichte, des Gehens mit einem Jahr, Spracherwerb im 2. Jahr, Anfänge des Denkerwerbs im 3. Jahr, Zahnwechsel so um das 7. Jahr, ebenso der Abschluß der Gehirnformung usw. Da gibt es ja vielfältige Phänomene.

Der tatsächliche Vollzug dieser Entwicklungsschritte variiert nun aber individuell gewaltig. Es gibt Kinder, die das Gehen mit 16 Monaten lernen, andere sind schon mit 9 Monaten mit Versuchen beschäftigt, manchen gelingt das Gehen schon mit 10 Monaten. Jetzt entsteht die Frage, woran sich der Erzieher halten soll: Soll er das zeitlich Abweichende fördern, also individualisieren, oder tut er dem Kind etwas Gutes, wenn er es so anspricht, als ob die Kindesentwicklung ein menschheitlicher Gestus wäre? Die Unterscheidung Steiners führt dazu, daß die Waldorfpädagogik die allgemeine Entwicklung beachtet. Und seine Angaben sind etwa annähernde Zeitangaben, die individuell weit streuen.

K.-D.N.: Der Lehrer bzw. die Lehrerin soll also das allgemein Menschliche ansprechen?

S. Leber: Ja. Das führt in der Waldorfpädagogik dazu, daß z.B. in der heilpädagogischen Erziehung Kinder, die zwar 14 Jahre alt sind, aber die noch nicht einmal „ich" zu sich sagen können, also sprachlich noch nicht das 3. Lebensjahr erreicht haben, wie 14jährige angesprochen werden.

Die Entfaltung der menschlichen Würde ist an Zeit gebunden, und man tut dem Kind etwas Gutes, wenn man diese Würdeentwicklung im Auge behält. Dann kann man die individuelle Entwicklung ein Stückweit zurücktreten lassen. Wenn ich allerdings vor der individuellen Entwicklung die Augen verschließe, dann ziele ich an der Wirklichkeit vorbei. Man muß hier also das Gleichgewicht schaffen.

Von Genies und der Reduktion der Kindheit

K.-D.N.: Und was ist, wenn ein Kind sehr viel früher eine Fähigkeit entwikkelt, als das allgemein der Fall ist? Soll man dann so tun, als ob diese Fähigkeit nicht ausgebildet wäre?

S. Leber: Nein, aber man sollte dann die Ausbildung dieser Fähigkeit nicht übermäßig forcieren. Es gibt ja Wunderkinder, insbesondere in der Musik und Mathematik ist das vielfach belegt. Wenn ein solches Genie entdeckt wird, wird üblicherweise gepowert und nur diese Fähigkeit hochgetrimmt. Bei jugendlichen Weltstars, die heute als Pianisten, Geiger usw. Konzerte geben, findet man im Elternhaus meist Musiker. Und ihre Kinder haben dann nie eine Kindheit gehabt, sie waren immer unter Streß, um Stars zu werden.

Ich habe einmal einen Liszt-Klavierwettbewerb miterlebt. Es waren überwiegend junge russische Pianistinnen, 16, 17 Jahre alt, die an diesem Abend spielten. Deren Können war stupend. Technik spielte überhaupt keine Rolle, die beherrschten sie perfekt. Wie konnten sie diese Perfektion erwerben? Durchgängig hörte man, daß sie ab dem 3. oder 4. Lebensjahr jeden Tag viele Stunden am Klavier gesessen und geübt hatten. Auf der einen Seite ist es natürlich ein Genuß, daß es solche atemberaubenden Könner gibt, auf der anderen Seite ist es aber auch eine Reduktion des Menschseins der Kinder, die das durchmachen müssen.

Ich bin auf einen klassischen biographischen Fall gestoßen: Das ist John Steward Mill, ein bedeutender Philosoph, der mit jungen Jahren die Geschichte Roms geschrieben hat, dann eine Einführung in die Logik und ein Lehrbuch der Nationalökonomie, alles, bevor er 13 Jahre alt war. Also: genial. Mill schreibt in seiner Autobiographie, daß er nie Kind gewesen sei, er habe nie gespielt, und er bietet sich als Muster der Menschheit an, indem er dazu feststellt, man könne sehr ökonomisch mit der Zeit umgehen. Dann hat er allerdings eine Lebenszeit zwischen 21 und 28 Jahren, in der er psychisch krank, heute würde man sagen, ein Fall für die Psychiatrie wird: völlig depressiv, antriebslos usw. Erst eine Frau, Mrs. Taylor, hat ihn dann aus diesem Loch herausgeholt. Es steht aber nicht immer ein Mensch bereit. Und wenn man jetzt Einsatz und Ertrag abwägt, dann relativiert sich die „ökonomische Rechnung" ungemein.

Also, für die Gesamtpädagogik gilt, daß für einen verantwortlichen Pädagogen im Grunde immer nur die Frage nach dem rechten Maß leitend sein kann. Andere können ja anderes machen, aber das wäre für eine Schulpädagogik kein verantwortliches Tun. Da muß man Vernunft walten lassen.

Die vier „Geburtsschritte" in der Kindes- und Jugendentwicklung

K.-D.N.: Eines noch, bevor wir im einzelnen auf die Lebensjahrsiebte eingehen: Was beinhaltet der Begriff der verschiedenen „Geburten" bei Steiner?

S. Leber: Steiner greift da einen Topos auf, der in der Geschichte verschiedentlich auftrat. So bezeichnet z.B. Jean-Jacques Rousseau im „Emile" die Geschlechtsreife als zweite Geburt. Steiner beschreibt nun, daß der Mensch in mehreren „Geburtsschritten" sein Wesen in der Kindes- und Jugendentwicklung entfaltet. Das kann man heute auch entwicklungspsychologisch recht gut beschreiben: Bei der ersten Geburt tritt der Leib physisch in Erscheinung. Jetzt kann man ihn sehen. Die vorhergehende Entwicklung vollzog sich in der schützenden Hülle des Uterus, also im Verborgenen. Die Mutter kann zwar ab einer bestimmten Zeit Bewegungen des Kindes wahrnehmen, aber sie kann weder das Geschlecht noch den Leib sehen. Und das hat ja auch etwas Gutes, daß man in diese Werkstätte des Lebens nicht hineinschauen kann.

So wie es die geschützte und verborgene Embryonalentwicklung gibt, gibt es jetzt auch weitere verborgene Entwicklungen. Die nächste besteht in der Ausbildung von Bewußtseinsvorgängen, bestimmter Haltungen und Gewohnheiten. Man kann dann irgendwann feststellen, daß Kinder in ihrem Verhalten plötzlich völlig verändert sind, auch in ihrer Fragestellung verändert auftreten. Solche Entwicklungsschritte lassen sich vielfältig und stufenweise festmachen.

Sehr signifikant ist der Umbruch im 7. Lebensjahr, den Steiner als zweite Geburt bezeichnet. Er zeigt sich darin, daß sich die körperliche Gestalt in die Länge ausdehnt, daß die Extremitäten, Arme und Beine, sich strecken. Das Kind kann nun über den Kopf langen und sein Ohrläppchen ergreifen. Das konnte es vorher nicht. – Dazu geht parallel, daß sich in der Zahnleiste der Zahnschmelz der zweiten Zähne gebildet hat. Wenn der erste Zahn ausfällt, sind im Grunde alle Zahnkronen der zweiten Zähne fertig. Auf Röntgenaufnahmen kann man sehen, wie sie gestaffelt im Zahnbett liegen. Der Zahnwechsel ist also ein Zahnstellungswechsel, denn im Grunde sind die zweiten Zähne bereits vom Kind gebildet. Sie sind nicht vererbt, sondern selbst erbaut. In diesem Alter ist alles ererbte Eiweiß umgebaut und selbständig gestaltet. – Desweiteren kann man feststellen, daß jetzt die gesamte Zytoarchitektonik des Großhirns, der Zellenaufbau, ausgereift ist. Es gibt nur noch wenige Partien im Gehirn, die noch nicht ausgereift sind; die sind aber so minimal, daß sie nahezu unerheblich sind.

Wenn das alles geschehen ist, ist leiblich im Verborgenen ein Reifungsvorgang vollzogen, der sich jetzt auch psychologisch signifikant ausdrückt. Jean Piaget hat dazu verschiedene Versuche gemacht: Er hat z.B. Kindern zwei Gläser – ein schmales hohes und ein breites flaches Glas – zum Spielen gegeben und dann in eines der Gläser eine bestimmte Menge Perlen gegeben, die dann öfter von einem ins andere Glas geschüttet wurde. Nach einiger Zeit wurde dann jeweils die Frage gestellt, in welchem Glas denn mehr sei. Vor einem bestimmten Alter wurde immer das schmale hohe Glas genannt: In ihm seien mehr Perlen als im breiten flachen. Die Kinder hätten eigentlich merken müssen, daß es dieselbe Menge ist. Ein Kind kann aber vor einem bestimmten Alter den Begriff der Konstanz der Menge nicht bilden, weil es immer völlig an den Eindruck hingegeben ist. Der aktuelle Eindruck, den es hat, der wirkt. Es ist nicht in der Lage, den vorigen Eindruck festzuhalten und den nächsten mit wahrzunehmen. Diese Fähigkeit wächst dem Kind erst mit dieser zweiten Geburt zu. Dann ist es fähig, freie Vorstellungen zu bilden. Damit tritt Schulreife ein.

Danach gibt es dann wieder Stufen der Entfaltung, die man differenziert beschreiben kann. Und schließlich hat man wieder einen sehr generellen Umbauvorgang, der sich vorbereitet hat. Jetzt wachsen die Glieder, der Thorax längt sich und vor allem: die Keimdrüsen reifen aus. Sie sind von der Anlage her bei der Geburt vorhanden, aber jetzt werden die Fortpflanzungsorgane funktionstüchtig, also Samenbildung und Menstruation – je nach Geschlecht – treten auf. Gleichzeitig lassen sich, zu diesem Geschehen hinzugehörend, eine Fülle von körperlichen Reifungsmerkmalen beschreiben. Von diesem Geschehen kann man sagen – wie Rousseau –, daß das eine weitere Geburt sei.

Woran zeigt sich dieser Umbruch psychologisch? Der Mensch setzt in diesem Lebensalter jetzt über alles und jedes Urteile ab, ob er nun gefragt wird oder nicht, ob sie begründet sind oder nicht. Nichts bleibt gleichgültig, zu jedem nimmt die Wesenheit des Jugendlichen Stellung, und zwar immer mit Gefühlen durchsetzt, und Gefühle sind immer positiv oder negativ. Das drückt sich sprachlich in ganz schlichten Ausdrücken aus, wenn dann die eigene Meinung abgesetzt wird. – Gleichzeitig ist mit dieser beurteilenden Kraft auch immer ein Bild verbunden, das wie eine innere Ahnung oder Vision des Jugendlichen ist, wie die Wirklichkeit eigentlich sein sollte. Er weiß, wie die Eltern eigentlich sein sollten und nicht sind. Daraus bildet sich das Urteil, und das kann dann vernichtend sein, wenn der Erwachsene nicht das, was er normalerweise verbal verkündet, auch selbst lebt. Das wird gnadenlos aufgespießt. Da zeigt sich, daß eine ungeheure Kraft zukunftsweisend im Jugendlichen wirksam ist, und diese Kraft kann man auch als Phantasie bezeichnen.

Also, sowohl Urteil als auch Phantasie treten jetzt im Menschen auf und die Hinwendung zum anderen, nicht nur Geschlecht, sondern zum anderen Menschen schlechthin. Es erwacht jetzt eine Fähigkeit der Naturliebe, der Weltliebe, und religiöse Schichten werden in einer Tiefe freigesetzt wie nie zuvor. Das wäre also im Sinne Steiners die dritte Geburt. Auch sie reift vorher im Verborgenen heran. Es sind Bildungen, die eingehüllt und geschützt im Raum der Seele stattfinden. Wenn man diese vorher freilegt, sie zu früh anspricht, dann schädigt man sie, weil nicht die richtige Reifung vollzogen werden kann. Es treten dann Seelenverletzungen auf, und seelische Erkrankungen können die Folge sein.

Die letzte, vierte Geburt, die Steiner beschreibt, nennt er die Geburt des Ich, genauer: der Ichorganisation. Auch wenn der Mensch bereits urteilen kann, ist er noch nicht in der Lage, seine Taten mit allen Konsequenzen abzusehen. Deswegen spricht die Jurisprudenz dem Menschen die Rechtsmündigkeit erst mit 18 Jahren zu. Erst mit der Geburt des Ich ist die volle Identität und die Verantwortlichkeit für das gesamte eigene Tun gegeben.

Das erste Lebensjahrsiebt – Entwicklung des Leibes

K.-D.N.: Gehen wir einmal näher auf das erste Lebensjahrsiebt ein. Diese Zeit steht vornehmlich im Zeichen der Entwicklung des physischen Leibes. Rudolf Steiner weist darauf hin, daß das Kind in den ersten Lebensjahren ganz Sinnesorgan ist, d.h. ganz in den sinnlichen Eindrücken lebt und diese in einer inneren Willenstätigkeit in die Organgestaltung umwandelt. Wie kann man sich das genauer vorstellen?

S. Leber: Das läßt sich ganz elementar vergegenwärtigen. Man hat z.B. folgenden Versuch gemacht: Bei Mäusen wurde kurz nach der Geburt eine Vorrichtung in das Auge geleitet, wodurch ein indianisches Pfeilgift dauernd in ganz schwacher Dosis das Auge lähmte, so daß das Auge zwar offen war, aber die Sinnesrezeptoren gelähmt waren. Nach einiger Zeit hat man dann das Tier getötet und festgestellt, daß das Auge, das gelähmt war, keine richtige Verbindung zum Sehzentrum bekommen hat. Das heißt, die Nervenzellen und -verbindungen – in diesem Fall bei einer Maus, einem Nesthocker – sind mit der Geburt noch nicht ausgereift.

Das ist auch beim Menschen zum Teil der Fall. Er hat bei der Geburt ein unausgereiftes Gehirn. Da sind zwar Stammhirnfunktionen wie Atmung und Verdauung ausgebildet, aber die Verknüpfung von Eindrücken im Sehfeld gelingt nicht von Geburt an, sondern am Sehen entwickelt sich das Sehen. Und je nachdem, welche sinnlichen Eindrücke das Kind hat, vernetzt sich dann entsprechend das ganze Sehzentrum im Gehirn.

Und da der Mensch natürlich nicht nur dieses großartige Wahrnehmungsorgan Auge hat, sondern in der anthroposophischen Betrachtungsart sich zwölf Sinnesfelder voneinander unterscheiden lassen, hängt von dem Gesamt, was das Kind an Sinneseindrücken erfährt, ab, wie sich nun sein „Verarbeitungsapparat“, so nenne ich das jetzt einmal, eben das zentrale Nervensystem, ausgestaltet. Da nützt auch die Vererbung nichts, denn die Vernetzungsleistung geschieht erst nach der Geburt durch die innere Tätigkeit des Kindes.

Wir müssen bei den Sinneseindrücken ein Zweifaches unterscheiden: In der Regel schauen wir bei der Sinnestätigkeit immer auf die Botschaft, also auf den Nachrichtenwert, aber in den Sinneseindrücken ist auch noch etwas Tieferes mitenthalten, nämlich die gesamte Anmutung, durch die wir getragen, ernährt oder sonstwie tangiert werden. Ob wir nun grellem künstlichen Licht ausgesetzt sind oder das Farbenspiel eines Sonnenuntergangs am Meer erleben, die gesamte Anmutung hat eine wesentliche Bedeutung für unser jeweiliges Grundempfinden. Daher ist es für die Gestaltung des kindlichen Organismus außerordentlich bedeutsam, welchen Sinneseindrücken das Kind in den ersten Jahren ausgesetzt wird.

In jüngster Zeit hat der Göttinger Erziehungswissenschaftler Christian Rittelmeyer Studenten Zeichnungen verschiedener Gebäude vorgelegt: mal einen symmetrischen Rasterbau, mal einen mehr organisch gestalteten Bau. Dann hat er blickmotorisch untersucht, wie das Auge innerhalb von Sekunden die Gebäude abwandert. Er konnte schon an der Blickmotorik aufzeigen, wie der Mensch alles langweilig Gleichmäßige in eine Gegenbewegung bringt, dem etwas entgegensetzt. Auch bei übertrieben asymmetrischen Bauten schafft der Mensch Gegengewichte, weil er das richtige Maß braucht. Die ideale Gestaltung von Gebäuden muß also ein wunderbares Spiel von Gegensätzen sein, die der Mensch ertragen kann.

Aus alldem kann man eine ganze Sinneslehre entwickeln, was dem Kind guttut und was ihm schädlich ist. Reizüberflutung ist genauso schädlich wie selektive, völlig einseitige Angebote, aus denen kein Reichtum an Sinn erfahrbar ist.

Dem Kind den sinnlichen Raum zurückgewinnen

K.-D.N.: Können Sie einmal ein Beispiel nennen, was für das Kind in den ersten 3 Jahren gut wäre?

S. Leber: Wenn ein Kind geboren wird, braucht es als erstes leibliche Wärme. Es braucht aber auch seelische Wärme, braucht Zuwendung und Atmosphäre. Man muß also Sorgfalt auf eine ästhetische und freundlich-warme Gestaltung der Umgebung verwenden: Wo lege ich das Kind hin? Wie sind die Farben und Lichtverhältnisse des Raumes? Welchen Geräuschen ist das Kind ausgesetzt? Wie ist der Schleier der Wiege beschaffen, wie das Bettchen bezogen? Welche Farben muß ich in die Kleidung des Kindes bringen?

Das setzt sich dann fort: Welche Spielmaterialien bekommt das Kind in die Hand? Plastik, wo das eine sich wie das andere anfühlt, oder einen Kieselstein, Tannenzapfen, Holz, also Materialien, bei denen naturschaffende Kräfte noch durchgefühlt werden können? Bekommt es alles synthetisch, parfümiert, aromatisiert dargeboten? Wir wissen, daß gerade die synthetischen Aromata Allergien und Autoaggression auslösen können, d.h. nichtheilende Öffnungen der Haut.

Hier kommt es also auf Qualitäten an. Die Menschheit muß gerade für das Kind und durch das Kind überhaupt erst wieder lernen, was früher die Natur wie selbstverständlich dargeboten hat. Sie muß dem Kind den sinnlichen Raum zurückgewinnen.

Kein Säugling kann Schnitzel vertragen

K.-D.N.: Unterliegen alle inneren Organe nach der Geburt noch der Umgestaltung?

S. Leber: Es gibt kein Organ, das bei der Geburt voll ausgereift ist und nicht der Umgestaltung unterläge. Das gilt auch für den Körperbau, für Beine, Arme, Hände, Finger. Überall finden Umbauvorgänge statt: Leber und Darm gestalten sich um. Kein Säugling kann Schnitzel vertragen. Das Darmsystem ist also keineswegs bereits in der Lage, das zu leisten, was es beim Erwachsenen leistet. Der Magen bildet sich in der Form völlig um, die Niere und das Herz bilden sich um. Wir haben unser Endherz erst so gegen das 14., 15. Lebensjahr.

Und alle diese deutlich nachweisbaren Umbauvorgänge geschehen immer unter dem Einfluß der Umgebung. Es gibt überhaupt keinen Eindruck, der von außen kommt, der nicht auf die Seele des Menschen wirken würde, und es gibt keine seelische Regung, die nicht sofort auch somatische Rückwirkungen hätte. Das ist bis ins Alter so. Nur geschieht das dann nicht mehr so direkt und unmittelbar, sondern ist ein viel langwierigerer Vorgang, wenn sich die Körperlichkeit ausgebildet hat und herangereift ist. Daran wird deutlich, daß zwischen Welt und Leib die Seele die große, wenn auch unbewußte Vermittlerin ist. Nichts geschieht ohne den Menschen selbst.

Nachahmung und Vorbild

K.-D.N.: Worauf kommt es in den ersten Lebensjahren in der Tätigkeit der Erzieher an? Steiner spricht von den zwei Zauberworten „Nachahmung und Vorbild". Er bezieht die Vorbildfunktion auf alles, was von den Eltern in der Umgebung des Kindes getan wird, und spricht von sinnvollen Tätigkeiten, die da sein müssen.

S. Leber: Das Kind ist sinnlich offen an die Umwelt hingegeben. Das heißt, alles, was in der Umwelt vorhanden ist, wird von ihm auch aufgenommen. Wenn z.B. Spannungen zwischen den Eltern auftreten, schlägt sich das sofort bis in das Verdauungssystem des Kindes nieder. Wenn man weiß, daß alles so intensiv vom Kind aufgegriffen wird, dann ist in diesem Alter Erziehung zunächst Selbsterziehung. Dann wird man nur das in Anwesenheit des Kindes tun, was auch nachahmungswürdig und sinnvoll ist.

Daher sollten die Eltern auch überlegen, ob sie manchmal etwas tun, was sie normalerweise gar nicht täten. Wenn man z.B. eine Waschmaschine hat, benutzt man zum Waschen die Maschine. Wenn man aber weiß, welche Bedeutung die Sinneserfahrung für das Kind hat, wird man vielleicht einmal Strümpfe oder

Wollwäsche per Hand waschen, damit das Kind diese Tätigkeit mitvollziehen kann. Denn im Mitvollzug befähigt sich das Kind zugleich, seine Leiblichkeit für den eigenen Geist aufzubereiten und zu durchdringen. Es holt sich dadurch Fähigkeiten in die eigene Leiblichkeit herein.

Man sollte sich das bis in alle Lebensvollzüge hinein vergegenwärtigen und z.B. auch eine Kontrolle gegenüber der eigenen Sprache ausüben. Man kann sich ja denken, warum. Ich habe bei einem Enkelkind beobachtet, daß die Mutter aus ihrer Schul- und Studentenzeit durchaus noch Pennälerausdrücke hinübergerettet hatte. Und wenn irgend etwas schiefging, dann fiel da ein bestimmter Ausdruck. Und der war dann plötzlich ein Lieblingswort des Enkelkindes geworden. Nun erschrak sie darüber, denn ihr wurde deutlich, daß sie die Ursache dafür ist.

Vorbild sein heißt also, daß der Erzieher sich dieser Wirkung, die er immer hat, auch wenn er es nicht will, bewußt werden muß. Und deshalb ist Erziehung in diesem Alter Selbsterziehung. Man muß lernen, mit sich selbst umzugehen. Das Kind ist ein getreuer Spiegel für das Sein der Eltern. Da kann man ungeheuer viel lernen.

K.-D.N.: Was ist denn von der weitverbreiteten Angewohnheit zu halten, daß Erwachsene mit kleinen Kindern mehr oder weniger auf Lallebene sprechen, sich also den sprachlichen Möglichkeiten des Kindes anpassen?

S. Leber: Das ist im Grunde genommen eine Infantilisierung der Erwachsenen. Ein Kind braucht ein Vorbild. Wenn ich mit ihm in einer verstümmelten Sprache spreche, benehme ich mich wie jemand, der einem Ausländer, der die deutsche Grammatik nicht beherrscht, dadurch Deutsch beibringen will, daß der Sprechende so tut, als ob er sie selbst nicht mehr beherrscht. Dieser Zirkel funktioniert nicht.

Jean Paul, der sich auch mit Erziehungslehre beschäftigt hat, sagt: Man muß den Kindern immer voraus sein, nur dann können sie wachsen. Man muß sie so ansprechen, daß sie die Sprache ergreifen können. Das gilt für die gesamte Pädagogik. Ein Lehrer der Oberstufe, der in der Pennälersprache spricht, ist bei den Schülern untendurch, weil sie sich auf einen Zielpunkt richten wollen, der höher ist. Das gilt natürlich auch für ein kleines Kind. Man sollte sich nicht verstellen, indem man sich auf die Ebene des Kindes begibt. Dann hat das Kind nichts nachzuahmen.

Dem Kind Lust und Freude bereiten

K.-D.N.: Bezogen auf das Leben des Kindes in der Sinnlichkeit, sagt Rudolf Steiner, daß man dem Kind mit Lust und Freude begegnen, ihm Lust und

Freude bereiten solle und Liebe für diese Zeit das Wichtigste sei, das man dem Kind geben könne. Das würde helfen, die richtigen Organgestaltungen „auszubrüten".

S. Leber: Carl Gustav Carus, der Begründer der modernen Psychologie und Schöpfer des Begriffs des Unbewußten, hat eine für mich sehr einprägsame Windrose der Gefühle entworfen. Auf der horizontalen Achse verzeichnet er die polare Spannung zwischen Sympathie und Antipathie. Und senkrecht dazu dann auf der einen Seite die Freude und Heiterkeit und auf der anderen Seite die Trauer. Nun macht er diese Nord-Süd-Achse biographisch fest und beschreibt das Kind als das heitere, das freudige Wesen, das auf alles zugeht. Leben in der Sinnesoffenheit bedeutet eben, daß das Kind freudig auf die Welt zugeht.

Wir haben gerade eine Gruppenfahrt des Lehrerseminars gemacht, auf der als jüngster Teilnehmer ein 1 Jahr und 2 Monate altes Kind dabei war. Es strahlte alle Teilnehmer so unentwegt mit Freuden an, daß jeder seelischen Sonnenschein abbekam. Da ist noch nichts verstellt, kein Mißtrauen, keine Bedrückung, sondern reine Freude. Wenn das Kind geweint hat, dann hat es sich entweder wehgetan, oder es war müde. Das lustvolle und freudige Zugehen auf die Welt, das ist die Atmosphäre, in der das Kind lebt. Es benötigt daher keine Melancholiker, keine bierernsten Mienen um sich herum. Steiner sagt ganz schlicht: Freudige Mienen der Erzieher sollen das Kind umgeben. Denn es kommt mit Freude auf die Erde: Welcher Genuß, hier zu leben! Das ist der Gegenpol zu der Trauer, der Bedrückung, der Schwermut, der Verlassenheit und Einsamkeit, die der Mensch dann auch im Laufe des Lebens kennenlernt und die sich möglicherweise um so mehr in den Vordergrund schieben, je weniger das Kind Freude an seinen Erziehern erlebt.

Daß das seelische Befinden auf den Organismus wirkt, ist offenkundig und uns allen geläufig. Wenn wir ein Gericht auf dem Tisch haben, das lieblos zubereitet wurde und uns nicht schmeckt, dann werden wir dementsprechend essen, und unsere Verdauung wird entsprechend schlecht sein. Die gesamte Atmosphäre wirkt auf unser Verdauungssystem. Thomas Mann beschreibt in „Lotte in Weimar" mit seiner unnachahmlichen Ironie, wie Goethe speist: Die ganze Atmosphäre bei Tisch mußte einfach Behaglichkeit ausstrahlen: z.B. mehrere Weinsorten in verschiedenen Farben auf dem Tisch, wobei nicht wichtig war, ob er sie dann auch alle trank, sondern der ästhetische Anblick mußte Behagen ausstrahlen.

Freude und Behaglichkeit sind das Element, in dem das Kind in dieser Zeit seelisch lebt. Wenn es wach ist, lebt es im Leib, und der Leib vermittelt uns in der Kindheit Freude. Der alte Mensch hat 365 leibliche Krankheiten im Jahr, jeden Tag eine andere: Hier ziepts, da ziepts, hier ein Gebrechen, da ein Gebrechen. Dann ist der Leib brüchig und gibt Anlaß zum Jammern. Der kindliche Leib aber baut sich auf und spendet unentwegt Lust und Freude.

Die gesunde Entfaltung des Willens

K.-D.N.: Was bedeutet es, wenn es bei Steiner heißt, daß der Wille des Kindes nicht gehemmt werden dürfe? Ist das auch so zu verstehen, daß man in dieser Zeit – womöglich bis zur Schulreife – das Kind gewähren lassen sollte, was auch immer es will?

S. Leber: Nein, das wäre ja verheerend! Denn das Kind drängt ja auf alles hin, z.B. auch auf Steckdosen, in die es die Finger stecken will.

Ich habe an meinem Enkelkind, das eine Zeitlang bei uns lebte und damals am Anfang des 2. Lebensjahres war, erlebt, wie es plötzlich ein hohes Interesse an meinen Büchern bekam. Es fing an, in den Büchern zu blättern, weil es gesehen hatte, wie ich beim Lesen umblätterte, und dann wurden die Bücher eben auch eingehend studiert. Dann stand es eines Tages am Regal und blätterte wieder die Bücher durch, und immer, wenn ein Buch fertig war, wurde es auf den Boden geworfen. Dagegen hatte ich nichts einzuwenden. Wir haben die Bücher dann gemeinsam mit Genuß wieder in das Regal eingeräumt.

Aber dann ging es weiter: Nach zwei, drei Wochen Bücherübung fielen plötzlich Blätter aus einem Buch. Die hat die Kleine einfach rausgerissen. Dann habe ich ihr mit Gebärde gesagt, daß das nicht in Frage kommt. Es wurde fortgesetzt. Ich habe ihr dann erklärt, daß das Buch jetzt ein „Aua“ habe und daß das ein großes Wehweh sei. Und dann sagte sie: „Heile.“ In ihrem Beisein habe ich dann mit Tesa die Seiten wieder eingeklebt und gesagt, daß das Buch jetzt heile sei: „Das Aua ist weg.“ Von dem Moment an hat sie keine Seiten mehr rausgerissen.

Man muß in so einem Fall also lenken. Dabei geht es nicht um die Unterdrükkung des Willens, sondern um ein Ablenken auf eine sinnvolle Tätigkeit. Nicht immer gelingt einem das, nicht immer hat man den richtigen Einfall, aber das Untunliche muß unterbunden werden, auch zum Schutz des Kindes.

K.-D.N.: Die Aneignung der Fähigkeiten des Gehens, Sprechens und Denkens haben Sie bereits erwähnt: Wie kann man hier eine gesunde Entwicklung fördern, ohne ihre Aneignung unnötig zu forcieren?

S. Leber: Nehmen wir einmal das Gehen: Ein Kind unnötig aufstellen, wenn es selbst nicht hochdrängt und sich hochzieht, führt nur dazu, daß es eher O-Beine als gesunde Beine bekommt. In dem Moment, in dem es sich selbst hochzieht, merkt man ja, daß es an der Zeit ist. Dann muß diese Entwicklung auch begleitet werden. Da hat der Erzieher die Aufgabe, das mit Interesse zu begleiten, was das Kind tut: es zwei, drei Schritte auf sich zukommen lassen und es auffangen, ihm Sicherheit bieten. Das wäre keine Forcierung.

Dasselbe gilt für die Sprache. Wenn ein Kind fragt: „Issn?" – also: Was ist das? –, dann geht man mit ihm die Benennungen durch. Eines meiner Kinder war eine ausgesprochene Fragerin. Bei ihr habe ich erlebt, wie sie mich hintereinander 20, 30 Gegenstände, die sie sah, deutend abfragte: „Issn? – Issn? – Issn?" Und ich habe ihr dann immer die entsprechenden Worte gesagt. Dann versuchte sie, sie nachzusprechen. Ich habe also nicht von mir aus Sprachübungen mit ihr gemacht. Aber man muß bereit sein hinzuhören, was das Bedürfnis des Kindes ist, um darauf einzugehen. Ich würde es für schädlich halten, wenn man von sich aus Veranstaltungen machen würde und z.B. jeden Tag zehn Vokabeln beibringen wollte, die neu in den Sprachschatz übergehen sollen.

Das zweite Lebensjahrsiebt – Substanz für die Seele

K.-D.N.: Kommen wir zum zweiten Lebensjahrsiebt, also zu der Entwicklungsphase, die etwa mit dem Zahnwechsel beginnt. In dieser Zeit werden Lebensbildekräfte frei, die vorher in der Organgestaltung gewirkt haben. Wie wandeln sich diese Kräfte jetzt in Elemente des Seelenlebens um?

S. Leber: Steiner nennt in „Die Erziehung des Kindes vom Gesichtspunkte der Geisteswissenschaft" (in GA 34 und 36 und als Einzelausgabe) sechs Eigenschaften, die jetzt gewissermaßen der Ernährung und der Erziehung harren. Später nennt er dann noch eine siebente Kraft, nämlich die Intelligenz. Auf die schaut man gewöhnlicherweise hauptsächlich hin, bei Steiner wird sie aber erst als letztes genannt. Die Ausbildung des Intellekts wird heute als dasjenige betrachtet, worum es in der Schule geht. Bei Steiner ist das aber nur ein Siebtel des ganzen Unternehmens Schule.

Ausbildung von Gedächtnis, Gewohnheiten, Neigungen, Charakter, Temperament und Gewissen

Das erste ist, daß das Gedächtnis, das bisher an Situationen gebunden war, situativ unabhängig wird. Es wird ein freies Gedächtnis. Man kann sich von nun an willkürlich an etwas erinnern. Eine Fähigkeit, die auch vorher schon da war, bekommt eine neue Qualität, wandelt sich um.

Ebenso bekommen, als zweites, die Gewohnheiten eine neue Dimension. Gewohnheit heißt, daß das Kind sich beheimatet – in Gewohnheit steckt ja das

Verb wohnen –, also Beheimatung in Zusammenhängen. Und jetzt fördert man das Kind und hilft ihm, wenn man ihm gute Gewohnheiten beibringt, damit eine Seinssicherheit entsteht, in der es sich beheimatet. Es gewinnt dann die Gewißheit, wie seine Lebensabläufe sind. Das ist gerade auch für die Schule wichtig. Deshalb haben wir an der Waldorfschule z.B. auch, wo möglich, für die ersten 8 Schuljahre einen Klassenlehrer. Wir achten darauf, daß er möglichst für diese Zeit mit dem Kind verbunden bleibt. Andere gehen davon aus, daß die Bindungen, die dadurch entstehen, nicht gut seien, und wechseln daher oft die Lehrer. Daraus resultieren dann Erfahrungen in der Gesamtschule, wo bis zu 16 Lehrer in der Woche am Kind vorüberziehen. Das führt dann auch noch in der Mitte der Volksschulzeit dazu, daß die Kinder sich wie entwurzelt und ausgezogen fühlen. Gewohnheit ist also die zweite Kraft, die jetzt in der Seele auftritt und der Pflege bedarf.

Als drittes nennt Steiner die Neigungen. In der Neigung tritt schon etwas ganz Individuelles zutage. Die Dinge, denen ich geneigt bin, gehen mir leichter von der Hand. Wenn ich gegen etwas eine Abneigung habe, muß ich erst einiges überwinden. Das Kind sollte jetzt seine Neigungen ausbilden können. Die Aufgabe des Lehrers ist dabei auch, etwas gegen die Abneigungen des Kindes anzugehen, denn nicht nur das, was leicht von der Hand geht, ist gut. Der Lehrer hat darauf zu achten, daß sich keine falschen Abneigungen ausbilden, die z.B. auf so ungeklärten Urteilen beruhen, daß Mathematik oder Physik nichts für Mädchen seien, Geschichte nichts für richtige Jungs sei usw.

Durch Bilder an die Erlebnisfähigkeit anknüpfen

K.-D.N.: Wie kann der Lehrer bzw. die Lehrerin das konkret machen?

S. Leber: Steiners Auffassung dazu ist, daß man über Bilder wirkt. Nehmen wir ein Beispiel: Heute sind bestimmte Neigungen zur Gewalttätigkeit in Schulen sehr verbreitet. Kleine Erpresser treten da z.B. auf und nötigen Klassenkameraden, Schutzgeld zu bezahlen, von ihrem Taschengeld etwas abzutreten. Wenn diese es nicht tun, werden sie verprügelt. Da läuft ja sehr viel, was Erwachsene gar nicht mitbekommen. Wenn der Lehrer das bemerkt, dann ist es seine Aufgabe, in diesen Raum einzudringen. Aber in diesen Raum kann man nur eindringen, wenn man etwas zu vermitteln hat, das an die Erlebnisfähigkeit des Kindes anschließt.

Dazu sagt Steiner, daß das Medium, das immer an die Seele anknüpft, die Vermittlung von Bildern sei. Bilder heißt, daß man Geschichten erzählt, irgend etwas aus dem Leben nimmt, was unmittelbar zur Realität der Kinder eine

Beziehung hat, und in eine Handlung einkleidet. Dadurch kann man Verständnis erwecken und auch solche vorhandenen Gewaltpotentiale angehen. Wenn z.B. Fremdenfeindlichkeit oder was auch immer auftritt, könnte man Handlungen erzählen, die schildern, was jemand erlebt, der einer feindlichen Gesinnung und Angriffen ausgesetzt ist, und wie er es durchlebt, und so durch das Miterleben Mitleidskräfte im Kind wachrufen. So wie das Kind im ersten Jahrsiebt die Welt innerlich tätig mitvollzieht, vollzieht das Kind im zweiten Jahrsiebt die Welt seelisch in Bildern mit. Jetzt ist nicht mehr der motorische Mitvollzug das Primäre, sondern der seelische. Und wenn da nichts angeboten wird, verarmen die Kinder.

K.-D.N.: Welche weiteren Eigenschaften bedürfen im zweiten Lebensjahrsiebt der Pflege und Erziehung?

S. Leber: Als viertes wäre der Charakter zu nennen. Charakter, vom Griechischen *charattein,* hängt mit Einritzen, Prägen zusammen – übrigens auch mit Karma. Der Volksmund nennt ja auch einen Menschen, der keine Linie zeigt, charakterlos. Das heißt, daß ein bestimmter Wesenszug, der mit dem Menschen aufs Innerste verbunden ist, sich jetzt allmählich herausarbeitet. Ein Mensch hat einen Charakter, wenn sich etwas Individuelles, also sein Wesen, seine Persönlichkeit offenbart. Und jetzt kann man mit Goethe sagen: „Es bildet ein Talent sich in der Stille, ein Charakter im Strom der Welt."

K.-D.N.: Wie kann man den Strom der Welt in der Schule vermitteln?

S. Leber: Wieder durch das Medium der Erzählung, indem man durch Erzählungen bedeutende Menschen und Charaktergestalten, die in der Geschichte auftraten, in der Klasse aufleben läßt. Man erzählt z.B. von einem Menschen, der allen Unfug, alle Jugendstreiche durchmacht, sich betrinkt, exzessiv lebt usw. und plötzlich eine Erweckung hat, eine Wendung um 180 Grad vollzieht und Asket, Heiliger wird: Franz von Assisi. Oder man erzählt von handelnden Gestalten aus früher Halbsagenzeit, mit zunehmenden Alter dann auch von ringenden Forschern oder begnadeten Menschen, die Menschlichkeit vermitteln, wie z.B. Henry Dunant, dem Begründer des Roten Kreuzes. Durch die Bilder der Erzählung hat die kindliche Seele die Möglichkeit, sich zu identifizieren und in dieser Identifikation seine eigenen Züge auszubilden.

Ein anderes Mittel sind Spiele, gemeinsame Wanderungen, Abenteuer usw., die auch die Schule durchdringen können und durch die sich der Charakter ausbildet.

K.-D.N.: Bleiben noch das Temperament und das Gewissen.

S. Leber: Die Temperamente wären ein eigenes umfangreiches Kapitel. Der Kerngedanke bei Steiner ist, daß der Mensch im Grunde vier Temperamentanlagen in unterschiedlicher Mischung hat und daß zu große Einseitigkeiten ausgeglichen werden sollten. Er darf nicht nur in sein eigenes Temperament hineinfallen, sondern muß wahrnehmen, was seine Schwächen und auch Stärken sind.

Die Temperamenterziehung sollte nach Steiner nun so geschehen, daß der Lehrer eigentlich ein fünftes Temperament haben sollte, nämlich alle vier Temperamente beherrschen und in jeder Stunde diese Qualitäten anwesend haben sollte: mal den Ernst, den Tiefgang der Melancholie, dann das Stetige oder vielleicht auch ein bißchen Langweilige des Phlegmatikers, die verdichtende Spannung und Überspannung des Cholerikers und schließlich das Leichte, die Unbeschwertheit des Sanguinikers, der seine Aufmerksamkeit immer auf Neues richtet. Diese Temperamentsqualitäten soll der Lehrer eigentlich in jeder Stunde ganz lebendig, vollsaftig anwesend haben. Er soll also nicht das Temperament des einzelnen Kindes behandeln, sondern er muß Angebote machen, damit die Kinder sich daran in ihren Temperamentseigenschaften ausbilden können.

Die sechste Eigenschaft ist das Gewissen. Gewissen kann man nur an Situationen bilden, in denen Entscheidungen anstehen, in denen das Gute und das Böse in Konkurrenz sind. Der Lehrer muß die Kinder durch seine Erzählungen darauf aufmerksam machen, daß es eine Dimension, eine Tiefenschicht im Menschen gibt, durch die eine Stimme vernehmbar wird, gleichsam etwas Höheres in der Seele auftritt.

Der Erziehende muß glaubwürdig sein

K.-D.N.: Was meint Steiner mit den Begriffen „Nachfolge und Autorität", die er als Leitbegriffe für die Erziehung des zweiten Jahrsiebts angibt?

S. Leber: Der Begriff der Autorität ist in diesem Jahrhundert problematisch geworden. Steiner meint aber auch nicht die erzwungene und äußere Autorität, der Gehorsam zu leisten ist, denn die will er gerade in allen seinen Bestrebungen überwinden, da unsere Zeit auf die Selbständigkeit des menschlichen Individuums zustrebt.

Steiner hat einen anderen Autoritätsbegriff, den ich einmal am Wort deutlich mache: Darin enthalten ist der Autor, also der, der tatsächlich etwas zu sagen hat. Damit gemeint ist auch die Authentizität, d.h. das Echte, das Überzeugende, das Glaubwürdige. Wenn Steiner vom Lehrer als Autorität spricht, dann soll der eben etwas zu sagen haben. Er soll als Mensch glaubwürdig sein, er soll – um es mit Max Weber zu sagen – Charisma, eine Ausstrahlung haben. Er soll eine echte Persönlichkeit sein, etwas darstellen, vor dem man den Hut ziehen kann. Wenn das so ist, dann folgt man ihm auch gerne. Es ergibt sich dann ganz ungezwungen, daß ein Kind demjenigen, der ihm etwas zu sagen hat, den es achtet und respektiert, auch folgt, weil es innerlich ein wenig die Neigung entwickelt, so zu werden wie er.

Eine solche Persönlichkeit hat der Lehrer nicht immer, also muß er daran arbeiten, daß er in allem, was er darstellt, immer Seinscharakter hat. Er muß sich befähigen, wirklich etwas zu sagen zu haben, die Dinge zum Sprechen zu bringen, die Zusammenhänge in der Welt aufzuschließen. Der Lehrer ist nicht Autorität, sondern er wird Autorität durch die Kinder. Wenn sie ihm keine geben, ist er nichts. Also auch hier ist Erziehung wieder zuallererst Selbsterziehung.

Disziplinschwierigkeiten: Kampf gegen Windmühlenflügel?

K.-D.N.: An den Schulen gibt es zunehmende Disziplinschwierigkeiten. Was Sie jetzt dargestellt haben, gilt auch für die Eltern: Auch sie müssen sich um innere Konsequenz und Authentizität bemühen und an sich arbeiten, um erziehend wirken zu können. Oft haben Lehrer aber das Gefühl – auch an Waldorfschulen –, mit ihren Bemühungen für die Kinder gegen Windmühlenflügel zu kämpfen. Sie erleben immer wieder, daß die Erziehung vom Elternhaus nicht genügend mitgetragen wird. Die Kinder werden eher in der Schule zur Erziehung oder auch nur zur Verwahrung abgegeben, je nachdem, in welche Schule sie gebracht werden. Woran liegen diese Disziplinschwierigkeiten?

S. Leber: Im gesamten Bereich der Erziehung hat in den letzten Jahrzehnten ein gewaltiger Wandlungsvorgang stattgefunden. So lange ist es noch gar nicht her, daß in der Schule auf die Schüler eingedroschen wurde, wenn sie nicht spurten. Dieses Malträtieren der Kinder hat zum Glück aufgehört. Wobei allerdings anzumerken ist, daß – zumindest an den weiterführenden staatlichen Schulen – der Zensuren- und Leistungsdruck eine ähnliche Qual für die Schüler bedeutet. Ansonsten hat sich aber bis heute der Abstand zwischen Erziehenden und Erzogenen immer weiter vermindert, und zwar nicht nur in der Schule, sondern auch im Elternhaus. Der Erziehungsprozeß hat also eine andere Qualität bekommen.

Hinzu kommt – das gilt jetzt nicht für die Waldorfschule, sondern generell –, daß viele Pädagogen sich nicht mehr als Erzieher, sondern nur noch als Unterrichter verstehen. Der Lehrer vermittelt Wissensstoff, hat aber keine Aufgabe, am anderen Menschen irgend etwas zu formen. Das ist durch die Zeitkultur geprägt und hängt auch mit dem Gedanken des Persönlichkeitsschutzes zusammen, denn man geht davon aus, daß auch das Kind alles von sich aus bestimmen können muß. Da Kinder sich aber selbst noch nicht aus sich heraus führen und erziehen können – je jünger sie sind, desto weniger –, führt das irgendwann zu Disziplinproblemen, also auch dazu, daß sich die Kinder untereinander nicht mehr verstehen. In der modernen Erziehungswissenschaft hat man die Hoffnung, dadurch Abhilfe zu schaffen, daß Kinder in Gruppen zu arbeiten hätten, damit sie bemerken, daß sie sich selbst lahmlegen, wenn sie sich sozial nicht abstimmen. Ein gut geführter Gruppenunterricht könne die Disziplinprobleme vermindern. Da ist sicher auch etwas dran.

Desweiteren muß man auch sehen, daß die Kinder heute einer ungeheuren Belastung aus der Umwelt ausgesetzt sind. Sie unterliegen einer ständigen Reizüberflutung, die sie nicht verarbeiten können, und anderer schädigender Einflüsse.

Das Verschwinden altersgemäßer Reifungszustände

Zudem kann man heute bemerken – das wird auch in der Soziologie beschrieben –, daß die Eltern selbst meist nicht mehr so genau wissen, welchen Sinn das Leben hat, welche Ziele sie anstreben oder welchen Moden sie folgen sollen, und sie begeben sich mit ihren Kindern selbst auf Sinnsuche. Sie begeben sich also von der Stufe des Erwachsenen auf die der Kinder. Neil Postman führt dazu in „Verschwinden der Kindheit" aus: Die Erwachsenen werden nicht mehr ganz erwachsen, und die Kinder sind immer schon halb erwachsen. Also, der Abstand nivelliert sich, es gibt eigentlich keine altersgemäßen Reifungszustände mehr.

Die Eltern wissen oft nicht, wie man mit Kindern umgehen sollte, und übertragen die Aufgabe der Schule: „Die Lehrer haben das ja studiert. Sollen sie doch die Probleme lösen. Was habe ich damit zu tun, wenn mein Kind in der Klasse nicht zurechtkommt." Das ist jetzt vielleicht etwas kraß ausgedrückt, aber dahinter verbirgt sich ein gewaltiges Dilemma. Und das ist nur lösbar, wenn die Eltern sich in ihre Elternaufgabe, auch der Schule gegenüber, hineinfinden. Schule und Erziehung können nicht von allein funktionieren – heute weniger denn je –, sondern da sind Rückbindungsvorgänge notwendig: Sowohl die Lehrer als auch die Eltern müssen in eine Weiterbildung gehen, so daß zwischen Schule und Elternhaus neue Qualitäten entstehen können.

Notwendige Vorbereitung auf die Elternaufgabe

K.-D.N.: Wie kann man die Eltern konkret dazu bewegen? In der Praxis sieht es doch so aus, daß in vielen Elternhäusern wirklich nichts zu bewegen ist und von den Eltern nichts Unterstützendes kommt. Müßte man nicht auch dahingehend Überlegungen anstellen – das betrifft nicht nur die Waldorfschule, sondern ist eigentlich eine Kulturaufgabe –, schon bei den Jugendlichen anzufangen, sie nicht nur auf Sexualität, Partnerschaft und Ehe, sondern auch auf eine eventuelle Elternrolle vorzubereiten?

S. Leber: Als ich in der Pforzheimer Waldorfschule Lehrer war, haben wir das durch einige Jahre hindurch in der Oberstufe versucht – mir ist nicht bekannt, ob das heute dort noch gemacht wird –, weil genau das, was Sie formuliert haben, uns als Problem evident wurde: Über alles gibt es Unterricht, aber für die wichtigste Aufgabe, die man im Dasein vollbringen kann, nämlich Eltern zu sein, gibt es für Jugendliche keine Angebote.

Wir haben damals zunächst für Einsprachler, also diejenigen, die eine Sprache abgewählt und daher Zeit hatten, einen Kurs eingerichtet, in dem z.B. Babypflege auf dem Programm stand. Eine Eurythmistin, die auch ausgebildete Kinderkrankenschwester war, hat diesen Kurs übernommen. Der wurde dann so ein Hit, daß Klassen forderten, daran teilnehmen zu wollen. Und so hat sich im weiteren Fortgang schließlich eine kleine Erziehungslehre entwickelt. So ein Kurs ist außerordentlich attraktiv für Jugendliche, wenn die Inhalte sich auf die frühe Kindheit beziehen. Wenn es sich dabei um Schule handeln würde, wären sie zu nah dran, und das mögen sie nicht. Aber über den Umgang mit kleinen Kindern zu lernen – bis hin zu Praktika im Kindergarten – war ungeheuer gesucht. Ich denke, daß das zu einem wichtigen Fundament des Gesamterziehungsprozesses in der Schule werden könnte, wenn man diese Aufgabenstellung berücksichtigt, denn Erziehungslehre ist eine wirkliche Aufgabe.

Darüber hinaus muß sich natürlich jede Waldorfschule abstrampeln und mühen, das Elterninteresse zu erreichen und wachzuhalten. Die Schriften der Internationalen Vereinigung der Waldorfkindergärten – z.B. Anregungen zum Spielzeugbau, zur Ernährung und zur Gestaltung von Festen mit Kindern – erreichen zum Teil sechsstellige Auflagen. Das heißt, unmittelbar praktische Ratgeber, gerade für das erste Lebensjahrsiebt, haben eine enorme Verbreitung. Und da wird auch in den Elternhäusern sehr viel gemacht.

Das Eigentümliche ist, daß dann, wenn das Kind in die Schule kommt, die Kraft oft erlahmt. Häufig treten dann auch Krisen in der Partnerschaftsbeziehung auf. Dann sind die Eltern mit anderem beschäftigt als mit den Problemen des Kindes in der Schule. Ich habe jüngst an einer Waldorfschule eine Klasse kennengelernt, in denen über 60 % Alleinerziehende sind. Ich schätze, daß inzwischen ein Prozentsatz von 40 bis 50 % an vielen Schulen durchgängig anzutreffen ist. Da kann man aus der Gesamtlebenssituation oft verstehen, daß der Erziehende kaum noch Kraft hat, sich auch noch um die schulischen Belange zu kümmern.

Wenn man die Situation der Alleinerziehenden genauer untersucht, dann sieht man, daß es zwar oft wieder einen Partner gibt, aber keine auf Dauer angelegte Beziehung oder Ehe. Das sind dann irgendwelche bedingten Beziehungen.

K.-D.N.: Lebensabschnittspartnerschaften.

S. Leber: Oft nicht einmal das. Es gibt einen Ausdruck bei den Schülern: Man testet eine Beziehung an. Und diese Testhaltung ist eben verbreitet. Ich sage das deskriptiv, nicht anklagend.

Gibt es heute eine zunehmende Lernschwäche?

K.-D.N.: Ist heute eine zunehmende Lernschwäche bei den Kindern zu beobachten? Fällt es den Kindern heute z.B. schwerer, Lesen, Schreiben und Rechnen zu lernen, als früher?

S. Leber: Da sprechen Sie eine schwierige Frage an. Denn wie kann man den Generationenwechsel aus neutraler, objektiver Warte beurteilen? So habe ich immer Probleme mit der These gehabt, daß die Schüler heute schwieriger sind. Ich war in einer Klasse, in der der Lehrer einen Nervenzusammenbruch hatte. Der hat das aber durchgestanden. Heute hätten andere in gleicher Situation sicher schon längst das Handtuch geworfen. In der Zeit unmittelbar nach dem Krieg war auch einiges in den Schulen los, und die Schüler waren durch die Kriegserfahrungen, Schocks durch Bombenangriffe etc. belastet. Auch in den folgenden Jahrzehnten hat es immer spezielle Probleme gegeben. Da muß man jeweils genau hinschauen. Das Diffuse, die Zerstreuung und ablenkenden Eindrücke sind heute zweifellos stärker geworden.

Eine von mir sehr geschätzte und bewunderte Kollegin hat 5 Durchgänge von jeweils 8 Jahren als Klassenlehrerin hinter sich, ein volles Arbeitsleben. Sie hat dabei Klassengrößen gehabt – da schütteln heute alle nur den Kopf –, die nie unter 40 Schülern lagen, in den Anfangszeiten sogar über 50, und das immer mit Bravour geschafft. Diese Kollegin haben wir einmal mit jungen Lehrern zu dieser gesamten Fragestellung konsultiert. Sie schilderte dann ihre Erfahrungen so, daß die Schüler heute nicht schwieriger, wohl aber ungeschickter seien. Für die Lernkräfte relevant ist ihre Beschreibung, daß die Schüler im Kopf heute sogar wacher seien, daß sie aber ungeschickter in der Hand und schwächer in der Ausdauer seien. Das hängt sicher auch mit dem etwas Diffusen, mehr Zerstreutem in der seelischen Haltung zusammen. Der Willenszugriff, der gerade auch bei einer Lernleistung wichtig ist, die Konzentration der Kräfte, scheint etwas schwächer geworden zu sein. Das wäre aber keine Schwächung der intellektuellen Kräfte, sondern der Willenskräfte, die den Zugriff auch im Intellekt vermitteln. Wenn man solche Beobachtungen macht, muß man pädagogisch darauf Rücksicht nehmen und eingehen.

Größere Empfindlichkeit bei Kindern, Eltern und Lehrern

K.-D.N.: Gibt es beobachtbare neue Fähigkeiten, neue Seelenqualitäten bei den Kindern, z.B. eine Offenheit gegenüber spirituellen Zusammenhängen und geistigen Fragen?

S. Leber: Man kann da einen deutlichen Wandel bemerken. Den würde ich aber zunächst einmal anders beschreiben: Eine höhere Empfindlichkeit ist vorhanden, und zwar auch sich selbst gegenüber, d.h. eine größere Beeindruckbarkeit. Wenn ein Lehrer etwas entschiedener spricht, macht das viel betroffener als früher. Der Reflex auf sich selbst ist heute größer, und zwar nicht nur bei den Kindern, sondern auch bei Lehrern und Eltern.

Und mit dieser größeren Empfindsamkeit hängt auch zusammen, daß seelisch differenziertere Beeindruckungen erfolgen und Wahrnehmungen da sind, die vielleicht früher so nicht gemacht wurden. Man kann auch bemerken, daß darüber gesprochen wird, daß Kinder geringere Hemmschwellen haben als früher, über das, was sie bewegt und beschäftigt, zu sprechen. Wenn man sich darüber mit Kollegen austauscht, kann man etliches zusammentragen: Das geht z.B. bis zu Aufsätzen in der 4. Klasse, in denen Kinder bestimmte seelisch-geistige Erlebnisse, die sie durchgemacht haben, niederschreiben. Das können Erlebnisse im Zusammenhang mit Krisen oder auch mit Todesfällen sein. Ein Kind hat z.B. Wahrnehmungen, daß jemand stirbt. Es wußte von dem Todesfall, ehe es ihm von anderen mitgeteilt wurde. Ja, woher denn?

Oder es gibt auch Erlebnisse, in denen eine Art Anrührung stattfindet: Kinder haben den Eindruck, ein Wesen zu erfahren, einen Engel oder ein Naturwesen, und sich mit ihm gewissermaßen auszutauschen. Und darüber erzählen sie den Eltern oder dem Lehrer, manchmal sprechen sie sogar auch untereinander darüber. Man kann vermuten, daß sich mit dieser veränderten Empfindsamkeit bzw. Empfindlichkeit – der Soziologe Hurrelmann benutzt den Ausdruck Empfindlichkeit – eine seelisch etwas intimere Qualität ankündigt. Die Menschen sind heute weniger robust als in der Vergangenheit.

Das dritte Lebensjahrsiebt – Welt- und Lebensbegegnung

K.-D.N.: Kommen wir noch kurz auf das dritte Lebensjahrsiebt zu sprechen. Kann man in bezug auf das dritte Lebensjahrsiebt überhaupt noch von Erziehung sprechen?

S. Leber: Erziehung ist da nur noch sehr bedingt möglich. Das Entscheidende in der Oberstufenzeit ist, daß die Begegnung mit der Welt erziehend wirkt und daß der Jugendliche selbst für die Aufgaben aufwacht, die er an sich zu vollziehen hat.

Um da ein Beispiel zu geben: Auf einer Feldmeßfahrt hat ein Kollege – ich war damals als Begleiter dabei – eine Aufgabe gestellt. Bei der Einführung gab es einige, die nicht richtig zuhörten. Das störte aber nicht. Dann gingen die Gruppen in das Gelände, um ihre Meßaufgabe durchzuführen. Das war durchaus ganz schön anstrengend und kompliziert, weil es ein gebirgiges Gelände war. Als die Gruppen abends zurückkamen und ihre Ergebnisse präsentierten, fehlten auf dem Plan etwa 900 m. Da hatten also offenkundig einige geschlampt. Der Lehrer hatte bei der Einführung in die Aufgabe kein ermahnendes Wort zu sagen gebraucht, weil jetzt gewissermaßen die Welt belehrend auftritt. Zwei Gruppen, bei denen deutlich war, daß der Fehler an ihnen lag, machten sich aus eigenem Antrieb wieder auf den Weg. Sie haben dann mit Taschenlampen bis spät nach Mitternacht ihre Strecken neu ausgemessen.

Die Welt, d.h. die Sache, die Begegnung mit Material, mit Aufgaben und Problemen, wirkt jetzt erziehend. Die Aufgabe der Schule ist, dazu die Gelegenheiten zu geben, daß solche Weltbegegnungen, solche Lebensbegegnungen erfahren werden können. Das ist nicht ganz einfach. Das muß echt sein, das kann keine künstlich ausgedachte Veranstaltung sein. Bei konkreten Projekten, wie gemeinsame Fahrten oder Aufgaben, irgendwelche Hilfsaktionen, Bauvorhaben usw., stellen sich solche erzieherischen Prozesse ein. Das gilt z.B. auch für den Schauspielbereich des Klassenspiels, eine künstlerische Aufgabe, bei der sich einer auf den anderen verlassen muß. Das wirkt ungemein erziehend.

„Wir dürfen nicht resignieren"

K.-D.N.: Vor wenigen Monaten titelte der *Spiegel* mit der resignativen Feststellung: „Das Ende der Erziehung" (Nr.9/1995). Wenn man die Situation an Schulen in sozialen Brennpunkten deutscher Großstädte näher betrachtet, zeigt sich: Viele Kinder werden schlecht ernährt, kommen ohne irgendein Frühstück zur Schule, manche sind falsch gekleidet, so daß sie im Winter frieren, d.h. im

Elternhaus wird nicht einmal für die menschlichen Grundbedürfnisse Sorge getragen. Pornos werden auch schon von 10jährigen mit in die Schule gebracht. Fernsehen und Gewaltvideos sind alltägliche stundenlange Freizeitbeschäftigung. Oft ist an die geregelte Durchführung von Unterricht gar nicht mehr zu denken. Zerstörungswut, Gewalt gegen die Mitschüler, Erpressung, Bandenwesen, Drogen sind weitere Stichworte, die diese scheinbar ausweglose Situation beschreiben. – Muß man gesamtgesellschaftlich resignieren? Ist die Erziehung am Ende, oder welche Möglichkeiten sehen Sie noch?

S. Leber: Wenn man die extreme Situation in manchen Großstadtbezirken sieht, in denen Kindern keine Möglichkeit der Entfaltung gegeben ist, kann man diese Frage tatsächlich haben. Da packt einen schon der Jammer. Aber selbstverständlich dürfen wir nicht resignieren, und es gibt auch Möglichkeiten des Handelns.

In den USA gibt es z.B. das „Milwaukee-Projekt“: An einer Schule im Slum von Milwaukee war die Situation völlig aussichtslos und das Gewaltpotential extrem. Die Lehrer wagten nicht mehr, ohne bewaffneten Begleitschutz die Klassen zu betreten. Unterricht war so faktisch nicht mehr möglich. Dann kam die Anfrage der Stadtverwaltung, ob da Waldorfpädagogen helfen könnten, und die Arbeit dieses Projektes begann. Diese Lehrer haben insbesondere eine Qualifikation, die man jedem Waldorflehrer wünscht: pädagogischen Einfallsreichtum.

Sie fingen in einigen Klassen an, verschiedene Versuche zu unternehmen und mit künstlerischen Mitteln zu arbeiten. Und es gelang ihnen, daß zunächst in einer Klasse wieder Unterricht möglich wurde. Eltern begannen, sich zu interessieren, warum ihre Kinder auf einmal gern zur Schule gingen. So entstand eine Art Netzwerk der gegenseitigen Hilfe. Und der Erfolg setzte sich dann durch andere Klassen fort. Das sind unwahrscheinlich hoffnungsvolle Berichte. Das Problem ist allerdings, daß Anfragen aus einer ganzen Reihe von Städten kommen, aber sie nicht genügend Leute dafür haben. Die Schulen in solchen Bezirken brauchen also ganz besondere Aufmerksamkeit, und dort sollten die besten Pädagogen arbeiten, die einem zur Verfügung stehen.

Was Kinder wirklich brauchen

Interview mit Henning Köhler

von Thomas Höfer

Henning Köhler, *geb. 1951. 1973: einjähriges heilpädagogisches Praktikum in „Haus Sonne", Walsheim. 1974–1976: Mitarbeit im Internationalen Kulturzentrum Achberg, Dreigliederungslehrjahre bei Peter Schilinski, Redakteur der Zeitschrift* Jedermann, *Engagement in der Anti-Atom-Bewegung, Gründung des Lindauer Literaturkreises „Scheune". 1978–1979: Pflegehelfer in der Klinik Öschelbronn. 1979–1982: Camphill-Seminar für Heilpädagogik Brachenreuthe. Seit 1981: Re-*

daktionstätigkeit bei der Zeitschrift Info3. *1982–1983: Rudolf Steiner-Seminar für Heilpädagogik Bad Boll, Engagement in der Friedensbewegung. 1983–1986: Heilpädagoge auf der Kinderstation der Filderklinik bei Stuttgart, intensive Forschungen zur Pubertätsmagersucht mit Dr. K.H. Ruckgaber, Gründung der „Heilpädagogisch-Therapeutischen Ambulanz". 1987: Gründung des „Janusz Korczak-Instituts" mit dem Arzt Joachim Fischer, seither ausgedehnte Vortragstätigkeit, zahlreiche Beiträge in Zeitschriften und Rundfunk. 1988: Beginn der Lehrtätigkeit an der Fachhochschule für Kunsttherapie Nürtingen.*

Veröffentlichungen: „Die stille Sehnsucht nach Heimkehr. Zum menschenkundlichen Verständnis der Pubertätsmagersucht", Stuttgart 1987. „Jugend im Zwiespalt", Stuttgart 1989. „Vom Rätsel der Angst", Stuttgart 1991. „Von ängstlichen, traurigen und unruhigen Kindern", Stuttgart 1994, u.a.

Menschen erziehen heißt auch, formend auf sie einzuwirken. Und so muß sich jeder, der als Erzieher Verantwortung übernimmt, fragen, nach welchem inneren Bild er die ihm anvertrauten Menschen erziehen will. Was ist gut für Kinder und Jugendliche? Was schadet ihnen? Was müssen sie unbedingt lernen, d.h. welche Fähigkeiten, Fertigkeiten und Kenntnisse sind für sie unverzichtbar?

Diese und andere Fragen wurden zu unterschiedlichen Zeiten und in unterschiedlichen Kulturen je anders beantwortet. Traditionelle Erziehungssysteme in Mitteleuropa sprachen dem Kindsein z.B. kaum einen eigenen Wert zu, sondern sahen das Hauptziel darin, Kinder möglichst schnell und reibungslos in die Welt der Erwachsenen einzugliedern. Man sprach auch weniger von Erziehung als vielmehr von Zucht. Entsprechend rigide und streng waren die Erziehungsmaßnahmen; sie zwangen die Kinder unter eine von außen gesetzte gesellschaftliche Norm, die nicht in Frage zu stellen war und auch nicht ungestraft in Frage gestellt werden durfte. Disziplin wurde als Unterwerfung unter eine von außen gesetzte Ordnung verstanden. Insbesondere die kirchliche Autorität, die auf die Unverletzlichkeit der göttlichen Ordnung pochte und in deren Hand lange Zeit die schulische Erziehung lag, zementierte das Bild einer gottgegebenen, unumstößlichen und unveränderlichen Ordnung. Gebot, Gehorsam und Aufrechterhaltung der Ordnung waren die bestimmenden Begriffe schulischer wie oft auch häuslicher Erziehung, deren Sinnbild der strafende Vater war, unnahbar, unerbittlich und streng.

Aus den abendländischen Impulsen der Aufklärung, der Moderne und des Individualismus entwickelte sich dann ein neues Menschenbild, das den Menschen nicht mehr ohnmächtig gegenüber einer gegebenen Ordnung verstand, sondern als eigenständiges, selbstverantwortliches Wesen begriff, das die Kraft und Fähigkeit hat, sich von überkommenen Traditionen zu emanzipieren. Die normengebende Macht der Kirche wurde mehr und mehr erschüttert. Die Idee des freien Individuums fand auch in den Ideen zur Erziehung ihren Niederschlag. Ihr Kerngedanke ist, den Menschen dazu zu befähigen, selbständig zu werden, eigenverantwortlich zu handeln, im Leben klarzukommen und Lebensfreude zu empfinden, aber auch sozial verantwortlich zu handeln. Denn der Mensch lebt nicht allein in der Welt.

Als Gegenbewegung zu der überkommenen, engherzigen und starren Aufzucht entwarf dann z.B. der englische Pädagoge A.S. Neill (1883–1973) das Modell einer repressionsfreien Erziehung, die ohne jede Art von Druck oder Bevormundung auskommen wollte. 1921 gründete er die Internatsschule Summerhill, bis heute der Inbegriff antiautoritärer Erziehung. Neill wollte den Kindern nichts aufzwingen, sondern sie sich ganz aus sich selbst heraus entwickeln lassen. Er verzichtete bewußt darauf, den Kindern Regeln, Werte oder Verhaltensnormen vorzugeben, sie sollten sich frei entwickeln, ohne den Einfluß einer äußeren Autorität. Daher konnten sie – solange sie niemandem schadeten – im wesentlichen tun und lassen, was sie wollten, ohne daß jemand lenkend eingegriffen hätte.

Doch auch die antiautoritäre Erziehung erwies sich als unfähig, die Kinder zu selbständigen, eigenverantwortlichen Wesen zu erziehen. Indem sie völlig auf äußere Formgebung verzichtete, nahm sie den Kindern jede Möglichkeit, sich in der Gesellschaft, in die sie hineingeboren wurden, zu orientieren. Summerhill konnte daher nur als pädagogische Provinz existieren, losgelöst von allen Verpflichtungen und Gefahren der wirklichen Welt. Der Mensch entwickelt sich nicht von allein in der für ihn besten Weise, sondern er braucht Entwicklungshilfe. Auf die Natur zu vertrauen und zu meinen, Kinder würden allein durch die ihnen von Geburt an innewohnenden Kräfte und Anlagen zu vollentwickelten Persönlichkeiten heranreifen, ohne daß helfend und schützend eingegriffen werden müßte, ist ein Irrtum. Der Mensch ist ein Kulturwesen, und als solches muß er gebildet und an die soziale Umgebung herangeführt werden. Gleichzeitig muß man dem Raum geben, was aus dem Kind entspringt. Dazu ist aber zwingend erforderlich, daß schädigende Einflüsse vom Kind ferngehalten bzw. durch entsprechende Maßnahmen ausgeglichen werden. Erziehung muß also sehr wohl lenkend und formend eingreifen, aber sie darf sich nicht an einer äußerlichen Norm orientieren, sondern an dem, was sich an wahrhaft menschlichen Impulsen im Kind selbst verwirklichen will. Jede Erziehung, die gegenüber der freien und selbstverantwortlichen Individualität Bestand haben will, muß daher vom zu erziehenden Kind aus gedacht werden.

I. Grundlagen der Erziehung heute

Thomas Höfer: Welche besonderen Anforderungen stellen sich heute einem Menschen, der sich der Aufgabe gegenübersieht, Kinder zu erziehen, sei es als Elternteil oder auch als Lehrer?

Henning Köhler: Wenn man die letzten 100 bis 150 Jahre überblickt, kann man erkennen, daß sich in dieser Zeit eigentlich die gesamten Zivilisationsverhältnisse gewandelt haben, mit der Folge, daß sich auch der Erziehungsauftrag von Elternhaus, Kindergarten und Schule grundlegend gewandelt hat. Ich möchte das an nur einem Punkt deutlich machen, der allerdings von zentraler Bedeutung ist.

Im vorigen Jahrhundert wuchsen die Kinder noch in Lebensverhältnissen auf, die ihnen reichlich elementare Erlebnisse ermöglichten. Damit meine ich, daß sich die Kinder im Spiel und im Alltag in einer natürlichen Umgebung bewegten. Sie hatten viel unmittelbaren Kontakt zu den Naturerscheinungen, zu Luft, Wasser, Bäumen, Regen, Sand und Steinen. Sie spielten nicht auf der Straße, sondern an Feldrändern, im Wald und an Bachufern. Klettern lernten sie nicht an einem Klettergerüst auf dem Spielplatz, sondern auf Bäumen im Wald. Auf welchen Baum darf ein Kind heute noch klettern, ohne daß sich irgendwer darüber aufregt?

Beachte das mal, wie die Eltern, die Erzieher reagieren, wenn sich Kinder natürlichen Grenzsituationen, einem gewissen Nervenkitzel, aussetzen.

T.H.: Sie schreiten so schnell wie möglich ein, damit dem Kind nur ja nichts geschieht.

H. Köhler: So ist es. Und das Vertrackte ist: Die Eltern haben sogar recht. Oft jedenfalls. Denn die heutigen Kinder haben beim Klettern, Balancieren, bei der Abschätzung der ihnen drohenden Gefahr oft nicht mehr die Sicherheit, wie sie Kinder vor wenigen Jahrzehnten noch hatten.

Man kann also sagen, daß die Kinder früher ein gewisses Maß an Wildheit lebten, das heute aufwachsenden Kindern so kaum noch zugestanden wird. Erziehung hatte früher dementsprechend die Aufgabe, die Kinder aus ihrer naturgegebenen Wildheit herauszuführen und für die Bedürfnisse des Erwachsenseins, der Berufswelt, der Gesellschaft vorzubereiten; d.h. Erziehung hatte damals völlig zu Recht auch den Auftrag, die Kindheit zu disziplinieren, die kindliche Lebensgier zu zügeln.

Die elementaren Erlebnisfelder gingen verloren

Wenn man sich unter diesem Aspekt die Lebensumstände heutiger Kinder in der Industriegesellschaft anschaut, insbesondere in den großstädtischen und großstadtnahen Verhältnissen, dann sieht man, daß sich die Bedingungen geradezu um 180° gedreht haben: In den Lebensverhältnissen, in denen die Kinder heute stehen, fehlen natürliche, elementare Erlebnisräume nahezu vollständig. Die Kinder wachsen größtenteils in einer Umgebung auf, die vom Menschen geschaffen ist und die ihnen ein bestimmtes geordnetes Verhalten aufzwingt, etwa auf Spielplätzen, in Parks oder im Straßenverkehr. Stellen wir uns eine Kleinfamilie mit ein, zwei Kindern vor, die in einem Mehrfamilienhaus mitten in der Stadt lebt. Draußen vor der Tür ist eine reich befahrene Straße, der nächste Spielplatz mit einigen Klettergeräten, einer Sandkiste und einer Rutsche ist einige Straßen entfernt, Bäume gibt es in der näheren Umgebung nur als Fahrbahnbegrenzung. In dieser Umgebung sind die Kinder allein schon durch die Umstände festgehalten, man kann sie ja nicht einfach laufen lassen.

Weiterhin ist Kindheit heute in einem Maße institutionalisiert, wie es noch nie der Fall war. Die Kinder werden von einer Institution zur nächsten durchgereicht, von der Kleinfamilie in die Krabbelgruppe und dann in den Kindergarten, vom Kindergarten in die Grundschule, von dort in die weiterführende Schule usw. Schon in der Krabbelgruppe ist das, was das Kind tut, einer gewissen Disziplin unterworfen. Es müssen bestimmte äußere Gegebenheiten wie Uhrzeit, Raumangebot, Spielmöglichkeiten beachtet werden. Die von mir vorhin erwähnten elementaren Erlebnisfelder gibt es dort kaum. Diese Tendenz setzt sich fort und steigert sich auf dem weiteren Weg des Kindes durch die Erziehungsanstalten. Insgesamt zeichnet sich heute somit das Bild einer begradigten, disziplinierten und organisierten Kindheit ab.

Ich möchte allerdings gleich dazu sagen, daß es mir nicht darum geht, frühere Zeiten zu idealisieren. Ich versuche lediglich zu beschreiben, wie sich die Dinge für die Kinder gewandelt haben, um daraus dann Konsequenzen für das, was heute erzieherisch notwendig ist, ziehen zu können. Und die Frage, die sich einem einfach aus der Beobachtung der Gegebenheiten heute aufdrängt, ist, wo die elementaren Erlebnisfelder geblieben sind, die für die kindliche Entwicklung einfach unabdingbar sind. Wir stellen fest: Es gibt sie kaum noch.

Daraus folgt, daß der eigentliche Erziehungsauftrag heute nicht Disziplinierung und auch nicht Wissensvermittlung ist. Vielmehr müssen die verlorengegangenen elementaren Erlebnisfelder wieder erschlossen werden, damit den Kindern die Möglichkeit zurückgegeben wird, ihre natürliche Wildheit auszuleben und auf diese Art in natürlicher Weise ihre Sinne zu schulen, Bewegungssicherheit zu gewinnen, Angst zu bewältigen. Tatsächlich aber richtet sich Erziehung heute immer noch nach den Maßstäben des vorigen Jahrhunderts: Kinder werden erzogen, damit sie sich möglichst normgerecht verhalten. Erziehung sollte aber *Gegengewichte* zu den Einseitigkeiten der Lebensverhältnisse, zum Status quo setzen. Heute ist der Status quo: Disziplinierung, Normierung, Begradigung, Plastik.

Wilde Kinder

Wilde Kinder passen nicht in die vorherrschende Norm, sie passen sich nicht an, schlagen ständig über die Stränge. Eltern oder Erzieher fühlen sich dadurch provoziert. Das deutlichste Beispiel in diesem Zusammenhang geben die sogenannten hyperaktiven Kinder, ein Begriff übrigens, den ich nur mit größter Skepsis gelten lasse, auch wenn die akademische Gruppenseele aufschreit. Stell Dir einen vielleicht 10jährigen Jungen vor, der durchs Klassenzimmer rennt, schreit, mit Kreide wirft, Stühle umstößt und nicht fünf Minuten stillsitzen kann. Diesen Jungen würde man heute hyperaktiv nennen und würde ihn zum Psychologen bringen, damit diese Verhaltensauffälligkeit therapiert wird. Stell Dir aber den gleichen Jungen in einem Wald vor, schreiend und rennend und mit Ästen und Holzstücken werfend, auf Bäume kletternd. Niemand käme auf die Idee, dieses Kind verhaltensgestört zu nennen. In einer elementaren Umgebung wäre die Wildheit seine durchaus am Platz und erschiene einem unbefangenen Beobachter als völlig gesund. Erst eine bestimmte, der Natur des Kindes unangemessene Umgebung bewirkt, daß das Verhalten des Jungen auffällig wird.

Ich gehe soweit zu sagen, daß wir in 20 bis 30 Jahren vor einer großen Zahl von Kindern stehen werden, die nach den Vorstellungen konventioneller Pädagogik nicht erziehbar sind. Wenn nicht die Pädagogik ihr Verständnis vom Kind und ihr Selbstverständnis völlig auf den Kopf stellt, wird diese Entwicklung dramatische Ausmaße annehmen.

Die Pädagogik muß vom Kind ausgehen

T.H.: Diese Entwicklung betrifft meines Erachtens nicht nur die Regelschule, sondern auch die Waldorfschule. Ich kenne mehrere Menschen, die Kinder auf einer Waldorfschule hatten, und die Kinder mußten die Schule verlassen, weil man in den Klassen mit ihrem Ungestüm nicht zurechtkam. Andere werden nur unter größten Schwierigkeiten an den Schulen gehalten, aber sie fallen ständig durch Ungehorsam, Disziplinlosigkeit usw. auf. Von einigen dieser Kinder habe ich den Eindruck, daß sie zwar wild und temperamentvoll sind, aber ansonsten nicht verhaltensauffällig. In den Unterrichtsablauf mögen sie sich aber nicht einfügen. Es ist fast, als würden sie rebellieren.

H. Köhler: Aber ja! Sie rebellieren! Und zwar durchaus kerngesund! Natürlich gibt es diese Probleme an der Waldorfschule ebenso wie an der Staatsschule, und man wird ihnen nicht wirkungsvoll begegnen können, wenn man sich nicht endlich die Frage stellt, was in der heutigen Zeit pädagogisch eigentlich notwendig ist, und zwar aus der Sicht des Kindes. Man kommt doch heute, wenn man es genau betrachtet, gesellschaftlich zu Erziehungsrichtlinien, indem man von den Bedürfnissen der Politik und der Wirtschaft ausgeht und Erziehung dann als Anpassung an diese Bedürfnisse begreift. Demgegenüber bin ich der festen Überzeugung, daß wir mit den Schwierigkeiten im Erziehungswesen nur fertig werden können, wenn wir vom *Kind* ausgehen und uns fragen, was es zu seiner gesunden Entwicklung braucht. Nicht die Bedürfnisse der Gesellschaft, sondern die Bedürfnisse des Kindes müssen die Richtung für alles erzieherische Handeln weisen.

T.H.: Welche Art der Erziehung braucht heute idealerweise ein Kind?

H. Köhler: Wenn man diese Frage ernst nimmt, zeigt sich eben, daß sich die gesamte Pädagogik um 180 Grad drehen muß. Ich kann es nicht gemütlicher formulieren. Sie darf in unserer Zeit nicht als Hauptaufgabe haben, die Kinder zu disziplinieren, denn die Lebensumstände wirken von sich aus in extremer Weise disziplinierend, und dagegen rebellieren viele Kinder, während ebensoviele andere resignieren oder mit Angst, Lebensangst reagieren. Auch Wissensvermittlung und eine gewisse Art der „Seelenbildung" sind heute nicht die vorrangigen Aufgaben der Erziehung. Das sind, indirekt, ebenfalls Disziplinierungsinstrumente.

T.H.: Was meinst Du mit „eine gewisse Art der Seelenbildung"?

H. Köhler: Viele Erzieher haben heute ein Bild im Kopf, nach dem sie die ihnen anvertrauten Kinder gestalten möchten, aber dieses Bild ist nicht das eines Kindes, sondern eines kleinen Engelchens. So wird oftmals – auch gerade an Waldorfschulen – Seelenbildung mit dem Ziel betrieben, das Kind zu einem kulturbeflissenen und kulturdurchdrungenen braven, engelhaften Wesen heranzuerziehen. – Ich überzeichne jetzt ganz bewußt, aber diese Tendenz steckt in der Waldorfpädagogik stark drinnen. An der Staatsschule findet sich diese Haltung übrigens kaum, aber nicht aufgrund einer Einsicht, sondern einer erzieherischen Enthaltsamkeit und Gleichgültigkeit, die noch verheerender wirkt. Dort dreht sich eben alles um die intellektuelle Leistung. Jedenfalls fast alles!

Doch bleiben wir bei der Waldorfpädagogik. Ich sage, daß eine gewisse Form der Seelenbildung kein Ziel der Pädagogik sein darf, aber ich sage nicht, daß Seelenbildung als solche etwa unterbleiben sollte. Aber das Konzept des braven Kindes muß aus den Gründen, die ich vorhin nannte, heftig hinterfragt werden. Statt dessen müßte sich die Einsicht durchsetzen, daß Seelenbildung heute in starkem Maße mit den elementaren Erlebnisfeldern zusammenhängt. Seelenbildung heißt zunächst, daß sich das Kind möglichst frei mit den Gegebenheiten auf der Erde aus eigener Entdeckerfreude und Abenteuerlust ins Einvernehmen setzen kann, beschützt und beraten von den Erwachsenen, wo dies nötig ist, aber nicht ständig von Erwachsenen bevormundet und ungefragt belehrt.

Das Kind kommt auf die Welt, und die Welt ist zunächst neu für das Kind, ist ein Raum, der erst erschlossen werden muß. Die Aufgabe der Erzieher – Eltern wie Lehrer – müßte eigentlich darin bestehen, einen Rahmen abzustecken, in dem diese Entdeckungsreise des Kindes stattfinden kann. Die Erwachsenen brauchen nur bereitzustehen, um den Kindern ihre Fragen zu beantworten und zu verhindern, daß sie sich blindlings in Gefahren begeben, die sie noch nicht überblicken können.

T.H.: Wobei das Behüten vor Gefahren nicht in einer übertriebenen, überängstlichen Weise geschehen darf.

H. Köhler: Genau, es geht ja gerade darum, den Kindern Freiräume zu eröffnen, die eine gewisse Wildheit zulassen. Das bringt natürlich auch Gefahren mit sich, und die Erzieher haben dafür zu sorgen, daß den Kindern keine Gefahren drohen, mit denen sie nicht selbst fertig werden können.

Für die Schule bedeutet dieser Ansatz, daß sie sich – kühn in die Zukunft gedacht – so wandeln müßte, daß sie eine Erlebnis- und Abenteuerschule wird. Das, was wir heute Unterricht nennen, hätte dann mehr eine begleitende Funktion. Ich hoffe immer noch, daß die Waldorfschule hier eine Vorreiterrolle für alle Schulen spielen wird. Mir ist klar, daß das politisch riesige Probleme aufwerfen würde, denn bildungspolitisch fährt der Zug ja in die andere Richtung. Aber sollen wir da mitfahren?

Erlebnispädagogik

T.H.: Was wäre konkret zu tun?

H. Köhler: Ein Ansatz, der in die richtige Richtung weist, ist meines Erachtens die unter dem Gesichtspunkt der Sinnesschulung ins Leben gerufene Erlebnispädagogik. Heute ist die vorherrschende Unterrichtsform der Frontalunterricht: Die Schüler sitzen in Reihen von Bänken der Tafel gegenüber, der Lehrer steht frontal vor der Klasse und hält seinen Unterricht ab. Das ist Unterricht im alten, konventionellen Sinne, der allein schon durch seine Struktur den Schülern ein gewisses Maß pädagogisch ganz verfehlter Diszipliniertheit und letztlich eben Passivität – sagen wir ruhig: Konsumhaltung – abverlangt. Dabei würden heute mindestens 30 % der Schüler liebend gern auf diese Art von Konsum verzichten. Der Rest läßt es über sich ergehen und fügt sich, ohne übermäßig zu leiden.

Aber die Gewichte verschieben sich von Jahr zu Jahr. Die Aufsässigen, unverhohlen Lust- und Interesselosen werden in 10, 15 Jahren in vielen Klassen in der Überzahl sein. Man sollte sich jedoch nicht täuschen: Auch für die Gefügigen ist diese Art von sogenannter Pädagogik schädlich. Das zeigt sich aber erst viel später. Wenn man hier etwas ändern will, muß man zu anderen Formen des Unterrichts kommen, die es den Kindern ermöglichen, z.B. ihre Bewegungsfreude in der Schule viel stärker auszuleben, wobei die Alternative nicht lautet: seelenlose Geräteturnerei oder allzu seelenvolle Eurythmie. Natürlich ist die Eurythmie wichtig. Aber sie deckt nicht den Bewegungsbedarf, von dem ich jetzt spreche. Naturbegegnungen müssen auf eine mitreißende Art angeboten werden, und Bewegung in *diesem* Rahmen ist wichtig..

Ein erster Schritt wäre, mit den Kindern viel mehr rauszugehen, das Klassenzimmer zu verlassen und Unterricht im Freien zu machen, so daß die Kinder wirkliche Begegnungen mit Pflanzen, Tieren und den Elementen hätten. Das kann ruhig bis zu einem gewissen Grad geführt, also von den Lehrkräften vorbereitet und geplant sein. Die unmittelbaren Erfahrungen kann man dann anschließend unterrichtlich aufarbeiten. Warum sollte nicht jede Waldorfschule bestrebt sein, sich in ihrer näheren Umgebung Naturerlebnisräume zu schaffen, die eine entsprechende Unterrichtsgestaltung zumindest in Anfängen zulassen würden?

Wenn jede Schule einen Bereich hätte, der ähnlich gestaltet wäre wie z.B. die Reiterhöfe und Freizeitfarmen, dann wäre unglaublich viel möglich. Auf den Reiterhöfen, die ich im Auge habe, gibt es neben Pferden eine Menge anderer Tiere wie Hasen, Ziegen, Hühner, Gänse, Rehe usw. Es gibt große Plätze, auf denen Bretter, Nägel und Werkzeug zur Verfügung stehen, so daß die Kinder sich z.B. Bretterbuden oder Baumhütten bauen können. Solche Erlebnisparadiese müßte man an Schulen angliedern und dann mit den Kindern so viel wie möglich Zeit dort verbringen.

T.H.: Ich sehe schon die Lehrer und die Beamten der Schulaufsichtsbehörde vor mir, die vor lauter Bedenken die Hände über dem Kopf zusammenschlagen.

H. Köhler: Ich weiß, welche Bedenken und Probleme mit einem solchen Ansatz verbunden sind, und ich habe ja auch nicht gesagt, daß es leicht sein wird, neue Wege einzuschlagen. Solche Überlegungen gehen genau in die entgegengesetzte Richtung wie das, was augenblicklich bildungspolitisch gewollt wird und auch mit immer größerem Druck durchgesetzt werden soll. Bildungspolitisch geht es nämlich immer stärker darum, die jungen Menschen für die Bedürfnisse der Wirtschaft fit zu machen. So wurde ein Siemensmanager vor einiger Zeit im *Spiegel* mit den Worten zitiert, daß es erstrebenswert sei, die jungen Menschen vor dem 28. Lebensjahr (sic!) in Führungspositionen zu bekommen, weil sie dann in einem Alter wären, in dem sie noch formbar seien und auf die Interessen der Betriebe eingeschworen werden könnten. Das sei unabdingbar, um auf dem europäischen Markt bestehen zu können. Man will also bewußt unreife Menschen für Führungsaufgaben schulen.

Wenn solche Ansichten in Bildungspolitik umgesetzt werden, bedeutet das eine Verkürzung der Schul- und Studienzeiten, eine Straffung der unterrichtlichen Inhalte, eine Effektivierung der Wissensvermittlung, eine Verschärfung der Auslese, Stärkung der Hochbegabtenförderung usw. Also die Richtung, in die das heutige Schulwesen die Kinder ohnehin schon drängt, wird nur noch verstärkt, die Kinder werden mit immer größerem Druck durch die Institutionen gehetzt, denn anders kann man sie nicht mit 28 Jahren in Führungspositionen haben.

Dabei wäre, vom Kind aus gesehen, eben das Gegenteil anzustreben, um ein Stück Kindheit zu retten, das früher, durch die Lebensumstände bedingt, natürlich ausgelebt werden konnte und heute immer mehr und mehr verlorenzugehen droht. Schule hat sich insbesondere in der Unter- und Mittelstufe nicht vorrangig zur Aufgabe zu machen, auf die Bedürfnisse der Erwachsenenwelt vorzubereiten, sondern sie muß gerade einen Ausgleich für die Verarmung schaffen, die die Industriegesellschaft für die Menschen mit sich bringt.

Wenn im Kindergarten immer Stille herrscht

T.H.: Wir haben jetzt viel über die Schule gesprochen, und ich würde gern aus eigenem Interesse einen Blick auf den Kindergarten werfen. Eines meiner eigenen Kinder ist von seiner Anlage her recht wild und ungestüm, lacht viel, wird aber auch schnell wütend, brüllt auch mal gern und liebt es, sich von Zeit zu Zeit richtig auszutoben. Nun kam dieses Kind in den Kindergarten, und meine Frau und ich beobachteten, daß es, sowie es aus dem Kindergarten kam, völlig überdreht war. Es war, als hätte man eine Bremse gelöst, als würde es explodieren. Zunächst nahmen wir an, das läge an unserem Kind, doch andere Eltern berichteten uns dann von ihren Kindern ganz Ähnliches. Als wir dann nach anderen Faktoren für dieses Verhalten suchten, stellte sich heraus, daß die

Kindergärtnerin die Kinder den ganzen Tag möglichst ruhig hielt, lautes Sprechen und Toben nicht duldete und jeden Streit möglichst schon im Ansatz unterband. Unsere Vermutung war dann, daß, wenn die Kinder mittags nach Hause kamen, sie erst einmal das ausleben mußten, was im Kindergarten unterdrückt wurde. Da ist dann Toben und Schreien angesagt, Streit und Zank mit den Geschwistern, Zappeln und Rangeln am Mittagstisch.

Mir stellt sich hier die Frage, ob das Ideal des stillen, friedlichen Kindes für einen bestimmten Typ Kind nicht eher schädlich als förderlich ist, ob also durch eine durchweg ruhige Gestaltung des Kindergartentages manchen Kindern ein schlechter Dienst erwiesen wird.

H. Köhler: Das Problem, das Du jetzt für den Kindergarten schilderst, ist ja genau das gleiche, das ich für die Schule anführe. Ich möchte jetzt nicht verallgemeinern, indem ich behaupte, die von Dir beschriebene Art des Umgangs mit Kindern sei prinzipiell schlecht; vielen ruhigeren, zarter veranlagten Kindern tut es sicher gut, wenn das ganze Geschehen im Tagesablauf auf eine sehr stimmungsvolle Art geschieht und sie sich da hineinträumen können. Das sind dann meist mehr Kinder des ängstlich-zaghaften Typs, die z.B. schon als kleine Kinder, die gerade erst laufen gelernt haben, zaghaft vor einem vom Wind bewegten Busch stehen und nach mehrmaligem Zögern vorsichtig ein Blatt berühren, statt beherzt hineinzugreifen.

Gerade mit Blick auf diese ruhigen Kinder bitte ich die Erzieher allerdings immer, darauf zu achten, daß sie nicht zu stark in ihrer Seelenanlage bestärkt werden, damit hier nicht eine Vereinseitigung eintritt, die dann unter Umständen sogar therapeutisch relevant wird. Die Gefahr der übermäßigen Bestärkung dieses zaghaften Typs ist leicht gegeben, denn sie sind leicht zu führen, fallen kaum durch ungebührliches Betragen auf und gehen jedem Streit möglichst aus dem Weg. Diesen Typ Kind hat man gern, insbesondere in Gruppen. Dabei müßten gerade sie dazu ermutigt werden, sich aus ihrer Wesenheit herauszuwagen und Zutrauen zu sich und der Welt zu entwickeln.

Neben diesen stillen Kindern gibt es aber als Extrem noch einen anderen Typ, den ich vorhin schon schilderte, nämlich die wilden, ungestümen Kinder – wobei das jetzt nur eine ganz grobe Einteilung ist. Dieser zweite Typ Kind verträgt nun in aller Regel eine still-friedliche Kindergartenatmosphäre schlecht. Wenn sie dauernd stillsitzen und lauschen sollen, so wird etwas von ihnen verlangt, was ihrem Wesen ganz und gar nicht entspricht. Ich vergleiche diese Kinder gern mit Pippi Langstrumpf oder Huckleberry Finn, und wenn man diese beiden literarischen Figuren vor Augen hat, kann man sich vorstellen, wie die geschilderte Kindergartenstimmung auf sie wirkt.

Für wilde Kinder – wild im positiven Sinne – haben die Waldorfkindergärten heute kein Angebot, das muß man einfach so kraß sagen. Sie werden in ihrem elementaren Drang nach Bewegung, ihrer elementaren Abenteuerlust, ihrem Entdeckerdrang, ihrer Wildheit ständig zurückgedrängt und zurückgewiesen. Das hat die Folge, daß sich bei den Kindern das Gefühl festsetzt, daß sie so, wie sie sind, nicht in Ordnung sind, daß sie eigentlich anders sein müßten, um angenommen zu werden. Man darf nicht unterschätzen, was es für Kinder bedeutet, wenn sie von klein auf mit dem Gefühl leben: „So wie ich bin, bin ich eigentlich falsch." Das braucht ihnen gegenüber gar nicht ausgesprochen werden, es reicht völlig, sich entsprechend zu verhalten. Und oft werden sie dann ja auch ganz offen pathologisiert, also für krank erklärt und abgeschoben.

Das Ideal des braven Kindes muß fallengelassen werden

T.H.: Was macht man nun mit solchen Kindern?

H. Köhler: Zunächst einmal ist für die Kindergartenerziehung ein viel differenzierteres Vorgehen notwendig, als es heute anzutreffen ist. Man wird den Kindern nicht gerecht, wenn man sie alle gleich behandelt oder von einem bestimmten Typ Kind als Wunschvorstellung ausgeht und alle, die davon abweichen, ablehnt oder umformen möchte und wie Störenfriede und Außenseiter behandelt. Das ist einfach falsch. Der Typ des wilden Kindes ist zudem immer öfter anzutreffen, es gibt immer mehr von ihnen, wie es übrigens auch von den ängstlich-zaghaften Kindern immer mehr gibt. Offensichtlich tut sich da eine Schere auf.

Was aber können wir nun im Kindergarten den temperamentvollen, bewegungsfreudigen und eher wilden Kindern anbieten? Wenn man wirklich etwas erreichen will, muß man ganz grundlegende Dinge angehen, den Tagesablauf etwa. Während die zaghaft-ängstlichen Kinder vielleicht mit einer halben Stunde Freispielzeit während des Kindergartenvormittags auskommen, brauchen temperamentvoll-wilde Kinder zwei Stunden, in denen sie einfach in der Gegend herumtoben können. Die Erzieher werden im Grunde nur gebraucht, um zu verhindern, daß den Kindern etwas Schlimmes zustößt, als stille Wächter im Hintergrund.

Die Gestaltung des Gartens sollte dann so sein, daß die Kinder sich wirklich verausgaben können, daß sie die Kraft, die sie im Überschuß haben, wirklich ausleben können. Es sollte z.B. eine große Sandkiste geben, in der tiefe Löcher gegraben werden können, oder einen großen Kieshaufen, in den sie einfach hineinspringen können. Auch Bretter zum Bauen und Bäume zum Klettern sollte es reichlich geben. In dieser Richtung ist vieles denkbar; und was man konkret anbietet, hängt dann von den Möglichkeiten vor Ort und der Phantasie der Verantwortlichen ab. Eine Geldfrage ist es eigentlich nicht.

Daneben können dann bewegungsintensive Spiele angeboten werden, bei denen die Kinder sich unter Umständen bis zur Erschöpfung, bis zur Atemlosigkeit verausgaben können. So etwas baut die Kinder auf, das ist wie Nahrung für sie.

Die Voraussetzung aber, damit sich überhaupt etwas ändern kann und die Eltern mittags nicht mehr kompensieren müssen, was sich bei den Kindern im Kindergarten an Energie angestaut hat, ist, daß das Idealbild des braven Kindes hinterfragt wird. Ich habe das schon oft gesagt und mir auch schon viel Widerspruch eingehandelt. Aber die Realität an Waldorfkindergärten ist so, daß dieses Ideal weit verbreitet und dominierend ist, auch wenn das theoretisch noch so sehr bestritten wird. Das gesamte Konzept der Waldorfkindergärten richtet sich an das brave Kind. Mehr Bewegungs- und Spielmöglichkeiten für die wilden Kinder ist mein einfaches, aber dringendes Plädoyer.

Die Wald-Kindergärten

Vor kurzem hörte ich von einem Kindergartenkonzept hier in Esslingen, das ich in diesem Zusammenhang für beinahe genial halte. Eine Kindergärtnerin kam auf die Idee, sich einen Kindergarten genehmigen zu lassen, der gar keine eigenen Räume hat. Die Kinder ziehen jeden Morgen – im Sommer wie im Winter, bei Sonnenschein wie bei Regen – in den Wald und verbringen dort ihren Tag, dem Wetter entsprechend gekleidet. Auf einem großen Leiterwagen werden alle notwendigen Dinge transportiert, die während des Tages gebraucht werden. Dann bräuchte man nur noch eine Hütte, in der man sich bei Sturm und Regen versammeln kann, auf die der Regen prasselt und in der bei Kälte ein Ofen brennt. Die meiste Zeit sind die Kinder jedoch draußen im Wald. Was dort geschieht, hängt von der Könnerschaft der Pädagogen ab. Das wäre übrigens eine tolle Aufgabe für Oberstufenschüler: eine solche Hütte mit Genehmigung der Forstverwaltung für die Kleinen zu entwerfen und zu bauen.

Das ist genau die Richtung, in die man sich bewegen müßte: Die Kinder können sich in einer Umgebung ausleben, die ihnen elementare Erlebnisse ermöglicht. Mir ist es dabei zunächst völlig egal, ob hinter dieser Idee Waldorfpädagogik steckt oder nicht; der Ansatz ist einfach richtig und zukunftsweisend.

T.H.: Das hört sich jetzt fast so an, als wolltest Du auf die Waldorfpädagogik ganz verzichten.

Foto: © Graphics – Photos – Art, München, 1995

H. Köhler: Darum geht es nicht, das eine schließt das andere ja nicht aus. Ich kann mir gut vorstellen, daß man diesen Ansatz des Wald-Kindergartens mit Waldorfpädagogik verbindet. Das wäre der Idealfall. Wenn man im Wald eine einfache Hütte hätte – keinen großen, aufwendigen und kostenverschlingenden Bau –, so könnte dort doch in ganz einfachen, bescheidenen Verhältnissen Leier gespielt werden, ein Puppenspiel und ein Reigen stattfinden. Der Wald-Kindergarten ist in meinen Augen der Ansatz, mit dem sich Waldorfpädagogik verbinden müßte. Stell Dir vor: Der Sturm rüttelte an der Hütte, die Kinder wärmen sich am Bollerofen – und nun wird ein Märchen erzählt.

Projekt Lebensschule

Ähnliches schwebt mir für die Schulzeit vor. Im Rahmen eines Pilotprojektes machten wir vor einigen Jahren hier am Korczak-Institut so etwas auch schon. Wir faßten acht Schüler im Alter zwischen 12 und 16 Jahren aus verschiedenen Schulen, die in ihren jeweiligen Klassen nicht mehr tragbar waren, in einer Kleingruppe zusammen. Das Problem der temperamentvoll-wilden Kinder, die konventionelle Erziehungsmethoden nicht ertragen, erledigt sich ja nicht mit der Beendigung der Kindergartenzeit, sondern setzt sich fort. In der 8., 9. Klasse haben diese Kinder im Prinzip immer noch die gleichen Probleme.

Für diese Gruppe haben wir damals einen Lehrer angestellt, der sich zunächst mit der Forstverwaltung in Verbindung setzte und ausmachte, daß er mit der Gruppe einen Bach umleiten durfte. Diese Arbeit sollte ohnehin erledigt werden und wurde dann von dieser Gruppe nach den Vorstellungen des Försters umgesetzt. Als nächstes wurde ein Hochsitz gebaut, dann entdeckten sie eine Dachsfamilie, legten sich auf Beobachtungsposten und machten Verhaltensstudien.

Nach dem Waldaufenthalt kam die Gruppe mit ihrem Lehrer hier in unseren Räumen zusammen und hat das nachgearbeitet, was sie am Vormittag geschafft hatte. Die Bachumleitung bot z.B. vielfältige Möglichkeiten, sich mit dem Wasserhaushalt und der Ökologie des Waldes zu beschäftigen. Der Hochsitz gab Anlaß, über die Tierwelt und über Jägerei zu sprechen usw. Der Unterricht wurde dabei relativ kurz gehalten, die Schüler sollten aber jeweils ein Logbuch führen, in dem die wichtigsten Ergebnisse festgehalten wurden. Außer diesen Tätigkeiten gab es regelmäßig Schauspielunterricht und Fechten unter der Anleitung von Fachkräften. Das war der gesamte Unterricht. – Von den acht Schülern, die allesamt Anwärter für Erziehungsheime waren, konnten immerhin sechs nach sechs bis zwölf Monaten in ihre Klassen zurückkehren und waren dort wie ausgewechselt.

Natürlich weiß ich, daß wir die Schulen nicht von heute auf morgen für ein solches Konzept gewinnen können. Aber gerade die sogenannten „untragbaren" Schüler geben uns die Möglichkeit, völlig unkonventionelle Wege zu gehen und neue Konzepte zu erproben, für die man unter normalen Umständen niemals eine Genehmigung erhalten würde. An den Schulen ist man ja froh, diese Kinder abgeben zu können, denn man wird mit ihnen einfach nicht fertig. Unter diesem Blickwinkel sind erziehungsschwierige Kinder wie Geschenke des Himmels, die uns Wege zu neuen Ufern eröffnen.

Dieses Projekt der Lebensschule wollen wir jetzt wieder aufgreifen und hier als feste Institution etablieren. Es ist ein Beispiel für Elemente, die zur Ergänzung des Konzepts der Waldorfschule wirklich fruchtbar beitragen könnten. Denn die Frage ist doch: Wäre so etwas nicht auch *innerhalb* einer Waldorfschule möglich?

Die Verinselung der Kindheit

T.H.: Ich möchte jetzt einmal ein wenig zurückgreifen und zum Problem der Institutionalisierung der Kindheit noch einen anderen Aspekt bringen. Rosemarie Nave-Herz schildert in ihrem Buch „Familie heute" (Darmstadt 1995), daß sich die Familienstrukturen heute dahingehend verändert hätten, daß immer mehr Kinder ohne oder mit nur einem Geschwisterkind aufwüchsen. Mit anderen Worten: Die Familien würden immer kleiner. Dies führe nach Nave-Herz zum einen zu einer zunehmenden Vereinsamung der Kinder. Es fehlten nicht nur die Geschwisterkinder, sondern auch gleichaltrige Spielkameraden in der Wohnumgebung, denn in anderen Familien seien auch entsprechend wenig Kinder.

Die zweite Folge sei eine Verinselung der kindlichen Erlebniswelt: Schule hier, Musikunterricht dort, Sport dann wieder woanders. Wenn es Probleme gibt, gehe es zum Arzt oder Therapeuten. Der Raum, in dem Kinder ihre Erlebnisse machen, sei also nicht homogen, sondern auf viele verschiedene Orte verteilt. Wie siehst Du diese Entwicklung?

H. Köhler: Diese Entwicklung ist ganz unbestreitbar und steht in einem direkten Zusammenhang mit dem Problem der Institutionalisierung, von dem wir sprachen. Die Lebensverhältnisse der Familien sind heute eben so, wie ich sie schon geschildert habe, d.h. die meisten Kinder wachsen in einer urbanen Umgebung auf mit all den Folgen, die damit verbunden sind. Die Eltern wissen oder spüren, daß diese Umgebung ihren Kindern kaum etwas zu bieten hat und sorgen daher dafür, daß ihre Kinder Freizeitangebote wahrnehmen können – Musikschule, Sport usw. –, die sie in der unmittelbaren Umgebung vielleicht nicht haben, so daß sie ihre Kinder mit dem Auto hinbringen müssen, oder die

Foto: © Raota, Geduldig, 1995

Foto: © Graphics – Photos – Art, München, 1995

Kinder fahren mit dem Bus. Diese Aktivitäten sind außerdem nicht spontan, sondern finden zu festen Zeiten statt. Die Folge ist, daß die Zeit der Kinder organisiert werden muß, die Kindheit läuft nach Terminkalender. Ich finde diese Entwicklung beklagenswert, aber ich wüßte nicht, wie man sie unter den heutigen Bedingungen ändern könnte.

Ein anderer Punkt ist, daß die Kinder immer weniger mit anderen Kindern zusammentreffen, die im gleichen Haus oder in der Nachbarschaft wohnen, sondern sie treffen sich z.B. eben mit Kindern im Sportverein, die aus allen möglichen Gegenden kommen. Und selbst wenn es Kinder in der Nachbarschaft gibt, spielen sie häufig nicht miteinander, und zwar keineswegs deshalb, weil sie nicht miteinander spielen könnten oder wollten, sondern weil die Eltern sich nicht miteinander vertragen, was sich dann auf die Kinder überträgt und Grenzen zwischen ihnen aufrichtet.

Das ist übrigens eine ganz merkwürdige Sache. Wenn sich z.B. die Kinder geschlagen haben, bekommen die Mütter Streit über die Frage, wer denn nun angefangen hat. Oder wenn die Kinder gemeinsam etwas anstellen, kriegen sich die Eltern darüber in die Wolle, wer der Rädelsführer war.

T.H.: Mein Kind tut so etwas nicht!

H. Köhler: Ja, zum Beispiel. Solche Feindseligkeiten zwischen den Familien sind überall an der Tagesordnung. Wenn die Kinder z.B. etwas angestellt haben, geht es darum, welches Kind die anderen angestiftet hat. Oder die Eltern liegen sich aus Gründen in den Haaren, die mit den Kindern gar nichts zu tun haben, ziehen aber die Kinder mit hinein. Nachbarschaftsstreitigkeiten sind heute weit verbreitet, und selbst Kleinigkeiten werden vor Gericht ausgetragen. Die Kinder sind dann oft die Leidtragenden.

Hinzu kommen Rangeleien zwischen den Kindern selbst, sei es, daß die einen Kinder mehr Geld zur Verfügung haben als die anderen oder länger vor dem Fernseher sitzen dürfen, sei es, daß sie öfter mit den Eltern in Urlaub fahren. Da ist also auch viel Neid im Spiel. Dabei wäre es doch eigentlich viel sinnvoller, wenn sich die Eltern zusammenschließen würden, um eine Interessengemeinschaft mit Blick auf die Bedürfnisse ihrer Kinder zu bilden. Nachbarschaftliche Elternkreise – solche Versuche gibt es, aber leider viel zu spärlich.

T.H.: Man kann sich nur bemühen, gleichgesinnte Eltern zu finden, mit denen man an einem Strang ziehen kann. Aber das ist nicht leicht, insbesondere wenn man in der Stadt wohnt.

H. Köhler: In diese Richtung gehen auch meine Ratschläge. Die Eltern müßten sich darum bemühen, die Kleinfamilienisolation aufzubrechen und sich mit mindestens noch einer weiteren Familie zusammenzuschließen. Wenn es gelingen könnte, die Streitereien und Reibereien, die es immer geben wird, um der Kinder willen hintanzustellen, wäre schon eine ganze Menge gewonnen. Man muß allerdings sagen, daß dazu ein gewisses Maß an Einsicht und intellektuellem Niveau gehört, das nicht immer vorausgesetzt werden kann.

„Die Waldorforientiertheit der Eltern kann für die Kinder zum Problem werden"

T.H.: Daß man für die Kinder etwas erreichen kann, wenn man sich zusammenschließt, Gemeinsamkeiten in den Interessen betont und die Gegensätze hintanstellt, muß sich als Gedanke erst einmal durchsetzen. Das ist insbesondere dann nicht leicht, wenn bei den Elternhäusern verschiedene Wertsysteme und Erziehungsvorstellungen vorherrschen und die Eltern fürchten, der Kontakt mit anderen Kindern könne die eigenen Bemühungen unterlaufen.

H. Köhler: Besonders für Waldorfschüler kann die Waldorforientiertheit ihrer Eltern zu einem Problem werden. Wenn die Kinder in einer Umgebung aufwachsen – womöglich in einer ländlichen Dorfgemeinschaft –, in der alle Kinder auf die ortsansässige Schule gehen, und nur das eigene Kind wird jeden Tag zur Waldorfschule gefahren, so reicht das oftmals schon aus, das Kind zum Außenseiter zu stempeln. Ich stand schon mehrfach als Erziehungsberater vor derartigen Situationen, in denen ich mich dann fragte, ob es für das Kind eigentlich gut war, die Waldorfschule zu besuchen, also ob die bessere Pädagogik den sozialen Nachteil aufwog.

In solchen Fällen müssen die Eltern aktiv werden, sie müssen sich gleichgesinnte Familien suchen und für die Freizeitgestaltung ihrer Kinder Sorge tragen. Es müssen sich Elternkooperativen bilden.

T.H.: Wobei vielen Eltern, wenn sie sich um die Freizeitgestaltung ihrer Kinder kümmern sollen, meist nur Bildungsangebote im konventionellen Sinne einfallen, also Musik- oder Tennisunterricht, Ballett usw.

H. Köhler: Ja, leider. Man muß sich immer wieder klarmachen, daß es nicht kindgemäß ist, die Freizeit der Kinder übermäßig mit kulturbeflissenen Bildungsangeboten auszufüllen. Hinter solchen Tendenzen verbirgt sich im Grunde der auf Rousseau zurückgehende Gedanke, daß die Aufgabe der Erziehung darin bestehe, die Kinder aus einem Rohzustand der Wildheit zu Kulturwesen zu formen. Dieser Gedanke ist ja nicht falsch, aber er ist so beherrschend in allem, was die Menschen heute ihren Kindern zumuten, daß die pädagogische Idee in eine bedenkliche, unzeitgemäße Einseitigkeit gerät. Was wir dringend brauchen, ist die Besinnung auf elementare Erlebnisbereiche. Übrigens war Rousseau der

Foto: © T. Höfer, 1995

Foto: © Geduldig, Guckes, 1995

Meinung, diese vermeintliche Zivilisierung sei *eigentlich* eine Barbarisierung bzw. – modern ausgedrückt – eine Selbstentfremdung. Ohne diese Ansicht zu teilen, finde ich sie sehr interessant.

II. Grundzüge einer Pädagogik der elementaren Erlebnisbereiche

An der Haut die Welt erfahren

T.H.: Kannst Du das Konzept der Pädagogik der elementaren Erlebnisbereiche einmal näher erläutern?

H. Köhler: Dieses Konzept geht ganz vom Kind aus und fragt, was es jeweils in einem bestimmten Alter zu seiner Entwicklung braucht. Kinder brauchen für eine gesunde und ausgewogene Entwicklung zunächst einmal genügend Zeit, um sich in einer ganz grundlegenden Weise mit der Welt auseinanderzusetzen. Wenn man die kindliche Entwicklung unbefangen betrachtet, so bemerkt man, daß es hier Stufen gibt, die naturgemäß veranlagt sind und die man erzieherisch im Auge behalten muß. Das ist ja glücklicherweise in Kreisen der anthroposophischen Pädagogik unbestritten, während mancher sich für modern haltende Erziehungswissenschaftler entgegen aller Phänomenologie und Empirie nichts davon hören will. Es muß in einer gewissen Ordnung eines auf das andere folgen, und als Erzieher müssen wir die entsprechenden Rahmenbedingungen schaffen, damit diese Stufen kindlicher Entwicklung in der richtigen Weise durchschritten werden können. Diese Stufen können einzeln angeschaut werden, und aus der unvoreingenommenen Betrachtung ergeben sich die notwendigen erzieherischen Prinzipien. Mir hat es sich dabei als sinnvoll erwiesen, in Vierjahresschritten vorzugehen. Man kann auch in Siebenjahresschritten vorgehen. Das ist in Ordnung. Aber es ist nicht die einzige sinnvolle Gliederung. Es kommt immer auf die Fragestellung an.

T.H.: Was ist denn das primäre Erlebnisfeld des Kindes in den ersten 4 Lebensjahren? Womit setzt sich das Kind in dieser Zeit vornehmlich auseinander, wenn die Begegnung mit der Welt ganz aus den kindlichen Antrieben erfolgt?

H. Köhler: Nun, in dieser Zeit setzt sich das Kind in erster Linie mit der physisch-materiellen Welt auseinander. Beobachtet man ein Kind in diesem Lebensalter unbefangen, sieht man, daß das Kind vornehmlich damit beschäftigt ist, Tasterfahrungen zu machen. Sich die Welt tastend erschließen, heißt aber, sich ins Einvernehmen setzen mit der materiellen Beschaffenheit der Welt, heißt, die verschiedenen Qualitäten der Materie am eigenen Leibe zu spüren.

T.H.: Wobei Tasterfahrungen nicht nur mit den Händen gemacht werden, sondern auch mit dem Mund, den Füßen usw., im Grunde also mit der gesamten Hautoberfläche.

H. Köhler: Ja, richtig. Das Kind will an seiner Haut die Materialität der Welt erleben. Zu diesem mehr äußerlichen Geschehen kommt als zweites hinzu, was die Kinder in dieser Zeit innerlich-organisch durchmachen. Sie sind nämlich in erster Linie mit der Ausgestaltung ihres Knochengerüstes beschäftigt. Sie müssen in ihrer physischen Substanz genügend Stabilität bekommen, um sich überhaupt mit der Erdenschwere auseinandersetzen zu können. Erst wenn dieser Prozeß weit genug gediehen ist, kann sich ein Kind aufrichten, erst dann kann es fest auf seinen Beinen stehen.

Aus der kindlichen Entwicklung selbst ergibt sich also, daß das erste elementare Erlebnisfeld, mit dem sich die Kinder in den ersten 4 Jahren überwiegend auseindersetzen müssen, die physisch-materielle Welt ist. Diese Feststellung weist die Richtung, in der die Erzieher des Kindes wirken müssen. In den ersten 4 Lebensjahren ist es für das Kind eben wichtig, daß es von Dingen umgeben ist, die ihm vielgestaltige Tasterfahrungen ermöglichen, d.h. mit Holz, Stein, Ton, Lehm usw., also mit allem, was materielle Welt in ihrer Grundbeschaffenheit ist.

T.H.: Für das Kind bedeutet das Ertasten der Welt auch, die eigenen Grenzen zu erfahren. Es grenzt sich von seiner Umwelt ab, indem es erlebt, daß es an die äußere Welt anstößt.

H. Köhler: Ja, durch diese Grenzerfahrung, die freilich nicht der einzige Aspekt der Tasterfahrung ist, bildet sich dann um das 2., 3. Lebensjahr herum allmählich das Ichbewußtsein aus: Das Kind erlebt sich nun als abgesondert von der Welt, was sich auch im Verhalten des Kindes beobachten läßt. Ganz deutlich wird das in dem kindlichen Nein. Indem das Kind „Nein!" sagt, weist es die Außenwelt zurück, wird wie ein Stein ganz hart und abweisend. Diese trotzig-schroffe Ichgebärde ist im Grunde die Errungenschaft der kindlichen Entwicklung dieser Zeit.

Plastikspielzeug und Medieneinfluß

Wenn man mit diesem Wissen im Hinterkopf auf die Bedingungen schaut, unter denen Kinder heute aufwachsen, dann zeigt sich sofort das große Defizit an Erlebnismöglichkeiten. Allein das Spielzeug, das Kindern heute im allgemei-

Foto: © T. Höfer, 1995

Foto: © Geduldig, 1995

nen angeboten wird, wird den kindlichen Bedürfnissen überhaupt nicht gerecht. Das meiste Spielzeug wird heute aus Kunststoff gefertigt. Kunststoff bietet aber dem Tastsinn kaum Erlebnismöglichkeiten, jedenfalls keine, die qualitativ so reich gegliedert sind, wie es aus der Sicht des Kindes notwendig wäre. Die Seele des Kindes erhält außerdem ihre Eindrücke ja nicht nur über den Tastsinn, sondern auch über die Augen, die Nase, die Ohren usw. Kunststoff hat auch hier nichts zu bieten. Das ist der eigentliche Grund, warum wir in der Waldorfpädagogik Plastikspielzeug ablehnen. Es bietet dem Kind eben keine qualitativ differenzierten Erlebnismöglichkeiten. Das heißt: Die Grundstufe der Urteilsbildung ist gewissermaßen schon vernebelt.

T.H.: Das macht Sinn. Ich habe oft erlebt, daß Menschen gegen Plastikspielzeug gewettert haben, ohne aber eine pädagogisch wirklich stichhaltige Begründung nennen zu können.

H. Köhler: Die läßt sich ja auch ohne den eben geschilderten Zusammenhang nicht nennen. Was soll man denn sagen? Daß Spielzeug aus natürlichem Material schöner ist? Nun, dafür ist es oftmals auch erheblich teurer. Und ökologisch gesehen ist die Verwendung natürlicher Materialien auch nicht immer so unproblematisch, wie es manche Umweltfundamentalisten darstellen. Worum es tatsächlich geht, ist, daß das Kind in den ersten Lebensjahren im Umgang mit natürlichen Materialien seine Tastwahrnehmung aufbaut, und die Dinge, die das Kind umgeben, sollten dazu dienlich sein.

Plastikspielzeug ist allerdings beileibe nicht das einzige Problem. Ein anderes sind z.B. die Medien, mit denen Kinder schon mit 3, 4 Jahren Umgang haben. Wenn sie in diesem Alter nicht schon fernsehen, so sitzen sie doch zumindest vor dem Kassettenrecorder. Im Grunde brauche ich dazu gar nicht mehr viel zu sagen. Wenn Fernsehen und Kassettenrecorder die primäre Erlebniswelt des Kindes ausmachen, wird die kindliche Entwicklung aus Mangel an förderlichen Erfahrungen nicht in der richtigen Weise durchlaufen. Das versteht sich von selbst. Die sinnliche Erfahrung von „Wald" ist in Disneys „Dschungelbuch" unauffindbar, obwohl sich da alles im Wald abspielt. Die Hörspiel-CD läßt wenigstens etwas Spielraum für sinnliche Assoziationen. Vor dem Fernseher ist man buchstäblich unter Quarantäne.

T.H.: Nehmen wir einmal an, ein kleines Kind wäre in extremer Weise den von Dir geschilderten Einflüssen ausgesetzt – Plastikspielzeug, Fernsehen usw. Was hätte das für Folgen für das Kind?

H. Köhler: Solche Kinder gibt es leider gar nicht so selten. Ganz einfach ausgedrückt, fallen sie durch ein unterschwellig ständig anwesendes inneres Unsicherheitsgefühl auf. Sie vermitteln den Eindruck, als würde ihnen der Boden unter den Füßen fehlen, als stünden sie nicht richtig fest auf der Erde. Im Jugendalter zeigt sich dieses Phänomen dann so, daß die Jugendlichen an der Wirklichkeit der sie umgebenden gegenständlichen Welt zweifeln, wobei dieser Zweifel von Ängsten begleitet ist, die sich bis zur Panik steigern können. Solche Erlebnisse schildern immer mehr und mehr Jugendliche. Das hängt in hohem Maße mit der mangelnden taktilen Integration zusammen.

T.H.: Kann dieser Zweifel nicht auch zu Gewalttätigkeit und zu einer aktiven Suche nach Gefahr führen? Ich stelle mir vor, daß ein Mensch, der an der Wirklichkeit seiner Umgebung zweifelt, bemüht sein wird, sich Gewißheit zu verschaffen, indem er extreme Situationen aufsucht, sich bei voller Fahrt aus der U-Bahn hängt, randaliert, Brände legt oder ähnliches.

H. Köhler: Natürlich. Wenn Jugendliche befragt werden, warum sie solche Dinge tun, was sie eigentlich dazu treibt, lautet die Antwort oft: „Um mich zu spüren." Das sind ernste Defizite, die in der frühen kindlichen Entwicklung angelegt werden. Ich will aber damit *nicht* sagen – bitte! –, daß politische Rebellion gegen die Spießergesellschaft, wütendes Aufbegehren gegen die Heuchelei der Erwachsenenwelt immer auf mangelnder Tastsinnentwicklung beruhe! Natürlich hängt alles zusammen: Man raubt den Kindern ihre Tastwelt, ihren Daseinsgrund – also, was erwartet man? Freundlichkeiten? Aber in vielen Fällen führt schlicht und einfach die seelische Unerträglichkeit der Verhältnisse dazu, daß Jugendliche irgend etwas tun wollen, um zu spüren, daß sich noch etwas bewegen läßt. Egal was!

Es geht also nicht darum, Jugendrebellion mit dem Hinweis auf frühkindliche Defizite abzufertigen, statt auf ihre berechtigten Anliegen hinzuschauen. Dennoch ist die Rebellion in vielen Fällen eben doch ein Aufschrei, der *auch* mit elementaren Mangelerlebnissen, mit dem Gefühl der Unbewohnbarkeit der Welt zusammenhängt. Von daher gesehen ist die Frage der Sinnesentwicklung bzw. Sinnesverkümmerung durchaus eine politische Frage, nicht nur eine pädagogische.

Man darf also die eben geschilderten Zusammenhänge nicht auf die leichte Schulter nehmen. Eltern sollten nicht danach streben, ihre Kinder wie Püppchen auszustaffieren, um dann im Zoo spazierenzugehen. Sie sollten nicht ewig in der Angst leben, ihr Kind könne sich schmutzig machen. Die Eltern müssen bildlich gesprochen den Mut und die Entschlossenheit haben, ihre Kinder in den ersten 4 Lebensjahren an die Gesteinswelt heranzuführen.

Foto: © Pfleiderer, Geduldig, 1995

Die Auseinandersetzung mit dem Wässerigen

T.H.: Was kommt nach den ersten 4 Lebensjahren?

H. Köhler: Die nächste Etappe umfaßt das 5. bis 8. Lebensjahr. In dieser Zeit hat sich das Kind in erster Linie mit dem Element des Wässerigen auseinanderzusetzen. Wenn ich das jetzt so sage, klingt es ein wenig abstrakt und schematisch, aber wir haben viele Beobachtungen zusammengetragen, die diese Aussage stützen. Sie läßt sich aus medizinischem, pädagogischem, entwicklungspsychologischem, bewegungs-, sprach- und kunsttherapeutischem Blickwinkel untermauern. Die Kinder lernen in dieser Zeit etwa, die Flüssigkeitsprozesse in ihrem Körper unter Kontrolle zu bringen. In diesem Zeitraum werden sie z.B. trocken. Man kann die Kinder natürlich früher trocken bekommen, aber von sich aus haben die Kinder vor dem 4., 5. Lebensjahr meistens keine Motivation in dieser Richtung. Erst wenn die Auseinandersetzung mit dem irdischen Element weitgehend abgeschlossen ist, entwickeln die Kinder ein Bewußtsein für die Flüssigkeitsprozesse in ihrem eigenen Körper.

T.H.: Heißt das, Du rätst den Eltern ab, ihre Kinder vor diesem Alter trocken zu bekommen?

H. Köhler: Das habe ich nicht gesagt. Großartigen Schaden richtet man nicht an, wenn man die Kinder vorher mit sanfter Bestimmtheit – indem man sie z.B. immer wieder aufs Töpfchen setzt – zur Reinlichkeit erzieht. Dagegen habe ich nichts, es ist auf jeden Fall einfacher, wenn die Kinder keine Windeln mehr brauchen. Man darf allerdings keinen Druck ausüben.

Aber darum geht es mir gar nicht. Worauf es ankommt, ist die Tatsache, daß Kinder erst in einem bestimmten Alter ein selbständiges Interesse daran entwikkeln, ohne Windeln auszukommen. Überließe man die Kinder ganz sich selbst, entstünde erst mit 4, 5 oder gar 6 Jahren in ihnen das Bedürfnis, die Flüssigkeitsprozesse in ihrem Körper zu kontrollieren.

T.H.: Interessant ist in diesem Zusammenhang, daß es Eltern oftmals gelingt, ihre Kinder mit 3 Jahren dazu zu erziehen, tagsüber auf die Toilette zu gehen. Nachts jedoch bekommen die Kinder weiter Windeln um, weil sie es einfach nicht schaffen, selbständig trocken zu bleiben.

H. Köhler: Es fehlt die Eigenmotivation, die ganz von innen heraus kommt. Die gesamten Verdauungs- und Ausscheidungsprozesse – das sind ja Flüssigkeitsprozesse – kommen erst ab dem 5. Lebensjahr in eine stabile Lage, d.h. sie werden jetzt relativ sicher von innen her – vom Ich – reguliert.

Ein anderes interessantes Phänomen, das in der entsprechenden Zeit auftritt, ist das Bedürfnis der Kinder, ihre Tränen niederzukämpfen. Gerade an diesem

Punkt wird häufig eine Menge Blödsinn geredet, z.B. daß das Kind dieses Bedürfnis nur habe, weil es von den Eltern zur Affektkontrolle angehalten werde: „Ein so großes Mädchen weint doch nicht mehr wegen jeder Kleinigkeit!"

Tatsache ist jedoch: Man kann ein Kind noch so sehr zum Weinen ermutigen, es wird irgendwann – so um das 7. Lebensjahr herum – von sich aus ein Interesse daran haben, die Tränen niederzukämpfen. Der Widerstand des Kindes gegen die aufsteigenden Tränen ist also nicht von außen bestimmt, sondern kommt aus dem Kind selbst, nämlich aus dem unterschwelligen Wunsch, die Flüssigkeitsprozesse im eigenen Körper zu kontrollieren. Das Kind kann es dann nicht mehr brauchen, daß die Tränen einfach so in ihm aufsteigen, daß die Trauer sein Bewußtsein überflutet. Es braucht für seine Bewußtseinsentwicklung die Kontrolle über das Wasserelement.

In diesem Alter taucht dann in aller Regel im Kind auch das Bedürfnis auf, Schwimmen zu lernen. Vorher wird es dieses Bedürfnis von sich aus in der Regel nicht haben. Aber mit einem Mal will es schwimmen, und mit einem Mal stehen ihm auch die entsprechenden Fähigkeiten zur Verfügung. Eltern kommen zu mir in die Erziehungsberatung, weil ihr Kind mit 7 Jahren immer noch nicht Schwimmen gelernt hat. Dabei ist es normal, daß das Kind in diesem Alter noch nicht schwimmen kann. Es wird schwimmen lernen, wenn die Eltern abwarten und ihm keine Angst machen. Mit 8, 9 Jahren wird es gelernt haben zu schwimmen. Aus eigener Motivation!

Betrachtet man diesen zweiten Abschnitt der kindlichen Entwicklung unter dem Gesichtspunkt der elementaren Erlebnisfelder, so bekommt jetzt das Wasserelement pädagogisch eine überragende Bedeutung. Die Kinder müssen auch hier wieder nach draußen, um dort alles, was mit dem Wasser zusammenhängt, am eigenen Leibe zu erfahren: sei es, daß sie an einem Wildbach spielen, sei es, daß sie in Wind und Regen wandern, bis sie völlig durchnäßt sind. Was die Kinder innerlich beschäftigt, müssen sie auch draußen ausreichend erleben, so daß innere Entwicklung und äußeres Erleben zusammenklingen. Was das Kind über die Sinne wahrnimmt, hilft ihm auf eine untergründige Art zu verstehen, was sich in seinem Organismus abspielt.

Im Unterricht der ersten Schuljahre müßte eigentlich Wasserkunde im weitesten Sinne im Mittelpunkt stehen. So müßten nicht nur irgendwelche Märchen erzählt werden, sondern besonders viele Märchen von Wassergeistern. Es gibt z.B. wunderschöne Nixenmärchen, die in kindgerechter, bildhafter Weise das eigentlich Wesenhafte des Wasserelementes darstellen. Im Schulgarten müßte es dann einen Teich mit Kaulquappen und Fröschen und Fischen geben, an dem die Kinder lernen können, was für Geschöpfe im und am Wasser leben, was sie zum Leben brauchen usw. Der Phantasie der Lehrer sind hier keine Grenzen gesetzt, und es gibt genügend Möglichkeiten, um das, was ich hier nur anreißen kann, auch mit Leben zu füllen. Auch im künstlerischen Tun natürlich. Oder in der Eurythmie – oder pantomimisch.

T.H.: Welche Folgen hat es für Kinder, wenn das Wasserelement nicht ausreichend erlebt werden kann?

H. Köhler: Du mußt Dir jetzt ein Kind vorstellen, daß all die Erlebnisse, von denen ich eben sprach, nicht hat, und das Wasser im Grunde nur dann erlebt, wenn es den Wasserhahn öffnet und die Badewanne vollaufen läßt. Diesem Kind fehlen die elementaren Erlebnisse im Umgang mit dem Wasser und damit die Grundlage zu einem inneren Verständnis des Wässerigen. Um zu ergründen, was dies für die Entwicklung des Kindes bedeutet, muß man sich fragen, was es für den Menschen überhaupt bedeutet, das wässerige Element bis ins Innerste zu verstehen.

In der Natur lebt das wässerige Element in allem, was in einer rhythmisch-prozeßhaften Weise geschieht. Zum anderen spielt es dort eine Rolle, wo es um das Auflösen harter Substanz geht. Diese Grundeigenschaften des Wässerigen muß man nun auf der geistig-seelischen Ebene aussuchen. Wo gibt es rhythmisches Geschehen im Denken, Fühlen und Wollen? Überall dort, wo es um sinnvolle Gewohnheiten, um ritualisierte Abläufe geht, die das Tages- oder Wochengeschehen, aber auch den Jahreslauf durchziehen. Das Einschwingenkönnen in und Mitschwingenkönnen mit sinnvollen Rhythmen der Lebensgestaltung hat viel mit dem Aufbau einer sicheren Zeitstruktur zu tun, eines tragfähigen Zeiterlebens.

Aber auch an Gedächtnis- und Phantasiekräfte muß man hier denken. Das wässerige Element hat viel mit echter Phantasie zu tun. Die Phantasie ist eigentlich eine gestaltende Kraft, die das, was sie in der Welt vorfindet, auflöst und dann umformt. Bei der echten Phantasie geht es darum, das Gewordene zu ergreifen, aufzulösen und umzugestalten. Hier findet sich eine weitere Qualität des Wasserelementes. Also: Gesunde Gewohnheitsbildung, sicheres Zeitgefühl, Phantasie.

Wenn wir nun Kinder haben, die keine sinnvollen Gewohnheiten ausbilden, weil ihnen einfach die Auffassungsgabe für diese Qualität fehlt, wenn wir Kinder haben, die mit ihren Phantasiekräften nicht gestaltend umgehen können, sondern von ihnen überflutet werden, dann können wir davon ausgehen, daß bei diesen Kindern Defizite in der Bewältigung des wässerigen Elementes liegen.

Solche Kinder haben erkennbare Defizite im Zeiterleben, in der Zeitübersicht. Sie müssen sich ständig vergewissern, was bevorsteht, was als nächstes kommt, kennen die Wochentage, den Jahreslauf nicht, bzw. nur theoretisch, also ohne inneres Erleben.

„Wir können nicht mehr arbeiten wie zu Steiners Zeiten"

Das ist jetzt natürlich alles nur angedeutet. Aber ich denke, es ist deutlich geworden, was ich mit „elementaren Erlebnisfeldern" meine und aus welchen Gründen ich so eindringlich an die Pädagogen appelliere, diese Dinge ernstzunehmen. Natürlich müssen die Kinder auch in der Klasse sitzen und vom Lehrer alles mögliche beigebracht bekommen, aber um ihrer gesunden Entwicklung willen muß sich vieles in der geschilderten Richtung wandeln – auch in der Waldorfpädagogik. Gerade in unserer heutigen Zeit ist es von größter Bedeutung, daß das Prinzip der elementaren Erlebnisfelder aufgegriffen und umgesetzt wird. Wir können heute nicht mehr so arbeiten, wie es noch zu Steiners Zeiten möglich war. Die Zeiten und Umstände haben sich grundlegend gewandelt.

T.H.: Diese Aussage werden Dir manche Menschen übelnehmen. Oftmals herrscht die Auffassung vor, die Pädagogik Rudolf Steiners sei absolut und zeitlos gültig, unveränderbar und nicht ergänzungsbedürftig. Und das Erstaunen ist groß, wenn sich die Kinder den Prinzipien des Unterrichtes nicht mehr fügen wollen.

H. Köhler: Zu Steiners Zeiten hatten die meisten Kinder noch einen unmittelbaren Umgang mit der natürlichen Schöpfung, selbst in den Städten. Und sie hatten einen selbstverständlichen Aktionsradius für ihre „unzivilisierten" Spiel- und Abenteuerwelten, in die kein Erwachsener seine Nase hineinzustecken hatte. Dafür lag natürlich vieles andere im argen. Ich will nicht die damalige Situation der Kinder glorifizieren, überhaupt nicht! Ich will nur die heutigen Defizite benennen, die andere sind als damals. Man kann doch nicht so tun, als wäre nichts geschehen! Die Pädagogik existiert doch nicht unabhängig von den Kindern, für die sie gedacht ist, sondern muß von den Kindern und deren Entwicklungsbedingungen ausgehen.

Das Erringen der Atemreife

T.H.: Wie geht es nach dem 8. Lebensjahr weiter?

H. Köhler: Die Entwicklungsphase, die sich nun anschließt, ist in der anthroposophischen Pädagogik unter dem Stichwort „Erringen der Atemreife" bekannt. Es geht dabei um die Auseinandersetzung des Kindes mit dem Luftelement: Erst in diesem Alter lernen die Kinder, richtig zu atmen. Durch den Atem kommt es zu einem Stoffwechselgeschehen, das sich *gerade noch* auf der materiellen Ebene abspielt und zwischen Innenwelt und Außenwelt vermittelt. Durch die Atmung strömt die Luft der Außenwelt in einem rhythmischen Prozeß ständig in den Körper und wird wieder an die Außenwelt abgegeben. In der Atmung sind wir in einem dauernden rhythmischen Wechselspiel zwischen Innen und Außen. Der Atemstrom ist das Medium, das die seelischen Weltbeziehungen vermittelt. „Im Atemprozeß werden wir Seele", sagte Rudolf Steiner.

Im Alter zwischen 9 und 12 Jahren macht das Kind nun einen Entwicklungsprozeß durch, der dazu führt, daß die Atmung sich harmonisiert. Kleinere Kinder haben einen labilen, oft chaotischen Atem, dessen Frequenz ständig wechselt und dem der ruhige, von innen geführte Rhythmus fehlt. Äußere Eindrücke haben einen starken Einfluß auf die Atemfrequenz. Um das 10., 11. Lebensjahr herum stabilisiert sich die Atmung und wird relativ unabhängig von dem, was um das Kind herum geschieht. Das heißt auch: Die seelischen Weltbeziehungen werden mehr und mehr von innen her reguliert und harmonisiert.

Pädagogisch gesehen sollte es wieder so sein, daß in der Erlebniswelt des Kindes auf diesen inneren Entwicklungsschritt geachtet wird, so daß sich das Kind auch in dem, was es äußerlich tut und was ihm bildhaft angeboten wird, mit dem Luftelement auseinandersetzen kann. Alles, was mit Wind und Sturm zu hat, mit Aufwirbelung und Chaos kommt dem Kind in diesem Alter entgegen, dann aber, auf der anderen Seite, auch das Wechselspiel zwischen Ein- und Ausströmen in rhythmischem Wechsel als ein Urprinzip des Lebens. – Nicht umsonst sind in diesem Alter Seefahrergeschichten und Segelschiffe so beliebt, nicht umsonst beschäftigen sich die Kinder eifrig mit den verschiedenen Stürmen – Orkan, Taifun, Hurrican usw. Es ist ihnen ein inneres Bedürfnis, sich damit auseinanderzusetzen. Mit wehendem Mantel und Haar im Sturm stehen – gibt es für 12jährige ein erhabeneres Erlebnis?

Aber auch die „Atmungsprozesse" der Natur und des Lebens stoßen auf großes Interesse. Man kann das „Einströmende und Ausströmende" an Ebbe und Flut zum Erlebnis bringen, am Bild der Herztätigkeit, am Schlaf-Wach-Rhythmus, an der Polarität von Geburt und Tod. Auch hier wieder will ich der Phantasie der Pädagogen nicht vorgreifen. Wichtig ist jedenfalls die sinnliche Erfahrung des Lufthaften in Verbindung mit Bildern und Inhalten, die, im weitesten Sinne, von Wind und Sturm künden, aber auch von „Atemprozessen" überall draußen in der Welt.

In einer vierten Phase schließt sich dann noch die Auseinandersetzung mit dem Wärmeelement, dem Feuer an. Was ist Feuer? – Sonnenkraft! Wärme und Licht verbinden sich zu einem Vorgang, der harte Materie zerstört. Feuer also läßt das Alte, Verhärtete, Zuendegekommene zu Asche werden, um Raum für neues Wachsen und Blühen zu schaffen. Dieses Weltprinzip gilt es pädagogisch auf eine lebendige, anschauliche Art im Alter zwischen 13 und 16 Jahren zu vermitteln. Dabei muß – in unserer Zeit der Zentralheizung – die Begegnung mit dem Feuer ganz direkt gepflegt werden. Das weiter auszuführen, würde jetzt aber zu viel Raum einnehmen. Ich denke, daß das bisher Gesagte ausreicht, um anzudeuten, was ich unter elementaren Erlebnisfeldern verstehe und was für eine gesunde Entwicklung der Kinder auf dem Feld der Pädagogik geschehen müßte.

Die Erinnerung an die göttliche Welt

Ich möchte aber noch einen Gedanken anschließen. Heute bestimmt nicht mehr in erster Linie die göttliche Schöpfung die Lebensverhältnisse der Menschen, sondern Menschenschöpfung. Das ist ein wesentliches Merkmal unserer Kultur. Jedes Kind aber – heute wie früher – will sich zunächst einmal in die göttliche Schöpfung, wie sie hier auf der Erde ansichtig wird, einleben. Wenn ein Kind aus der göttlich-geistigen Welt auf die Erde heruntersteigt, so braucht es, damit dies nicht ein allzu erschreckendes und beängstigendes Geschehen wird, hier auf der Erde Erlebnisse, durch die es an die himmlische Welt, aus der es kommt, erinnert wird. Die Begegnung mit ursprünglicher göttlicher Schöpfung, wie sie sich in den Elementen findet, bedeutet für das Kind Erinnerung und Beruhigung. Es erlebt, daß es nicht völlig von der göttlichen Sphäre getrennt ist, aus der es herstammt. Steiner beschreibt diesen Vorgang in bezug auf den Tastsinn: Er sagt, das Kind mache im Tasten eine Gotteserfahrung, das Kind erfahre im Tasterlebnis die „Weltensubstantialität" als „Gottgefühl".

Der Verlust der elementaren Erlebnisfelder bedeutet für die Kinder, daß ihnen der Rückbezug zur göttlich-geistigen Welt in einer Zeit genommen wird, in der dieser Rückbezug noch unentbehrlich ist. Sie erleben immer weniger Momente, in denen sie natürlicher Schöpfung begegnen. Die Folge ist eine tiefe Verunsicherung, die sich in all den Problemfeldern heutiger Erziehung zeigt.

Das künstlerische Gestalten darf nicht vernachlässigt werden

T.H.: Bei dem, was Du bisher ausgeführt hast, geht es im wesentlichen darum, dem Kind Erlebnisräume zu erschließen. Wo bleibt aber das künstlerische Element, das in der Waldorfpädagogik eine zentrale Stellung einnimmt? Wo werden die Kinder von sich aus schöpferisch tätig?

H. Köhler: Darüber habe ich kaum gesprochen, das stimmt. Das bedeutet aber nicht, daß ich den künstlerischen Aspekt der Erziehung gering schätze oder gar verneine, ganz das Gegenteil ist der Fall. Ich lasse mich ja sonst unentwegt über das Künstlerische aus. Und ich habe es eigentlich auch heute zwischen den Zeilen getan. Meine Anregungen schließen eine künstlerische Elementenkunde ein. Zu allem, was ich über elementare Erlebnisfelder sagte, muß – das ist selbstverständlich – das künstlerisch-kreative Gestalten hinzutreten. Das ist im Grunde die zweite Säule, auf der erzieherisches Tun ruhen sollte. Wenn also im 1., 2. Schuljahr Wasserkunde im Mittelpunkt des Unterrichtes steht, so sollte die Beschäftigung mit dem Wasser bis ins Künstlerische geführt werden. Das ist viel wichtiger als alle Wissensvermittlung. Ich stelle mir vor, daß viel gemalt werden könnte, aber auch die Arbeit mit Ton böte sich an, denn im Ton hat man eine Substanz, in der sich das Feste mit dem Flüssigen verbindet. Entsprechend müßte für jede Stufe eine künstlerische Umsetzung bzw. Vervollständigung des Erlebens stattfinden.

Es wird oft gesagt, daß die Waldorfpädagogik von einem künstlerischen Element getragen sei. Ich bin aber der Meinung – das werden viele für Ketzerei halten –, daß das in der Praxis ziemlich wenig der Fall ist. Natürlich wirkt in der Gestaltung des schulischen Lebens an der Waldorfschule in stärkerem Maße ein ästhetisches Element als an anderen Schulformen, das will ich nicht bestreiten. Man darf aber Ästhetik nicht mit Kunst gleichsetzen. Die ästhetische Gestaltung der Klassenzimmer, der Tafelbilder, der Schulbauten usw. kann die „Durchkunstung" des Unterrichts nicht ersetzen. Ich meine, daß das freie künstlerische Gestalten durch die Schüler selbst in viel stärkerem Maße in den Mittelpunkt des Unterrichtes gestellt werden müßte, als es heute geschieht. Das Ziel müßte sein, bei den Schülern künstlerische Kompetenz zu veranlagen und eine elementare Freude am künstlerischen Schaffen zu wecken.

Als Therapeut bin ich in der glücklichen Lage, den Kindern das anbieten zu können, was für sie wichtig ist, ohne daß ich auf Lehrpläne Rücksicht nehmen müßte. Was ich immer wieder erlebe, ist eine regelrechte Gier der Kinder nach einer handfesten, zupackenden künstlerisch-gestaltenden Tätigkeit. Man kann den gesamten Auftrag der Erziehung in einen Satz zusammenfassen, der sich in der „Allgemeinen Menschenkunde" (GA 293) findet: Erziehung ist Gemüts- und Willensbildung. Und wenn man auf den Willen und das Gemüt in der richtigen Weise einwirkt, sagt Steiner, entwickelt sich der Intellekt ganz von allein. Der Schlüssel aber zur Willens- und Gemütsbildung ist nach meinem Verständnis ein richtig verstandener künstlerischer Unterricht in Verbindung mit dem, was ich die „Erlebnis- und Abenteuerschule" nenne.

Schrott und Klopapier

T.H.: Kannst Du ein Beispiel nennen? Was genau sollen die Kinder tun?

H. Köhler: Ich denke z.B. an Arbeiten mit großen Drahtgestellen und Pappmaché, an große Holz- und Specksteinarbeiten, Materialbilder, Rauminstallationen, Fluxus-Aktionen usw. Gewagte Dinge also, bei denen die größeren Kinder und Jugendlichen wirklich kräftig zupacken können. In Bänken sitzen und Bilder malen, reicht einfach nicht aus. Im Künstlerischen muß ab dem 11., 12. Lebensjahr etwas Normensprengendes, den gewohnten Maßstäben Enthobenes, „Ver-rücktes" erlebbar werden. Eine gewisse Kühnheit gehört dazu, ein Freiheitserlebnis.

T.H.: So etwas müßte doch gerade an Waldorfschulen ohne weiteres möglich sein, oder nicht?

H. Köhler: Na ja. Ich will Dir ein Beispiel nennen, das mich unglaublich geärgert hat. Eine Kunststudentin übernahm eine Vertretung in einer 10. Klasse einer Waldorfschule. Die Lehrerin war erkrankt, und die Studentin sollte dort also Kunst unterrichten. Waldorfschüler dieser Altersstufe haben nun in der Regel wenig Interesse am Kunstunterricht, sie kriegen häufig schon Zustände, wenn sie das Wort Kunst nur hören, aber nicht, weil sie keine Neigung zu künstlerischer Betätigung hätten, sondern weil ihnen das, was lehrplangemäß angeboten wird, oftmals zu brav, zu bonbonsüß ist. So war es auch in dieser Klasse. „Kunstunterricht? Kann uns gestohlen bleiben!" Unterrichtlich vorgesehen war, soweit ich mich erinnere, irgendeine Aquarellarbeit. Aber die Schüler haben einfach nicht mitgemacht. Die wollten das einfach nicht und nutzten natürlich die Unerfahrenheit der Studentin gnadenlos aus. An Unterricht war also nicht zu denken.

In ihrer Not kam diese Studentin zu mir und fragte mich um Rat. Gemeinsam entwickelten wir dann folgende Idee: Die Studentin sollte sehen, daß sie einen Raum in der Schule zur Verfügung gestellt bekam, in dem sie mit den Schülern eine Rauminstallation machen konnte. Wir dachten uns, daß sie gemeinsam mit den Schülern auf den Schrottplatz gehen und dort alles mögliche an Material einsammeln sollte, um mit diesem Material den Raum so zu gestalten, daß eine Art Landschaft aus Schrott entsteht. Anschließend sollte die gesamte Installation mit Riesenmengen Klopapier eingepackt werden, so daß nur noch hier ein Rad, dort eine Stange herausschaut. Dann wäre man noch mit Farbe an die Sache herangegangen.

Eine Besprechung dieses Projektes mit den Schülern ergab, daß die meisten Jugendlichen begeistert waren und lieber heute als morgen beginnen wollten.

Die Studentin fragte dann bei der Konferenz an, ob sie nicht für einige Wochen den kleinen Saal der Schule zur Verfügung haben könnte. Dieses Ersuchen wurde abgelehnt, nicht wegen Raumfragen – die wären lösbar gewesen –, sondern mit der Begründung, ein solches Projekt sei im Lehrplan nicht vorgesehen.

T.H.: Sie hat das Projekt nicht durchführen dürfen?

H. Köhler: Sie hat es nicht durchführen dürfen! Da hat man einmal eine Idee, mit der man die Jugendlichen begeistern kann, und dann scheitert das an der ideologischen Verkrustung eines Kollegiums.

III. Problemfälle

T.H.: Ich würde jetzt gern auf einige Entwicklungseinseitigkeiten bei Kindern eingehen. Nehmen wir einmal an, Eltern stellen fest, daß sich ihr Kind nicht richtig entwickelt. Es zeigt etwa übertriebene Ängstlichkeit, Nervosität, Unruhe oder ähnliches. Häufig ist es ja so, daß Eltern solche Einseitigkeiten zwar bemerken, aber nicht wissen, wie sie ihrem Kind helfen können. Was können Eltern tun?

Liebe zum Detail in der Beobachtung des Kindes

H. Köhler: Rudolf Steiner schildert im Heilpädagogischen Kurs (GA 317), daß Menschen, die mit seelenpflegebedürftigen Kindern umgehen wollen, eine bestimmte Wahrnehmungskultur ausbilden müssen. Sie müssen lernen, die Kinder, mit denen sie arbeiten, vorurteilslos zu beobachten, sie müssen in ihrer Beobachtung eine Liebe zum Detail entwickeln. Diese Liebe zum Detail in der Beobachtung des Kindes weist uns den Weg, mit den Schwierigkeiten des Kindes in der richtigen Weise umzugehen.

Ich übertrage nun etwas, das Rudolf Steiner für heilpädagogische Zwecke gedacht hatte, auf sogenannte normale Verhältnisse. Denn es ist ein Phänomen unserer Zeit, daß die Grenzen zwischen Heilpädagogik und herkömmlicher Pädagogik immer mehr verschwimmen. Immer mehr Kinder bedürfen einer ganz besonderen Aufmerksamkeit und Zuwendung.

Aus diesem Hinweis kann man eine Übung entwickeln: Bevor man sich als Eltern irgendwelche Theorien über die Ursachen des merkwürdigen kindlichen Verhaltens anliest oder aufschwatzen läßt, sollte man es sich zur Aufgabe machen, sein Kind jeden Tag eine gewisse Zeit – das brauchen nur 10 Minuten zu sein – genau zu beobachten. Man begibt sich in die Nähe des Kindes und beobachtet das Verhalten und das äußere Erscheinungsbild des Kindes mit aller Aufmerksamkeit, derer man überhaupt nur fähig ist.

Der Kern der Übung ist, sich während der Zeit, in der man das Kind beobachtet, jeder Schlußfolgerung, jedes Urteils und möglichst auch jeder Verärgerung zu enthalten. Die Frage ist also nicht, ob einem gefällt, was das Kind tut, sondern die Frage ist schlicht, was das Kind überhaupt tut und wie es aussieht. Wie bewegt es sich? Wie geht es? Wie greift es Gegenstände? Wie ist der Haaransatz? Wie sind die Gesichtsproportionen? Hat es zwei gleiche oder zwei verschiedene Ohren? Wie sehen seine Finger eigentlich aus?

Aus diesen Beobachtungen soll man nun keinerlei Schlüsse ziehen, weder während der Beobachtung noch hinterher. Man soll nur beobachten und sich die Beobachtungen einprägen. Wenn einem das schwerfällt, kann man sich jeden Tag einen bestimmten Teilbereich vornehmen. Einen Tag achtet man auf den Gang, am nächsten auf die Mimik, dann auf die Proportionen der Gliedmaßen und ihr Verhältnis zum Rumpf usw.

Die Übung hat noch einen zweiten Teil. Bevor man abends zu Bett geht, holt man sich das, was man am Kind beobachtet hat, wieder ins Bewußtsein. Das Ziel ist, allmählich ein deutliches, lebendiges inneres Bild von dem Kind zu bekommen. Man übt, sich das Kind so intensiv vorzustellen, als stünde es wirklich vor einem.

T.H.: Das ist nicht leicht und wird auf Anhieb kaum gelingen.

H. Köhler: Richtig, aber das macht nichts. Man akzeptiert bei dieser Übung die Unvollkommenheit, man bemüht sich fünf Minuten um diese Vorstellung und nimmt sie dann so, wie sie ist. Danach ist es gut, und man legt sie wieder zur Seite. An der Unvollkommenheit des Vorstellungsbildes vom Kind zu verzweifeln, wäre grundverkehrt. Auf das Bemühen kommt es an, nicht so sehr auf ein perfektes Resultat.

Bevor man aber die Übung am Abend beendet, schließt man noch eine Bitte um Hilfe an. Man bittet um Rat und Beistand im Umgang mit dem Kind. Diese Bitte richtet sich natürlich an eine Region, die dem gewöhnlichen Tagesbewußtsein nicht zugänglich ist, deshalb soll man sie ja mit in den Schlaf nehmen.

Der Engel

T.H.: Die höhere Region, an die sich die Bitte der Eltern wendet, nennst Du in Deinem Buch „Von ängstlichen, traurigen und unruhigen Kindern" (Stuttgart 1994) den Engel. Kannst Du erläutern, wie Du zu diesem Begriff gekommen bist?

H. Köhler: Schon das Wort *Engel* könnte viele Menschen abschrecken, weil damit etwas angesprochen ist, was zunächst außerhalb unseres Verständnisses liegt. Viele moderne Psychologen jedoch nehmen in letzter Konsequenz eine Instanz im Menschen an, die außerhalb jeder Kausalität steht, die sich also nicht auf Umwelt, Vererbung oder das gewöhnliche Seelenleben zurückführen läßt, und die zu gewissen Zeiten ordnend und leitend in das Leben des Menschen eingreift. Für diese Instanz werden dann z.B. Begriffe wie „eigentliches Ich" oder „höheres Selbst" verwendet. Es ist ja eine uralte Weisheit, daß man bestimmte Probleme besser überschläft, um am nächsten Morgen mit einer Lösung aufzuwachen. Woher kommt diese Lösung? Wer legt sie einem auf das Kopfkissen? Was berechtigt zu der Annahme, daß das menschliche Unterbewußtsein über eine derartige Weisheit verfügt? Ich habe in meinem Buch einfach den Schritt gewagt, vom Engel des Menschen zu sprechen, um dieser höheren Instanz einen Namen zu geben, der darauf hindeutet, daß sie über Weisheitskräfte verfügt, die über rein menschliche Möglichkeiten hinausgehen. Gewisse Erlebnisse und Gedankengänge haben mich im Laufe der Jahre dahin geführt, dieser Instanz einen *wesenhaften* Charakter zuzusprechen.

„Man geht anders auf das Kind zu"

T.H.: Ich komme noch einmal auf die Übung zurück. Wie zeigt sich der Einfluß des Engels? Wacht man morgens auf und hat dann eine zündende Idee?

H. Köhler: Nein, es ist nicht unbedingt so, daß man die Antwort gleich nach dem Aufwachen parat hat. Sie muß einem auch gar nicht als abstrakter Gedanke erscheinen, aber wenn man nun im Alltag wieder auf das Kind zugeht, sollte man darauf achten, ob man sich dem Kind gegenüber anders verhält als am Tage zuvor, ob man aus einer Art instinktiver innerer Sicherheit etwas anders tut oder auf bestimmte Eigenschaften des Kindes anders reagiert, als man es bisher getan hat. Die Hilfe aus der Nacht zeigt sich in aller Regel so, daß man an einer Stelle, an der man vorher unsicher war, an der man nicht so recht wußte, wie man reagieren sollte, nun sicher wird. Man ist in der Lage, in einer Weise auf das Kind zuzugehen, die man vorher nicht für möglich gehalten hätte oder auf die man durch reines Nachdenken nicht gekommen wäre. Menschen, denen ich diese Übung empfohlen habe, berichteten mir sogar, daß gar nicht sie selbst es waren, die die Veränderung im eigenen Verhalten bemerkten, sondern Freunde oder der Ehepartner. Das innere Verhältnis zum Kind hatte sich gewandelt, so daß der oder die Betreffende auch anders mit dem Kind umgehen konnte, aus einer Geistesgegenwart nämlich, die vorher nicht gegeben war.

Diese Übung ist wirklich sehr hilfreich, um sich Wege im Umgang mit dem Kind zu erschließen. Ihr Kern ist – davon hängt alles ab – die konzentrierte, fast meditative Beobachtung des Kindes, aus der dann eine intuitive Kraft erwachsen kann.

Dieser Weg steht wirklich jedem offen, was aber nicht heißt, daß man darauf verzichten könnte, sich ein menschenkundliches Verständnis der kindlichen Entwicklung zu erarbeiten. Das muß man selbstverständlich außerdem, denn wenn man Entwicklungsauffälligkeiten bei Kindern richtig beurteilen will, muß man die reguläre kindliche Entwicklung erst richtig einmal verstanden haben.

Wenn die Eltern ihr Kind vermurksen

T.H.: Fehlt diese Kenntnis, ist es auch schwierig, eine Entwicklungsauffälligkeit überhaupt zu bemerken. Daß das Kind ein Problem hat, daß es in irgendeiner Weise Not leidet – seelisch gesehen –, wird vielen Eltern erst ziemlich spät deutlich. Die Eltern bemerken zwar, daß sich das Kind nicht so benimmt, wie es eigentlich sollte, sie fühlen sich aber dadurch gestört und reagieren entsprechend gereizt. Die Frage, *warum* das Kind sich so benimmt, kommt ihnen dabei häufig gar nicht in den Sinn.

H. Köhler: Oftmals ist es ja so, daß in solchen Fällen, in denen sich die Eltern durch das kindliche Verhalten gestört fühlen, nicht die Kinder, sondern die Eltern ein Problem haben. Das hat sich in meiner Tätigkeit als Erziehungsberater immer wieder gezeigt. Manchmal haben die Eltern Erwartungen, die der Entwicklungsrichtung ihres Kindes gar nicht entsprechen oder an sich nicht kindgemäß sind, und sind dann enttäuscht und verärgert, wenn das Kind diesen Erwartungen nicht entspricht. Dabei wehrt sich das Kind nur gegen etwas, was ihm wesensfremd ist.

Dieser Punkt ist heikel, denn er rührt am Selbstverständnis vieler Eltern und an deren Vorstellung von Erziehung. Wir müssen endlich in uns Schluß machen mit ganz bestimmten Vorstellungen davon, wie Kinder zu sein haben, wenn wir für die Kinder etwas erreichen wollen. Viel wichtiger als alle Erziehungsideale in unseren Köpfen ist die Frage, ob das Kind, so wie es ist, *Not mit sich selbst* hat. Viele Kinder hätten gar keine Not mit sich, wenn die Erwachsenen nicht immer so ablehnend und vorwurfsvoll reagieren würden. Kindliche Verhaltensstörungen entstehen oft erst dadurch, daß die Erwachsenen ein Problem mit dem Kind haben, seien es die Eltern, seien es die Lehrer.

T.H.: Wer z.B. ein braves Kind erwartet, kommt mit wilden Kindern nicht zurecht.

H. Köhler: Das ist der Punkt. Viele Kinder stürmen mit einer unbändigen Lebensfreude ins Dasein, sie wollen die Welt erobern und zupacken. Natürlich geht dabei einiges zu Bruch, natürlich machen sie dabei Lärm und Schmutz.

Stell Dir so ein Kind vor, das gerade beim tobenden Spiel eine Porzellanvase zerbrochen hat. Vielleicht hat es den Schaden, den es angerichtet hat, gar nicht richtig bemerkt. Mit strahlenden Augen steht es dann vor dem Erwachsenen und freut sich seines Lebens. Der Erwachsene aber ärgert sich über die Ungeschicklichkeit des Kindes und schimpft mit ihm, statt sich mit ihm zu freuen. Der Verlust der Porzellanvase hat ein größeres Gewicht als das Strahlen der Kinderaugen. Wenn Du jetzt dem Kind ins Gesicht schaust, siehst Du, wie das Lachen gefriert und die traurige Erkenntnis aufsteigt, wieder einmal alles falsch gemacht zu haben.

Natürlich ist es aus der Sicht des Erwachsenen ärgerlich, wenn das Kind in dieser Weise Schaden anrichtet, und man soll Kinder auch zur Achtsamkeit anhalten. Aber darüber darf nicht aus dem Auge verloren werden, daß man das Kind so annehmen muß, wie es ist, statt ihm immer wieder zu zeigen, daß es irgendwelchen Erwartungen nicht entspricht. Wir müssen unsere Erwartungen und Vorurteile überprüfen, bevor wir den Kindern Therapie verordnen oder irgendwelche pädagogischen Sondermaßnahmen einleiten.

Wenn man das nicht beachtet, wird manches eigentlich kerngesunde Kind über die Jahre hin immer wieder die frustrierende Erfahrung machen, daß seine unschuldige Lebensfreude zurückgewiesen wird, und immer wieder wird die resignierende Einsicht in ihm aufsteigen, daß es nicht so ist, wie es sein sollte. Im Extrem wird diese Resignation irgendwann die natürliche Lebensfreude erstikken. Die Folge ist, daß sich ein lebensbejahendes Kind zu einem depressivgrüblerischen entwickelt.

Man erlebt das nicht selten: Ein Kind hatte nie ein echtes Entwicklungsproblem, sondern nur eine ungestüme, ungeschickt-polterige Art, ins Leben zu stürmen, die sich mit der Zeit abgeschliffen hätte und die ein Kind einfach haben darf! Aber durch die verkorkste Idee der Erwachsenen, ein Kind habe brav, lieb und beherrscht zu sein, wurde der lebensbejahende, extrem starke Inkarnationswille des Kindes gebremst und ins Gegenteil verkehrt. Aus ungestümer Lebensfreude wird Verzagtheit.

Dieser Punkt ist mir wirklich sehr ernst. Bevor man überlegt, wie man seinem Kind helfen kann, sollte man sich überlegen, ob es überhaupt Hilfe braucht oder ob man nicht vielmehr als Erwachsener Hilfe nötig hat, um ertragen zu lernen, daß man ein Kind hat. Denn ein Kind zu haben, ist in der Regel keine bequeme Angelegenheit. Das ist eine unbequeme Aufgabe, und man muß Liebe zu dieser

Unbequemlichkeit entwickeln. Wenn man mit dem Kind nur zurechtkommt, solange es brav ist und keine Schwierigkeiten macht, braucht man als Erwachsener Hilfe.

Wenn die Tür ins Schloß kracht

T.H.: Nehmen wir doch einmal ein einfaches praktisches Beispiel: Ein Kind läßt jedesmal, wenn es eine Tür schließen soll, die Tür ins Schloß krachen. Nun sagen die Eltern dem Kind, es möge die Tür bitte leise schließen, weil sie sich durch den Krach gestört fühlen. Das Kind verspricht, die Türen künftig leise zu schließen, und zwei Minuten später kracht wieder eine Tür ins Schloß. Selbst mehrmaliges Ermahnen bringt keinen Erfolg. Sollen nun die Eltern akzeptieren, daß das Kind eben seine eigene Art hat, Türen zu schließen?

H. Köhler: Wenn man unbedingt will, daß das Kind lernt, die Tür leise zu schließen, dann gibt es grundsätzlich zwei Möglichkeiten. Die erste wäre, das Kind zu zwingen. Man könnte so harte Strafen androhen und auch in die Tat umsetzen, daß das Kind aus Angst vor den Konsequenzen die Tür leise schließen würde.

Die zweite Möglichkeit ist sehr zeitaufwendig und daher für die Eltern unbequemer. Jedesmal, wenn das Kind die Tür zuknallt, nimmt man es an die Hand, geht mit ihm zur Tür zurück, öffnet sie noch einmal und schließt sie dann leise. Das wiederholt man so oft, bis das Kind die Tür irgendwann von allein leise schließt. Aber diese Methode kann durchaus ein oder zwei Jahre in Anspruch nehmen. Sollte sich auch dann keine Besserung einstellen, dann muß das Kind die Tür eben für den Rest seiner Kindheit laut zuknallen. Wenn man keinen Zwang ausüben will, muß man das als Eltern schlucken.

Wenn man ehrlich zu sich selbst ist, so wird man an sich auch Eigenarten bemerken, die andere Menschen stören, die man aber trotzdem nicht unterläßt, selbst wenn man einsieht, daß man es auch anders machen könnte. Das geht jedem so, und Kinder bilden da keine Ausnahme.

Als Erzieher hat man nur die beiden Möglichkeiten: Druck und Vorbild bzw. beharrliche, geduldige Korrektur. Wenn beides nicht hilft, kann man nichts erreichen und muß die Dinge nehmen, wie sie sind. Wobei es sich, denke ich, von selbst versteht, daß man Druck nur äußerst sparsam ausüben sollte.

Ängstliche Kinder

T.H.: Solche Eigenarten, wie Du sie jetzt beschrieben hast, können zwar nerven, sie sind aber gewiß kein Grund, sich ernsthafte Sorgen um sein Kind zu machen. Was aber ist geboten, wenn das Kind wirklich Hilfe braucht, wenn es z.B. ausgesprochen ängstlich und gehemmt ist?

H. Köhler: Eines muß ich vorwegschicken: Das Problem, allgemein über Entwicklungsstörungen und Erziehungsschwierigkeiten zu sprechen, besteht darin, daß jedes einzelne Kind anders ist und andere Probleme hat. Mit generalisierten Antworten wird man daher dem Einzelfall nicht gerecht. Diesen Vorbehalt muß ich machen, damit das, was ich sage, nicht als Patentrezept mißverstanden wird. In der Praxis muß man einfach jeden Einzelfall gesondert betrachten, denn selbst wenn er 100 anderen Fällen zu gleichen scheint, so hat er doch seine ganz eigene Gesetzmäßigkeit und Dynamik. Unter diesem Vorbehalt kann man die Schwierigkeiten, die es bei Kindern gibt, in gewisse Kategorien einteilen, die jeweils eine bestimmte Art von Hilfestellung erfordern. Eine Kategorie wären z.B. die ängstlichen Kinder.

Zu Ängsten bei Kindern kann es zum einen in Folge eines konkreten Ereignisses im Leben des Kindes kommen. Ich hatte z.B. einen Jungen bei mir in Behandlung, der durch einen Autounfall schwer verletzt wurde und nach einer mühseligen Genesung starke Ängste entwickelte. Daß es zu diesen Ängsten kam, wird wohl niemanden erstaunen, sie sind eine unmittelbare Folge des schrecklichen Ereignisses. Dieser Junge braucht, um wieder angstfrei leben zu können, einerseits unendlich viel Trost und Schutz, andererseits viele Anregungen zu gestalterischer Tätigkeit, damit er trotz seiner Verängstigung wieder aktiv wird und Zutrauen zu sich und zum Leben zurückgewinnt.

Neben Kindern, die aufgrund eines traumatischen Erlebnisses Angst entwikkeln, gibt es nun aber auch viele Kinder, die ohne erkennbaren äußeren Grund voller Angst stecken, so als wären sie mit einer ängstlich-zaghaften Seelenverfassung auf die Welt gekommen. Solche Kinder hat es immer gegeben, aber in den letzten Jahren sind sie bei mir in der Therapie immer stärker vertreten.

Bei den ängstlich-zaghaften Kindern handelt es sich um einen regelrechten Typus, d.h. bei ihnen treffen häufig verschiedene Merkmale zusammen. Sie sind in der Regel sehr hellhörige und fein wahrnehmende, sozial veranlagte Wesen, die schon sehr früh auf eine eindrucksvolle Art mit dem Leid anderer mitfühlen können. Daher können sie eine große Fürsorglichkeit für Pflanzen, Tiere und Menschen entwickeln – erst ihre Angst läßt sie dann oftmals unsozial werden, obwohl in ihrem Wesen gerade das Gegenteil liegt.

Außer dieser Seelenverfassung gibt es eine Reihe von körperlichen Symptomen, die bei diesen Kindern verstärkt zu beobachten sind. So leiden sie z.B. häufig an einer Sehschwäche – Kurzsichtigkeit, Schielen, ungleichmäßige Sehfähigkeit –, haben Probleme im Nieren-Blasenbereich, litten als Säuglinge an einer

Hüftdysplasie und sind oftmals für Allergien und Erkrankungen der Atemwege anfällig. Es müssen natürlich nicht immer alle Symptome zusammentreffen. Wichtig ist aber, daß der Typ des ängstlich-zaghaften Kindes auch auf der leiblichen Ebene zu bestimmten Krankheitssymptomen bzw. Handicaps neigt, d.h. wir dürfen, wenn wir uns um solche Kinder kümmern, nicht nur die seelische Ebene im Blick haben.

Die Sprache der Symptome

T.H.: Wie deutest Du diese Symptome?

H. Köhler: Um zu einer brauchbaren Aussage zu kommen, müßten alle Symptome einzeln ausführlich angeschaut werden. In einer Patientenbesprechung dauert das in der Regel mindestens zwei Stunden, und das würde jetzt zu weit führen. Ich möchte daher nur die Richtung andeuten, in die der Blick gelenkt werden muß.

Fangen wir mit der Hüftdysplasie an. Wenn der Mensch Stehen und Gehen lernt, muß er der Schwerkraft aktiv entgegenwirken. Das Hüftgelenk spielt dabei eine herausragende Rolle, denn dort setzen zentral die Hebelwirkungen an, die dazu führen, daß das Kind sich aufrichten kann. Das Hüftgelenk ist somit der Ort, an dem der Mensch sich mit den mechanischen Weltgesetzen auseinandersetzen muß, um überhaupt körperlich die Haltung in der Welt einnehmen zu können, die einem Menschen zukommt. An diesem Punkt liegt nun bei den ängstlich-unruhigen Kindern häufig eine Schwächung vor, d.h. solche Kinder haben von Anfang an Schwierigkeiten, sich richtig in die mechanischen Weltgesetze einzuleben.

Im Augenbereich finden wir ein ganz ähnliches Phänomen. Oft neigen diese Kinder zum Schielen, ein Auge hat die Tendenz, nach innen zu rutschen, so daß die Kinder Probleme mit der räumlichen Wahrnehmung haben. Oder sie sind kurzsichtig. Auch das wirkt sich im Bereich der räumlich-gegenständlichen Orientierung verunsichernd aus. – Als drittes kommen dann die Probleme mit der Haut hinzu, die sich in Allergien oder den Atemwegserkrankungen äußern.

T.H.: Du rechnest Atemwegserkrankungen zu den Hautkrankheiten?

H. Köhler: Nicht im engeren Sinne natürlich. Aber wo tritt bei einem Bronchialkatarrh das Problem auf? An der nach innen gestülpten Hautoberfläche, den Bronchien. Der Haut kommt insgesamt die Aufgabe zu, dem Menschen sein Körperbild zu vermitteln, mithin das Gefühl der leiblichen Begrenztheit, und auch hier haben die ängstlich-zaghaften Kinder in aller Regel nachweisliche Schwierigkeiten.

Nimmt man diese drei Dinge zusammen, so ergibt sich ein Zusammenklang aus drei eng zusammenhängenden Phänomenen. Die Hüfte weist auf das Mechanische, die Augen weisen auf das Räumliche und die Haut weist auf das Plastische. Alle diese Phänomene weisen auf den Entwicklungsabschnitt der ersten 4 Jahre, in dem das Kind durch den Aufrichtevorgang die Schwerkraft überwindet und sich durch die Ausbildung des Tastsinns in die irdisch-materiellen Gegebenheiten einlebt, und genau an diesem Punkt müssen wir therapeutisch ansetzen, gleichgültig wie alt die Kinder sind.

Therapeutische Hilfen

T.H.: Was genau würdest Du mit solch einem Kind tun?

H. Köhler: Ich würde eine auf das jeweilige Kind individuell zugeschnittene Übungsreihe zusammenstellen, die zum Teil von den Eltern zu übernehmen und zum Teil in die Therapiestunden einzubauen wäre. So würde ich etwa Ganzkörpereinreibungen vorschlagen, um das Körperbild des Kindes zu festigen. Dazu käme eine Übungsreihe, die z.B. so aussehen könnte: Man beginnt mit einem Fußbad und einer anschließenden Fußmassage, woran sich dann ein Fußtast-Ratespiel anschließt. Das Kind bekommt die Aufgabe, Gegenstände mit den Füßen zu ertasten und zu erraten, so daß es seinen Körper bis in die Fußspitzen spürt und als sensibles Wahrnehmungsinstrument gebraucht. Den Abschluß bildet dann eine Balance-Sprung-Übung, in der das Kind die Aufgabe bekommt, einen Gegenstand, ein Buch etwa, auf dem Kopf zu balancieren, danach auf einen Stuhl oder Tisch zu klettern und dreimal nacheinander kräftig herunterzuspringen. Das hilft dem Kind, sich nachreifend in die Polarität von Leichte und Schwere einzuleben, oben und unten, Aufrichtekraft und Schwerkraft. All diese Dinge sollten am Abend geschehen, unmittelbar vor dem Zubettgehen.

In der Therapie machen wir mit den Kindern zusätzlich Beobachtungsübungen. Diese Kinder haben die große Schwierigkeit, daß sie sich der Welt und dem, was in ihr vorgeht, nicht ruhig beobachtend gegenüberstellen können. Durch ihr übermäßiges Mitgefühl werden sie ständig von den Erscheinungen angerührt und können sich nicht von ihnen distanzieren. Sie erhalten deshalb z.B. die Aufgabe, ein Bild ganz exakt abzumalen oder eine Bewegung, die man ihnen vormacht, möglichst genau nachzuahmen. Durch diese Tätigkeiten lernt das Kind, einerseits hohe Aufmerksamkeit und Anteilnahme walten zu lassen, andererseits beobachtenden Abstand zu halten, kurzum: Interesse zu entwickeln.

Märchen

Eine weitere Komponente ist dann therapeutische Märchenarbeit. Die Kinder erhalten hier die Aufgabe, ein eigenes Märchen zu erfinden. Kinder mit Ängsten erfinden interessanterweise immer Märchen, in denen sie ihre eigenen Ängste thematisieren. Das gilt allerdings nur, solange sie nicht älter als 12 Jahre sind. Ab diesem Alter ahnen sie die Absicht des Therapeuten und erfinden dann absichtlich Märchen, die dieser Absicht zuwiderlaufen

Solange die Kinder aber dieses Alter nicht erreicht haben, schildern sie den Weg eines Kindes durch Gefahren hindurch, die immer bedrohlicher und bedrohlicher werden, bis die Märchenfigur in einen Engpaß gerät, aus dem sie allein nicht mehr herauskommt. An dieser Stelle, an der nun eigentlich etwas Entscheidendes geschehen müßte, trauen sich die Kinder nicht weiter. Sie verharren in ihrer Erzählung und können sie allein nicht zu Ende führen. An diesem Punkt kommt nun der Therapeut ins Spiel. Er muß dem Kind in geeigneter Weise helfen, das Märchen zu beenden.

T.H.: Kannst Du einmal ein Beispiel für ein solches Märchen geben?

H. Köhler: Mir fällt sofort ein 9jähriges Mädchen ein, das als Märchenhauptfigur ein Mädchen ihres Alters wählte. Dieses Mädchen wohnte in einer Stadt, in der Stadtmitte war ein Brunnen, und aus dem Brunnen drangen fortwährend Klagelaute. Den Menschen in der Stadt wurden diese Geräusche unheimlich und immer unheimlicher, so daß sie – einer nach dem anderen – aus der Stadt wegzogen. Auch das Mädchen und seine Familie zogen weg. Nur ein altes Ehepaar blieb zurück, da es zu alt war, um fortzuziehen.

Das Kind aber fand keine Ruhe, weil es wissen wollte, wer am Grunde des Brunnens jammerte und klagte. Eines Tages beschloß es daher, in die Stadt zurückzukehren, um die Sache zu ergründen. Bevor es aber zu dem Brunnen ging, besuchte es die alten Leute, und es stellte sich heraus, daß es weise, heilkundige Menschen waren, die ihr ein Wässerchen gegen die Angst mitgaben. Mit diesem Wässerchen ging das Kind nun zum Brunnen.

Als es den Brunnen erreichte, drangen wieder die klagenden Laute herauf, und als es in den Brunnen hineinsah, entdeckte es am Brunnenrand eiserne Sprossen, an denen es hinabsteigen konnte. –

An dieser Stelle brach das Mädchen seine Geschichte ab. Ich kann mich noch genau an die Szene erinnern: Sie schob das Blatt entschieden von sich, sprang auf und wollte mit dem ganzen Märchenmist nichts mehr zu tun haben. Einige Wochen lang war sie tatsächlich nicht zu bewegen, an der Geschichte weiterzuschreiben, so daß wir die Arbeit an dieser Stelle unterbrachen und uns anderen

Dingen zuwandten. Schließlich aber beruhigte sie sich doch noch und schrieb weiter. Sie ließ dann einen Jäger kommen, der sie in den Brunnen hinunterbegleiten sollte. Durch diese Wendung gelang es ihr, die Geschichte weiterzuführen, allerdings mußte ich ihr ziemlich unter die Arme greifen; allein wäre sie nicht weitergekommen. Wie die Geschichte nun konkret zu Ende ging, ist gar nicht so entscheidend. Viel wichtiger war, daß sich das Mädchen überhaupt dazu durchringen konnte, nicht vor der eigentlich bedrohlichen Situation zu verharren, sondern einen Schritt weiterzugehen.

T.H.: Mich würde nun aber doch interessieren, wie die Geschichte ausging.

H. Köhler: Das Mädchen in der Geschichte stieg mit dem Jäger in den Brunnen, und es zeigte sich, daß dort auf dem Brunnengrund eine Höhle war, in der Drachen eine Prinzessin gefangenhielten. Die Klagelaute stammten von der Prinzessin. In einem Kampf konnten die Drachen besiegt und die Prinzessin befreit werden. – Du siehst, was herauskam, war ein typisches Erlösungsmärchen. Das Spannende ist, daß durch die Aufforderung, ein Märchen zu erfinden, in den Kindern durchweg ein innerer Prozeß in Gang gesetzt wird, durch den sie sich mit ihren eigenen Ängsten auseinandersetzen. Sie erfinden selbst eine Bedrohung und die Erlösung von dieser Bedrohung. Das Kind sucht sich selbst in bildhafter Weise einen Ausweg aus der Angst. Der Jäger etwa ist nichts anderes als eine neu entdeckte Seelenkraft.

T.H.: Schreiben die Kinder selbst, oder schreibst Du für sie?

H. Köhler: Das ist unterschiedlich. Einige Kinder schreiben selbst, einige erzählen mir und ich schreibe, andere schreiben zu Hause. Das kommt immer auf den Einzelfall an.

Therapeutische Elemente bei ängstlichen Kindern

Mir wäre noch wichtig zu sagen, daß die Märchenarbeit nicht im Zentrum der Therapie steht, sie hat mehr begleitende Funktion. Im Zentrum stehen Wahrnehmungsübungen mit Schwerpunkt auf Tast- und Körperwahrnehmung, außerdem rhythmische Übungen und Aufmerksamkeitsübungen in spielerischer Form. Sehr wichtig sind außerdem Gespräche über die Angst. Der Therapeut wird im Idealfall zum Vertrauten des Kindes in seiner Angstproblematik. Das Kind öffnet sich dann dem Therapeuten und erwartet auch, daß er ihm gegen die Angst beisteht. Mitunter muß man als Therapeut dann die Bereitschaft haben, auch nachts für die Kinder zur Verfügung zu stehen, z.B. am Telefon. Wenn ein Kind z.B. seine Eltern abends nicht weggehen läßt, weil es Angst hat, allein zu sein, treffe ich mit ihm eine Verabredung: Wir machen aus, daß es seine

Eltern einen Abend ausgehen läßt, aber es stellt das Telefon neben sein Bett und ich stelle mein Telefon neben mein Bett. Sollte dann irgendeine Schwierigkeit auftreten, kann mich das Kind sofort anrufen, und ich bin dann für es da.

Neben diesen Dingen, die mehr den Therapeuten betreffen, sind die Ratschläge für die Eltern immens wichtig. Diese Ratschläge betreffen z.B. die Durchführung von Übungen und ihre Verteilung über den Tag, die Gestaltung des Tagesablaufes überhaupt, das Hineinführen in die Nacht und die Gestaltung der ersten Zeit nach dem Aufwachen. Die Angaben sind oft sehr detailliert. So empfehle ich etwa, die Kinder beim Aufwachen mit einer Morgenmusik zu begrüßen, um gleich beim Aufwachen einen herzlichen, warmen Akzent zu setzen. Dann soll die Ganzkörpereinreibung folgen usw. Gleiches gilt für die Gestaltung der frühen Abendstunden, die für diese Kinder eine besondere Rolle spielen, weil sie hier ihre Angst am stärksten spüren. Das Kind sollte sich, wenn der Tag zu Ende geht, in einer sehr geborgenen, familiären Umgebung aufgehoben fühlen. Dann sollte man darauf achten, daß die Kinder nicht schwer zu Abend essen und in der Nacht warm gehalten werden. Das sind jetzt nur die wichtigsten Dinge in sträflicher Verkürzung, aber sie zeigen die Richtung.

T.H.: Wenn Du das so schilderst, bekomme ich den Eindruck, daß den Eltern kaum noch Zeit für andere Dinge bleibt, wenn sie alle Deine Anweisungen befolgen.

H. Köhler: Die Dinge, die ich aufgezählt habe, sind gar nicht so zeitaufwendig, wie es zunächst scheint. Zusammengenommen muß man vielleicht eine Stunde pro Tag für das Kind aufbringen. Es ist im Grunde genommen nur eine bewußte Gestaltung des Tages mit Blick auf das Kind erforderlich. Die pädagogisch verfehlte Art des Umgangs mit Kinderängsten, das zermürbende Hickhack, das sich dabei oft einstellt und die ganze Familie aufreibt, ist viel zeitaufwendiger.

T.H.: Wieviel Zeit vergeht, bis man eine Veränderung am Kind bemerkt?

H. Köhler: Nach zwei bis drei Monaten wird man, wenn man die Übungen konsequent durchhält, deutliche Fortschritte am Kind beobachten können.

Die ganz normale Angst der Kinder

T.H.: Was Du jetzt zur Behandlung von Ängsten gesagt hast, gilt doch aber nur für Kinder, die wirklich ein tieferes Problem mit der Angst haben, nicht aber für Kinder, die aus welchen Gründen auch immer, kurzfristig Angst haben?

H. Köhler: Das gilt nur für therapeutisch relevante Fälle.

T.H.: Ich frage deshalb, weil ich auf einem Elternabend einmal allein stand, als es um die Frage ging, was Kindheit ausmache. Da kamen von einigen Eltern dann Äußerungen wie Hülle, Geborgenheit, Wärme usw. Ich meinte schließlich, man dürfe die Angst nicht vergessen, die ja wohl auch ein wesentlicher Faktor im Erleben eines Kindes sei, stieß damit allerdings auf wenig Verständnis. Irgendwie scheint der Gedanke, daß Angst bei Kindern zum Leben dazugehört, nicht in die Vorstellung einiger Menschen zu passen.

H. Köhler: Man frage sich doch einmal, womit ein Menschenleben beginnt. Es beginnt mit Angst. Wenn ein Kind die Erde betritt, dann ist Angst nicht ein Faktor unter anderen, sondern sie ist der zentrale Inhalt im Erleben des Kindes. Das ganze Kind ist von Angst erfüllt. Wenn dann von Geborgenheit, Hülle, Wärme usw. gesprochen wird, so sind das zwar Dinge, die unerläßlich, ja lebensnotwendig sind, aber es sind eben Dinge, die die Eltern dem Kind entgegenbringen müssen, um die Angst des Kindes zu lindern. Weil das Kind Angst hat, wenn es auf die Erde kommt, muß man es einhüllen, behüten, beschützen. Das wäre doch sonst gar nicht nötig. Hülle geben heißt doch entängstigen.

Wenn die kindliche Seele sich aus der geistigen Welt heraus auf der Erde inkarniert, so kommt sie unmittelbar aus einem Reich der Geborgenheit in eine fremde Welt, in der alle Eindrücke neu und entsprechend bedrohlich sind. Jeder Lichtstrahl, jeder Laut und Geruch ist neu und bedrohlich. Im Mutterleib war das Kind zwar schon eingegliedert in die physische Welt, aber noch in einem Zustand maximaler Geborgenheit; mit der Geburt wird es dann hinausgeworfen in eine kalte, unfreundliche Realität, die ihm panische Angst macht. Das Leben beginnt – überspitzt gesagt – mit einem Panikanfall. Was tut das Kind?

T.H.: Es schreit.

H. Köhler: Ja, es schreit. Es schreit, weil es panische Angst hat, nicht weil es sich vom Schleim befreien muß. Das ist doch nur ein ganz äußerlicher Vorgang. Erziehung hat aus dieser Sicht die Aufgabe, dem Kind Vertrauen und Zuversicht einzuflößen, damit es immer weniger Angst vor der Welt zu haben braucht. Und das braucht Zeit, wie wir gesehen haben. Ich habe einmal versucht, in einen Satz zu fassen, was das zentrale Ziel der Erziehung ist: Erziehen heißt Mut machen für das Leben. Alles andere ist nebensächlich.

Aggression und Gewalt im Kindesalter

Das Wesen frühkindlicher Entwicklung

Frank Linde*

„Daß die Menschen theoretisch materialistisch denken, das ist schlimm, aber nicht gar so arg; daß die Menschen im moralisch-wirtschaftlichen Handeln zu den Konsequenzen des Materialismus kommen, ist schon schlimmer; daß die Menschen aber durch den Materialismus ihre ganze Kindheit zuschanden richten und dann überhaupt nicht mehr herankommen können an moralisch-geistige Impulse, das ist das Schlimmste." Rudolf Steiner (GA 309/1972/14.04.1924/S.32)

Die seit einigen Jahren in der Öffentlichkeit geführte Diskussion über Gewalt bei Kindern und Jugendlichen nimmt kein Ende. Das hat einen alarmierenden Hintergrund, zumal es immer häufiger schon die kleinen Kinder sind, die aggressive und zu Gewalt neigende Verhaltensweisen zeigen. Das von den Medien verbreitete Bild – mit *Spiegel*-Titeln wie „Exzesse der Gewalt", „Kinder, die töten", „Das Ende der Erziehung", „Mit 15 in den Tod", mit Talkshows, Reportagen und Buchtiteln über Jugend und Gewalt – erweckt dabei den Eindruck, als lebten wir in einer Zeit und einer Gesellschaft, in der Gewalt allgegenwärtig, überall verbreitet sei und immer weiter zunähme. Im „Superwahljahr" 1994 war „die Furcht vor Gewalt an die Spitze der Bürgerängste gerückt", so der *Spiegel* am 17.01.1994 (Nr. 3/1994, S.70).

Tatsächlich ist die Anzahl der registrierten Gewaltdelikte in der Kriminalstatistik in den letzten Jahrzehnten immer weiter angestiegen. Mehr und mehr scheint sich bei uns eine Tendenz zu amerikanischen Verhältnissen abzuzeichnen. In den USA werden im Durchschnitt täglich 14 Kinder mit der Schußwaffe ermordet (ebd.). Die Zahl der Straßengangs nimmt, auch in Deutschland, drastisch zu. Mehr als 4.000 Jugendliche zwischen 14 und 25 Jahren gehen nach Schätzungen der Polizei allein in Westberlin mit Fahrradketten, nagelbespickten

* Frank Linde, Rendsburg, war 9 Jahre als Klassenlehrer an Waldorfschulen tätig. Danach 4 Jahre Dozent am Waldorfkindergarten-Seminar Hannover und freiberufliche Vortrags- und Seminartätigkeit.

Baseballschlägern, Butterflymessern, Wurfsternen usw. brutal aufeinander los (Struck, S.29). 38 % der Frankfurter Gymnasiasten gaben in einer Befragung an, daß sie bewaffnet zur Schule gingen (Eisenberg/Gronemeyer, S.117). In Hamburg-Steilshoop zündeten jugendliche Bombenbauer allein 1993 15 selbstgebaute Bomben, in Briefkästen, Telefonzellen und Schulen; um auf sich aufmerksam zu machen, hatten sie ihre Taten gefilmt und das Video an die Medien gegeben.[1] Auch das Weltgeschehen ist von Gewalt gezeichnet. Aus den Nachrichten und dem Fernsehen erfahren wir – und unsere Kinder – jeden Tag von immer neuen Greueltaten, Krieg, Mord und Terror, sei es aus dem Nahen Osten, dem ehemaligen Jugoslawien oder europäischen Städten.

Zu der sich tatsächlich auf der Welt ereignenden Gewalt kommt die fiktive Bildschirmgewalt hinzu. Dabei hat die Mediennutzung bei Kindern seit Anfang der 90er Jahre in Verbindung mit Video, Kabel- und Satellitenfernsehen sowie Computerspielen eine neue Stufe erreicht. Neuen Untersuchungen zufolge (vgl. Glogauer, S.16 f.) sitzen mehr als 75 % der 6- bis 8jährigen Kinder bis zu 30 Stunden und mehr pro Woche vor dem Fernsehgerät; 20 % dieser Erst- und Zweitklässler sind Exzessivseher mit einem wöchentlichen Fernsehkonsum von bis zu 40 Stunden und mehr, das sind 5 bis 6 Stunden täglich! Auch die Kindergartenkinder geben sich immer häufiger den Medien hin. Aus Hamburg-Horn werden sogar Zeiten von täglich 9 Stunden und mehr berichtet (Struck, S.19). Video und das eigene Fernsehgerät im Kinderzimmer ermöglichen den Kindern dabei einen weitgehend unkontrollierten Zugang zum Medienangebot, auch zu dem für Erwachsene. Da steht nicht „Die Sendung mit der Maus" oder „Sesamstraße" auf dem Programm, sondern Actionfilme und Horrorvideos der härtesten Sorte. In ihren ersten 12 Lebensjahren erleben deutsche Kinder nach einer Studie der Frankfurter Universität rund 14.000 Tötungsdelikte auf dem Bildschirm (Der Spiegel, Nr. 3/1994, S.74).

Auch bestimmte Richtungen der Rockmusik verbreiten zunehmend ein Weltbild der Gewalt und des Bösen. Texte gewaltverherrlichenden oder satanistischen Inhalts sind keine Seltenheit mehr („Ich schlachtete die Hure / häutete sie lebend / ich tat es wegen des Thrills ...") (Der Spiegel, Nr. 9/1993, S.235). Kinder, die in einer derart gewaltgesättigten Umwelt aufwachsen, müßten zwangsläufig selber immer aggressiver und gewalttätiger werden, so eine weit verbreitete Ansicht.

Die von vielen einvernehmlich geteilte Grundvoraussetzung, daß Gewalt heute überall anzutreffen sei und sich die Tendenz zunehmender Gewalt weiter

1. Nach einer Fernsehsendung über Jugend und Gewalt, 1994.

steigere, erweist sich jedoch bei einer genaueren Untersuchung als falsch. In einem Anfang 1995 in der Zeitschrift *Universitas* veröffentlichten Beitrag begründet der Soziologe Wolfgang Wurm, daß genau das Gegenteil der Fall sei:

„Gewalt nimmt in der Moderne nicht zu, sie ist rückläufig. Doch diese Tendenz kann durch besonders unverantwortliches Verhalten in Ausnahmesituationen unterbrochen werden." (Wurm, S.38)

Wurm zeigt auf, daß der Eindruck allseits präsenter und weiter zunehmender Gewalt gerade durch die Medien, allen voran das in den 50er Jahren in Deutschland etablierte Fernsehen, vermittelt wird, daß gleichzeitig aber – ebenso unter maßgeblichem Einfluß der Medien und verstärkt seit den 70er Jahren – die Sensibilität der Öffentlichkeit und fast jedes einzelnen Menschen gegenüber jeder Art von Gewalt, ja, gegenüber den ersten Anzeichen von Aggression überhaupt, gewachsen ist.

Während die Anwendung von körperlichem und psychischem Zwang, das Austragen von Streitigkeiten durch rohe physische Gewaltanwendung über Jahrtausende in der Geschichte die Normalität gewesen sei, sei es in den modernen Gesellschaften durch einen 900 Jahre anhaltenden „Prozeß der Zivilisation" (Norbert Elias) und besonders durch ein halbes Jahrhundert Frieden in Mitteleuropa zu einer immer weiteren Zurückdrängung von Gewalt im täglichen Leben gekommen. Als Merkmale verweist Wurm auf die faktische Abschaffung der Prügelstrafe als legitimes Mittel der Erziehung, die weitgehende Ächtung jeder Form von kriegerischer Auseinandersetzung sowie die Erfahrung, daß heute die meisten Menschen physische Gewalt nicht aus eigener Erfahrung kennen würden. Er begründet, daß die seit den 60er Jahren erhobene Polizeistatistik kein Beleg für ein Anwachsen der Kriminalität sein könne, sondern sich darin vor allem die gestiegene Anzeigebereitschaft widerspiegele (vgl. Kerner, S.924 ff.). „Der Bundesbürger ist heute vor vorsätzlichen Körperverletzungen sicherer als wahrscheinlich jemals in Deutschland", heißt es im von Wurm zitierten Handwörterbuch der Kriminologie (zit. nach Wurm, S.35).

Die Transformation der Gesellschaft in die Fernsehgesellschaft führe aber dazu – so Wurm weiter –, daß die Grenzen zwischen Wirklichkeit und Fiktion verwischt würden und die Fähigkeit zur Unterscheidung beider Bereiche zunehmend verkümmerten. Für Ältere habe sich der Einstieg in die Fernsehwelt ganz allmählich, schleichend vollzogen, die Jüngeren aber hätten nie eine andere Wirklichkeit gekannt. Nachdem seit den 60er Jahren die Wohn- und Kinderzimmer durch Fernsehen und Video zu Schlachtfeldern geworden seien, sei auch eine Zunahme von aggressivem und gewalttätigem Verhalten bei Kindern und Jugendlichen zu verzeichnen. Entsprechende Langzeitstudien der Medienwirkungsforschung[2] belegten, daß besonders bestimmte Gruppen von Jugendlichen mit Defiziten in der Persönlichkeitsbildung deutlich aggressiver in ihrem Verhalten würden. Wurm subsumiert:

„Die Sensibilität einer ganzen Gesellschaft gegen Aggression und Gewalt und die soziale Norm der Gewaltlosigkeit sind eine beispiellose Errungenschaft der Neuzeit, vor allem aber der zweiten Hälfte des zwanzigsten Jahrhunderts. Sie droht nun wieder verloren zu gehen, weil die Menschen vergessen haben, *daß* es sich um eine Errungenschaft handelt." (Wurm, S.29)

Vor dem Hintergrund der großen kulturhistorischen Entwicklungslinie einer steten Zurückdrängung von Gewalt tritt das Problem des steigenden Aggressions- und Gewaltverhaltens bei immer jüngeren Kindern und Jugendlichen vehement ins Bewußtsein. Es ist ein Ausdruck erheblicher Erziehungsdefizite und Fehlentwicklungen bereits von frühester Kindheit an.

In den Analysen der Ursachen von Gewalt bei Kindern und Jugendlichen seitens der Sozialwissenschaft werden als hauptsächliche Faktoren Vereinzelung, Perspektivlosigkeit, zerrüttete Familienverhältnisse, geringer Status, materieller Mangel, strukturelle Gewalt, gesellschaftliche und mediale Gewaltnormen und Vorbilder angeführt sowie in der individuellen Sozialisation Vernachlässigung, Lieblosigkeit und Härte, eigene Gewalterfahrung, Lernen an Modellen, insbesondere am Verhalten von Bezugspersonen (siehe z.B. Ostbomk-Fischer, S.292 ff.).

Je mehr Faktoren im Einzelfall zusammenkommen, desto eher entsteht eine Gewaltdisposition, die bei gegebenem Anlaß schnell in entsprechendes Verhalten einmünden kann. Ein Kind, das ohne Vater aufwächst, dessen Mutter alkoholabhängig ist, das in einer engen Etagenwohnung eines Großstadtwohnblocks lebt, in seiner Kindheit geschlagen wurde und, ständig auf sich allein gestellt, fehlende Zuwendung und mangelnde Spielmöglichkeiten durch übermäßigen Bildschirmkonsum ersetzt, nimmt eher aggressives, gewalttätiges Verhalten an als ein Kind, das in günstigeren Verhältnissen aufwächst. Letztlich geht es immer um eine individuelle Situation, die nicht zu verallgemeinern ist.

Und dennoch, überaggressive und zu Gewaltausbrüchen neigende Kinder sind heute keine Einzelerscheinung mehr. 75 % der Erzieherinnen gaben in einem Bericht der Fernsehsendung „Panorama" (ARD) vom 09.09.1993 an, daß sie ihren Beruf nicht noch einmal ergreifen würden, weil sie mit dem zunehmend aggressivem Verhalten der Kinder nicht mehr fertig würden. Vor allem, so berichten deutsche Kindergärtnerinnen, habe sich die Form der Gewalt geändert.

---

2. Siehe Literaturhinweise in: Wurm, S.41 f., Anm. 10; vgl. auch Glogauer, S.120 ff.

Die Hemmschwelle sei deutlich gesunken, Konflikte würden immer brutaler ausgetragen. Da werde noch auf den Kopf getreten, wenn der Gegner bereits wehrlos am Boden liege. Ohne jeden Anlaß werde immer öfter gestritten, geboxt, getreten, und oft wüßten die Kinder nicht, wann sie aufhören sollen. Während es meistens die Jungen sind, die sich in dieser Weise als Mini-Rambos und -Machos zeigten, zögen sich die Mädchen, die derartigen Verhaltensweisen ohnmächtig gegenüberstünden, häufig depressiv und resigniert zurück. Inzwischen werden im Bundesdurchschnitt 5 % der Kinder zwischen 3 und 6 Jahren als aggressiv und gewalttätig beschrieben, in vielen Kindergärten liegt die Quote bereits bei 20 % (Struck, S.17). Aus den Waldorfkindergärten wurden mir ähnliche Erscheinungen und Tendenzen berichtet.

Angesichts dieser Entwicklung ist es nicht genug, äußere Mißstände zu erkennen und für Besserung auf diesem Gebiet einzutreten. Immer noch wird zu wenig berücksichtigt, daß die verschiedenen Einflüsse sich eben nicht in ein „unbeschriebenes Blatt" eingravieren, sondern in ein kindliches Wesen mit einer spezifischen, individuellen Entwicklung. Alles, was das Kind erlebt, greift immer irgendwie in diese Entwicklung ein. Die eigentliche Dimension der Problematik wird somit erst sichtbar, wenn das Kind selbst in den Mittelpunkt der Fragestellung gerückt wird. Die besonderen Merkmale der kindlichen Entwicklung werden durch sich selbst zum Wegweiser für alles erzieherische und pädagogische Handeln. Da die wichtigsten Weichen für das Leben des heranwachsenden Menschen in der frühen Kindheit und dem Vorschulalter gestellt werden, steht dieser Entwicklungsabschnitt, das erste Lebensjahrsiebt des Kindes, im Mittelpunkt der folgenden Ausführungen.

Gewalt als Willensproblem bei Erwachsenen und Kindern

Um es gleich vorweg zu sagen: Die Ursachen für aggressives und gewalttätiges Verhalten von Kindern liegen in aller Regel nicht bei den Kindern selbst, sondern bei den Erwachsenen, denen sie anvertraut sind, sowie in den von der Erwachsenenwelt geschaffenen gesellschaftlichen Verhältnissen. Gewalt bei Kindern setzt vorangegangene Gewalt an Kindern voraus! Diese wird nicht erst dann verübt, wenn Kinder angeschrien, geschlagen oder nicht beachtet werden – auch Liebesentzug ist eine Form von Gewalt –, sondern bereits dann, wenn Kinder Gewalt in ihrer Umgebung wahrnehmen und erleben. Sie sind im wahrsten Sinne des Wortes ein Spiegel der Umgebung. In keinem Lebensalter aber ist die Bildsamkeit des Menschen größer als in der frühen Kindheit. Hier bildet sich das tragende Fundament für das ganze spätere Leben. Wird dieses schon im Prozeß des Entstehens brüchig, hat das Folgen für die seelische und körperliche Gesundheit im späteren Leben.

Gewalt äußert sich auf vielfältige Weise, in der Gewalt gegen andere Menschen oder auch die Natur, Gewalt gegen Sachen oder Gewalt gegen sich selbst (Autoaggression). Gewalt ist dabei immer ein aktives Tun, das sich in bestimmten Handlungen nach außen äußert, d.h. eine bestimmte Form der Willensauslebung. Bei der Aggressivität tritt demgegenüber die starke Beziehung zum Gefühlsleben hervor. Gefühlsregungen wie Wut, Gereiztheit, Unausgeglichenheit, Nervosität, aber auch Streß, Hektik, Übermüdung und Enttäuschung können bei gegebenem Anlaß schnell in eine aggressive Stimmung umschlagen. Indem sie als affektbedingtes Angriffsverhalten oder als Angriffsbereitschaft erscheint, bezeichnet Aggressivität eine innerliche Seelenverfassung mit der starken Tendenz, sich spontan in gewalttätigen Handlungen nach außen zu entladen. Sie äußert sich in Gefühlen mit starkem Willenseinschlag, während in der Gewalthandlung der Wille selbst agiert. Die Frage nach dem Wesen von Aggressivität und Gewalt hängt also zentral mit der Frage nach der Ausbildung der Willensnatur des Menschen zusammen.

Wille ist dabei deutlich von der bloßen Vorstellung vom Willen zu unterscheiden. Wille realisiert sich immer erst im aktiven Tun. Er ist jene innere Kraft, die in allen Bewegungen wirkt, d.h. in der jeder Bewegung zugrundeliegenden, dem Menschen vollkommen unbewußt verlaufenden Muskel- und Gliedmaßentätigkeit und den entsprechenden Stoffwechselvorgängen. Das macht das Rätselhafte des Willens aus, denn einerseits hat der Mensch ihm gegenüber das Erlebnis, ganz aus sich selbst heraus tätig zu sein, während sich andererseits sein Wirken im Organismus dem Bewußtsein völlig entzieht. Ebenso rätselvoll sind die Vorgänge, die zum bewußten Handeln führen.

Das Handeln ist dadurch gekennzeichnet, daß es aus Gedanken bzw. Zielvorstellungen hervorgeht. Dies kennzeichnet eine Lebensführung, die vom selbstbewußten Ich ausgeht, denn es ist ein ichhafter Vorgang, wenn der Mensch seine Triebe, Begierden und Leidenschaften beherrscht und den Willensimpulsen bestimmte Absichten und Motive in seinem Denken zugrunde legt. Wie aber die Vorstellung einer Willenshandlung in den Vollzug des im Organischen wirkenden Willens übergeht, bleibt dem Menschen verborgen.

Näher betrachtet läßt sich von dem im Organischen des Leibes wirkenden Willen noch ein zweiter Willensstrom unterscheiden, der sich demgegenüber im Seelenleben äußert und rein seelisch tätig wird (vgl. GA 205/1987/09.07.1921). Das ist z.B. bei der gedanklichen Tätigkeit der Fall. Denken beruht auf einer inneren Tätigkeit, durch die wir unsere Gedanken und Vorstellungen bilden und mit anderen Gedanken bzw. Vorstellungen verknüpfen. Die Vorstellungsinhalte sind der äußeren Welt entlehnt, an der sie gebildet wurden; der Prozeß des Gedankenbildens und -lösens geht aus rein inneren Impulsen des Menschen hervor. In dieser inneren Tätigkeit lebt der Wille als Gedankenwille. Wenn man z.B. einen Baum betrachtet und dabei die Vorstellung „Stamm" sowie die Vorstellung „Krone" bildet und beide miteinander verbindet, so ist der Vorstellungsinhalt jeweils von der objektiven Welt gegeben, im Bilden der Vorstellungen aber ist man allein aus sich selbst heraus willentlich tätig.

Beim bewußten Handeln begegnen sich beide Willensströme innerhalb der menschlichen Organisation. Durch den Gedankenwillen bildet der Mensch sich die Vorstellung eines Willensimpulses, und der Organwille setzt sie in die äußere Tätigkeit um. Rudolf Steiner schildert diesen Vorgang folgendermaßen:

„Und zu einer äußeren Tätigkeit wird im Grunde genommen dieser letztere Wille. Also dieser Wille, der in den Organen lebt, der in der physischen und in der Ätherorganisation lebt, wird dadurch aufgerufen, daß der andere Wille [aus dem Geistig-Seelischen; F.L.] ihm entgegenkommt. [...] Wir haben gewissermaßen das Zusammenwirkende zweier Willensströmungen. Die eine Willensströmung durchwirbelt den menschlichen Organismus, und der ganze Zusammenhang zeigt Ihnen, daß Sie sie ansehen müssen als von unten nach oben wirbelnd. Die andere Strömung durchwirbelt von oben nach unten." (GA 205/1987/09.07.1921/S.159 f.)

Der Übergang des Gedankens in den Willen vollzieht sich nach einer anderen Darstellung Steiners insbesondere über den Gedankenwillen. Dieser Wille, der im Gedankenprozeß wirkt, tritt mit jenem anderen Willen, der in den Leibesuntergründen wirkt, in Verbindung. Dort findet der Kampf zwischen unseren moralischen Intuitionen und den aufsteigenden Trieben und Instinkten statt:

„Aber es sind eben Gedanken, die wir hineinleiten in dieses Willensleben. Wann aber nur? Nur dann, wenn wir uns nicht unseren Instinkten, unseren Trieben, wenn wir uns also nicht bloß der sogenannten niederen Menschennatur hingeben, denn die ist schon da unten, die treibt uns dann zum Wollen und zum Handeln. Dann aber bekommen wir unseren Willen herein in dasjenige, was unser subjektives Erleben ausmacht, wenn wir ihn beherrschen mit unseren reinen Gedanken, die nach dem Wollen sich hinrichten, das heißt, wenn wir ihn beherrschen mit unseren intuitiv erfaßten moralischen Idealen. Diese intuitiv erfaßten moralischen Ideale können wir dem Gedankenwillen mit auf den Weg geben hinunter nach der Willensregion. Dadurch wird unser Wille durchsetzt von unserer Moralität, und im Inneren des Menschen findet daher fortwährend dieser Kampf statt zwischen demjenigen, was der Mensch hinunterschickt aus seinen moralischen Intuitionen in die Willensregion, und demjenigen, was da unten wühlt und brodelt in seinem instinktiv-traumhaften Leben." (GA 207/ 1981/02.10.1921/S.94)

Wird nun der Erwachsene aggressiv und gewalttätig, ist es für jeden, der dies unbefangen beobachtet, eine unmittelbare Gewißheit, daß dieser in dem Moment, für den er sich zu solchem Verhalten hinreißen läßt, unter seine Würde als Mensch gesunken ist. Denn der Erwachsene ist prinzipiell in der Lage, aus innerer Beherrschung auch anders zu handeln. Die Gründe für sein gewalttätiges Handeln mögen dabei noch so verschieden und zum Teil vielleicht auch verständlich sein, immer zeigt sich daran, daß das Ich sich von niederen Kräften leiten und mitreißen läßt – im schlimmsten Fall, wenn der Mensch aus kalter Berechnung und mit voller Absicht zur Gewalt schreitet: so bei Raub, Erpressung, vorsätzlichem Mord, Folter, „ethnischer Säuberung", Massenvernichtung unter Einsatz modernster Waffen. Hier wird der Gedanke zur Triebfeder des Wollens, und das kann weitgehend ohne emotionale Beteiligung, in kühler Distanz und Eiseskälte geschehen.

Die im alltäglichen Leben wohl häufigere Form der Gewaltausübung erfolgt aus emotionaler Aufwallung, z.B. bei Streitigkeiten in der Familie, dem Beruf, mit dem Nachbarn. Ärger steigert sich zur Wut, Verletztheit und Enttäuschung zur Verzweiflung, die Aggression staut sich in der Seele auf und entlädt sich spontan nach außen in gewalttätiger Handlung. Das muß keineswegs in körperliche Gewalt ausarten. Der verachtende Blick, das verletzende Wort, die drohende Gebärde sind bereits Äußerungen der Gewalt. In diesem Fall wird der Wille vom unbeherrschten Gefühl, von seelischen Affekten und Emotionen beherrscht. Das Ich wird dabei vom Gefühlsleben so sehr erfaßt, daß es zur besonnenen Führung des Handelns nicht mehr fähig ist.

Wird das Gewalthandeln rein instinktiv-triebhaft, im bloßen Umsichschlagen, wenn sich der geringste Anlaß bietet, entladen sich die Willenskräfte wild wuchernd nach außen – das Ich ist darin untergegangen. Moralisches oder unmoralisches Handeln hängen also davon ab, inwieweit der Mensch seine Handlungen aus dem Ich heraus beherrscht und nach welchen Gedanken er seine Willensimpulse einrichtet.

Aggression und Gewalt bei Kindern ist daher etwas völlig anderes als beim Erwachsenen. Denn das kleine Kind ist noch nicht zum Ich erwacht. Es ist nicht in der Lage, seine Willensäußerungen vom Ich aus bewußt zu leiten, es kennt kein nach Zielvorstellungen ausgerichtetes Handeln.

Auf der anderen Seite ist das Kind in seinem unermüdlichen Tätigkeitsdrang fortwährend aus dem Willen heraus tätig. Aktivität und Bewegung zeichnen sein

Wesen aus: Es will laufen, springen, hüpfen, klettern, spielen. Weniger wird im allgemeinen beachtet, daß sämtliche Lernvorgänge vom ersten Tag des Lebens an aus dem willentlichen Bemühen hervorgehen. Indem das Kind die anfangs unkoordinierten Bewegungen der Arme und Beine zum gezielten Greifen, sich Aufrichten, Stehen und Gehen wandelt, ergreift es durch den Willen das Muskel- und Knochensystem. Wenn es sich bemüht, die Laute zur Muttersprache zu gestalten, ergreift der Wille gleichzeitig den Ausatmungsstrom sowie die physische Sprachorganisation (Lippen, Zunge, Kiefer, Rachen, Kehlkopf usw.). Um auch nur einen einzigen Laut auszusprechen, muß der Wille mehr als 100 Muskeln auf einmal ergreifen! Es ist die „komplizierteste aller motorischen Koordinationen" (Eccles, S.134). Die Gabe des Sprechens hat zwar eine genetische Grundlage, aber es gibt keine Gene für Sprache, diese muß sich der Mensch übend aus eigener Leistung erwerben. Und indem das Kind aufgrund des Wahrnehmens zum Verstehen und zum ersten Denken kommt, ist es wiederum der Wille, der in der Wahrnehmungstätigkeit lebt – besonders deutlich beim Tasten, dem „Be-greifen", aber auch beim Sehen, wo sich der Wille in den feinen Bewegungen der Augenmuskeln regt. Alle mit dem Erlernen des Gehens, Sprechens und Denkens verbundenen Leistungen beruhen nicht auf Vererbung, sondern entwickeln sich ausschließlich aufgrund des individuellen Bemühens. *„Das Kind ist in diesem Sinne ganz und gar ein Willenswesen"* (GA 304a/1979/14.11.1923/S.108), aber eben ein solches, das den rein seelisch wirkenden, an das selbstbewußte Ich gebundenen Gedankenwillen noch nicht frei zur Verfügung hat. Die Willensentfaltung erfolgt in engem Zusammenhang mit dem körperlich-organischen Geschehen.

Wenn Kinder häufig völlig unmotiviert und ohne irgendeinen Anlaß nur so im Vorbeigehen zuschlagen, wenn sie wie wild durch den Raum toben, Grimassen schneiden, in schrillen Tönen grölen, Tische oder ähnliches treten, um sich schlagen und dabei keinerlei Unrechtsempfinden zeigen, liegt eine erhebliche Störung im gesamten Seelengefüge des Kindes vor. Die genannten Symptome deuten vor allem auf Störungen in der Ausbildung der Willensorganisation des Kindes hin. Der Wille verläuft nicht harmonisch, sondern äußert sich triebhaft, unkontrolliert und explosiv und fügt sich schwer in ein sinnvolles Tun und Spielen ein. Dies ist deshalb besonders schwerwiegend, weil der Wille die wesentliche Entwicklungskraft im ersten Lebensjahrsiebt des Kindes ist. Erkennt man das Kind als Willenswesen, stellt sich die Frage: Woran orientiert sich der Wille in der Kindheit, und wie entwickeln sich die moralischen Kräfte, die den Menschen später zu einem vom Ich geführten, sozialen, von Liebe getragenen, wahrhaftigen Handeln befähigen?

Das Kind ist ganz Sinnesorgan

Durch das bewußte Denken hebt der Erwachsene sich in seinem Innern als ein Eigenwesen gegenüber der Außenwelt ab. Innenwelt und Außenwelt erlebt er als zwei deutlich getrennte Bereiche, und das allein ermöglicht ihm sein Ichbewußtsein. Die Möglichkeit, ein von der Außenwelt weitgehend unabhängiges Vorstellungsleben zu entfalten, versetzt den Erwachsenen in die Lage, sich innerlich gegenüber äußeren Eindrücken zu wehren, seine Erlebnisse gedanklich zu reflektieren und diese bewußt zu verarbeiten. Das alles ist beim Kind nicht der Fall. Es weiß noch nichts von der Besonderheit des Denkens. Für das Kind gibt es daher keine klare Grenze zwischen dem eigenen Ich und der Außenwelt. Infolgedessen ist es mit seinem Wahrnehmen und Erleben in einem viel höheren Maße an die Umgebung hingegeben – und dieser auch ausgeliefert – als der Erwachsene. *„Das Kind ist eben ganz Sinnesorgan"* (GA 309/1972/14.04.1924/ S.14). Diese Situation bleibt etwa bis zum 7. Lebensjahr bestimmend.

Aufgrund seiner starken Wahrnehmungs- und Hingabekraft erlebt das Kind die Eindrücke viel tiefer als der Erwachsene. Unter diesen Einflüssen entwickelt es die Welt seiner Gefühle und Stimmungen. Daher ist es von großer Bedeutung, daß das Kind solche Erlebnisse aufnimmt, die ein reiches und tiefes Innenleben anregen, wie es z.B. beim Märchenerzählen und bei jedem Naturerleben möglich ist. Genau das Gegenteil geschieht durch die sensationsgeladenen Kinderfernsehprogramme, wovon später noch die Rede sein wird. Hier ist das Kind ständig neuen Reizen ausgesetzt und kann nie in Ruhe bei einem Eindruck verweilen.

Durch Wahrnehmen und Erleben kommt das Kind auch zum Verstehen und damit zur Entfaltung seiner Intelligenz. Die Vorstellungen, die es sich bildet, sind dabei noch sehr stark an die äußeren Dinge, die es wahrnimmt, gebunden. Das kleine Kind bildet die Vorstellung „Baum" nur, wenn es diesen sieht. Dabei unterscheidet es noch nicht zwischen dem wirklichen Baum und dem Vorstellungsbild, dem Begriff, oder dem Namen „Baum". Für das Kind sind die „Namen", die die Dinge der Welt bezeichnen, wie eine äußere Eigenschaft mit diesen selbst verbunden, genauso wie z.B. die Farbe. Bis zum Alter von 5 bis 6 Jahren ist es der Ansicht, daß wir die „Namen" der Dinge dadurch erfahren, daß wir diese ganz einfach anschauen (vgl. Piaget).

Das Verstehen ist beim Kind daher nie ein abstrakter Vorgang, alles rationale Erklären ist ihm fremd. Vielmehr lernt es Sinn und Zusammenhang in der Welt dadurch verstehen, daß es diese in den Tatsachen sowie in den Handlungen der Menschen verwirklicht sieht. So entwickeln sich beim Kind das Wahrnehmen, das Erleben und das Verstehen immer im Zusammenhang. Die ursprüngliche

Form des kindlichen Lernens ist daher die unmittelbare Erfahrung in der konkreten Anschauung der Welt.

Nachahmung und Vorbild

Aufgrund seiner besonderen Bewußtseinshaltung ist das Kind vor dem 7. Lebensjahr – auch in Bezug auf seine ethische und moralische Entwicklung – nicht für abstrakte Ideale oder Wertvorstellungen zugänglich. Belehrungen gehen am Wesen des Kindes vorbei; daher ist alles auch noch so gut gemeinte Diskutieren über Recht oder Unrecht, Gut oder Böse usw. verfehlt. Das Kind ist kein kleiner Erwachsener und sollte – was aus Unkenntnis leider häufig geschieht – auch nicht wie ein solcher angesprochen werden. Denn bis zu seinem 7. Lebensjahr ist für das Kind nicht das maßgebend, was ihm in abstrakter Weise beigebracht wird, sondern das, was es in seiner Umgebung wahrnimmt und erlebt.

„Es gibt zwei Zauberworte, welche angeben, wie das Kind in ein Verhältnis zu seiner Umgebung tritt. Diese sind: *Nachahmung* und *Vorbild.*" (GA 34/1960/S.324; Einzelausgabe/1978/S.22)[3]

Was es vor seinen Augen sieht und hört, die Bewegungen, Gesten und Gebärden der Erwachsenen, die besondere Gestaltung der Sprache, nimmt es ganz in sich auf und gestaltet aufgrund dieser Eindrücke sein willentliches Tun. Die Willensentfaltung des Kindes geht im Unterschied zum Erwachsenen eben nicht von eigenen, bewußt gefaßten Zielvorstellungen aus, da das Kind ein freies Vorstellungsleben noch gar nicht kennt. Nachahmung ist die Grundkraft des kindlichen Lernens. Das hat enorme Konsequenzen für die Erziehung, denn wie die Umwelt gestaltet ist und wie die Erwachsenen in der Umgebung des Kindes sich verhalten, hat einen prägenden Einfluß auf dessen gesamte Entwicklung.

In keinem Lebensalter hat daher das Vorbild des Erwachsenen und das sonstige Milieu einen größeren Einfluß auf das Kind als in seinen ersten 7 Lebensjahren. An ihm orientiert sich die ganze Art und Weise wie es sich bewegen, wie es sprechen und vorstellen lernt.

Die Nachahmung erstreckt sich aber nicht nur auf das Äußere der vorgelebten Handlungen; das Kind hat eine feine Empfindung für die Gesinnung, die Gefühlsstimmung und die Gedankenrichtung, die sich darin offenbaren. In vielen seiner pädagogischen Vorträge hebt Rudolf Steiner gerade die außergewöhnliche

3. Der hier zitierte, 1907 geschriebene Aufsatz Rudolf Steiners: Die Erziehung des Kindes vom Gesichtspunkte der Geisteswissenschaft, ist in der Gesamtausgabe in GA 34 und GA 36 enthalten sowie als Einzelausgabe erschienen. Bei Zitaten werden hier jeweils die Seiten in GA 34 und der Einzelausgabe (Dornach 1978) angegeben.

Sensibilität des Kindes für die inneren, geistig-seelischen Qualitäten des Erwachsenen hervor – Steiner nennt es das Moralische und meint eben diese inneren Qualitäten und nicht etwa Moralvorstellungen und Verstandeswertungen:

„Aber die allerwichtigsten Bilder, die aus der Umgebung der Erwachsenen auf das Kind einen tiefen, unbewußten Eindruck machen, aber in der Wesenheit des Menschen wie eingeprägt, eingesiegelt erhalten bleiben, das sind die Bilder, die sich auf das Moralische beziehen." (GA 304a/1979/26.03.1923/S.35)

Inwieweit „eingesiegelt" und „eingeprägt" durchaus wörtlich aufzufassen sind, wird später noch deutlich werden. Man muß sich nur darüber im klaren sein, daß alles, was der Mensch in seiner äußeren Erscheinung, seinen Handlungen und seiner Sprache darlebt, immer Ausdruck seines Inneren ist. Jede Seelenstimmung drückt sich im Gesichtsausdruck, in der Haltung, der Art der Bewegungen, Gesten und Gebärden aus. Ebenso leben im Sprechen immer Gefühle und Stimmungen mit auf, die dem Klang der Stimme ihren besonderen Ausdruck verleihen. Das Kind erlebt Freude oder Ernst, Schärfe oder Milde, Aggressivität und Gewalt im Ausdruck der Sprache unmittelbar. Hier hängt viel davon ab, ob in der Sprache des Erziehers innere Wahrhaftigkeit lebt, denn das Kind nimmt wahr, wenn ihm sprachlich etwas vorgemacht wird, das innerlich nicht gelebt wird. Auch unausgesprochene Mißstimmungen bleiben dem Kind nicht verborgen.

Besonders schwerwiegend wirkt sich inkonsequentes Verhalten aus; der Widerspruch zwischen dem einmal ausgesprochenen Gedanken und einer gegensätzlichen Tat bedeutet für das Kind eine erhebliche Verwirrung seines Denkens, die es nicht verarbeiten kann. In der Regel macht man sich auch keine Vorstellung davon, daß selbst ein unausgesprochener Gedanke für das Kind wahrnehmbar ist, und zwar in den unter seinem Einfluß erfolgenden feinen Veränderungen der Mimik, der Bewegungen. Wenn ich z.B. ein Kind, um es zu beruhigen, streichele, dann sind die feinen Nuancierungen in den Handbewegungen jeweils andere, wenn ich dies mit innerer Hingabe und in Gedanken beim Kind tue oder wenn ich an vorangegangenen Ärger denke oder mit meinen Gedanken noch bei der Arbeit bin.

So nimmt das Kind nachahmend den seelischen Charakter des Erwachsenen in sein eigenes Verhalten auf: von der lustlos-schlaffen Art der Bewegungen bis zur unfreundlich-schroffen Wesensart. Eine depressive, gereizte, aggressive Stimmung kann sich dabei bis in die vegetativen Funktionen wie Nahrungsaufnahme und Verdauung beim Kind auswirken. Innere Wahrhaftigkeit in der Übereinstimmung der Gedanken, Worte und Handlungen gehören zu den wichtigsten Elementen der Erziehung in diesem Lebensalter, denn das Kind „schaut das

Moralische, wenn auch auf unterbewußte Art" (GA 309/1972/14.04.1924/ S.35). Erziehung im ersten Jahrsiebt bedeutet daher immer auch Selbsterziehung.

Die Einheit von seelisch-geistiger und körperlich-leiblicher Entwicklung

Bereits im Jahre 1907 hat Rudolf Steiner darauf aufmerksam gemacht, daß alle kindliche Entwicklung mit Veränderungen des Leibes und seiner Organe verbunden ist:

„Bis zum Zahnwechsel im siebenten Jahre hat der Menschenleib eine Aufgabe an sich zu verrichten, die wesentlich verschieden von den Aufgaben aller anderen Lebensepochen ist. Die physischen Organe müssen in dieser Zeit sich in gewisse Formen bringen; ihre Strukturverhältnisse müssen bestimmte Richtungen und Tendenzen erhalten. Später findet Wachstum statt, aber dieses Wachstum geschieht in aller Folgezeit auf Grund der Formen, die sich bis zu der angegebenen Zeit herausgebildet haben." (GA 34/1960/S.323; Einzelausgabe/1978/S.21 f.)

Damit kommen wir zu einer der wichtigsten Tatsachen frühkindlicher Entwicklung. Bis zum 7. Lebensjahr findet beim Kind nicht nur Wachstum statt, sondern vor allem eine umfassende plastische Umgestaltung der angeborenen Formen der Organe. In diese Organbildung greifen die Einflüsse der soziokulturellen Umwelt des Kindes prägend ein:

„Was in der physischen Umgebung vorgeht, das ahmt das Kind nach, und *im Nachahmen* gießen sich seine physischen Organe in die Formen, die ihnen dann bleiben." (ebd./S.324; Einzelausgabe/S.22; Hervorhebung F.L.)

Die Nachahmung hat demnach zwei Seiten: Die eine zeigt sich im *seelischen Verhalten*, indem das Kind nachahmt, was ihm vorgelebt wird, die andere in der Rückwirkung desselben auf die *körperlichen Wachstumsvorgänge*, insbesondere die Formbildung der Organe. In diesem Sinne hat auch das geistig-seelische und moralische Leben der Erwachsenen auf die Organbildung des Kindes einen prägenden Einfluß.

„In den ersten sieben Lebensjahren läßt sich die Sinnes-Nervenorganisation in bezug auf ihre Plastizität vergleichen mit Wachs. Nicht nur daß das Kind die feinsten und intimsten Eindrücke von seiner Umgebung bekommt, sondern durch die energische Wirkungsweise seines Sinnes-Nervensystems strömt ein und fließt ein dasjenige, was es beobachtet, was es wahrnimmt, unbewußt in die ganze Zirkulation des Blutes, in die Festigkeit und Sicherheit des Atmungsprozesses, in das Wachsen der Gewebe, in das Heranbilden der Muskeln, in das

Heranbilden des Knochensystems. *Der Leib des Kindes wird* durch die Vermittlung des Sinnes-Nervensystems *ein Abdruck von der Umgebung, insbesondere von der moralischen Umgebung.* Und bekommen wir das Kind mit dem Zahnwechsel in die Schule herein, dann haben wir es so, daß wir in seinem Leibe, ich möchte sagen, *wie in Siegelabdrücken* in der Muskelbildung, in der Gewebebildung, selbst in dem Rhythmus des Atmungs- und Blutsystems, in dem Rhythmus des Verdauungssystems, in der Zuverlässigkeit und Trägheit des Verdauungssystems, kurz, in der leiblichen Organisation des Kindes das darin stecken haben, was als moralische Eindrücke in den ersten sieben Jahren auf das Kind gewirkt hat." (GA 304a/1979/26.03.1923/S.35 f.; Hervorhebungen F.L.)

Die geistig-seelische Entwicklung des Kindes verläuft somit nicht lösgelöst von der körperlich-leiblichen, sondern ist in engster Weise mit dieser verbunden. Und hier gilt es in aller Tragweite: Gewalt beim Kind geht vorangegangene Gewalt am Kind voraus, mit Folgen sowohl für das Seelenleben als auch die körperliche Gesundheit.

Diese Wechselwirkung resultiert vor allem aus der ausgeprägten Wirksamkeit des kindlichen Willens. Wenn das Kind nachahmt, was es vorgelebt bekommt, bedeutet dies, daß es sich in der ganzen Art und Weise wie es sich bewegt und wie es spricht nach den jeweiligen Vorbildern richtet. Nachahmendes Tun ist willenshaftes Tun in Anlehnung an das Vorbild, d.h. der Wille bekommt eine von den Einflüssen der Umgebung bestimmte Richtung. Indem der Wille aber in dem sich noch aufbauenden kindlichen Organismus wirkt, tritt er dadurch in eine Beziehung zu den leibgestaltenden Kräften. An diesen arbeiten daher „*im Nachahmen*", d.h. durch den von der Umgebung geformten Willen, ebenso die Einflüsse der Umgebung mit wie die eigenen Kräfte des Kindes. Und wenn schon die „feinsten und intimsten Eindrücke" der Umgebung in die körperlichen Vorgänge und Umbildungsprozesse hineinwirken und sich „wie in Siegelabdrücken" im Leib einprägen, wie muß es dann erst sein, wenn das Kind fortwährend Aggressivität und Gewalt in seiner Umgebung erlebt – sei es durch Menschen oder in den Medien?

Die Formbildung des kindlichen Leibes

Zum näheren Verständnis der Hinweise Rudolf Steiners ist es erforderlich, auf einige Phänomene der Leibgestaltung beim Kind einzugehen. Diese Thematik hat Ernst-Michael Kranich, auf den ich mich hier im wesentlichen beziehe, an verschiedenen Stellen ausgearbeitet. So läßt sich zeigen, daß, indem das Kind die aufrechte Haltung erringt, sich große Teile seines Knochensystems in den Formen umbilden. Das Sprechenlernen ist wiederum mit Veränderungen des Brustkorbes, der Lunge, des Rachens und bestimmten Partien des Gehirns verbunden. Und in dem Maße, wie das Kind lernt, die Dinge seiner Umwelt wahrzunehmen, zu verstehen und in ihren Zusammenhängen zu erfassen, entstehen die komplizierten Strukturen des Gehirns.

Der Aufrichteprozeß und die Formveränderungen am Knochensystem

Im Verfolgen des Aufrichteprozesses, über das erste Heben des Kopfes, dem Sitzen und freien Stehen, sieht man, wie das Kind unter großer Mühe und Anstrengung den Leib von innen her ergreift. Dabei überwindet es im tätigen Bemühen die Schwere. In diesem Bemühen äußern sich die Kräfte des Willens, die das Kind ganz aus sich selbst heraus aktiviert. Der Leib wird dadurch aber nicht nur in seiner Haltung verändert, sondern zugleich in seinen Formen umgestaltet. So ist die Wirbelsäule des Neugeborenen noch fast gerade. Indem der Wille im Aufrichten die Muskulatur ergreift, wirkt er auch verändernd auf das Knochensystem ein. Dadurch bilden sich im Laufe der ersten Lebensjahre allmählich die charakteristischen Krümmungen in der Wirbelsäule aus (Hals- und Lendenlordose).

„Wenn das Kind sich bemüht, den Kopf zu heben – zuerst, wenn es auf dem Bauch liegt, später im Sitzen –, erhält die Halswirbelsäule für den Moment eine aufwärts gerichtete Biegung. Wächst im Bemühen die Kraft des Willens und mit ihr die Muskulatur, dann trägt es den Kopf frei. Nun entsteht allmählich aus der Krümmung der Halswirbelsäule die bleibende Form (die sogenannte Halslordose). Wenn sich das Kind später bemüht, auf seinen Füßen zu stehen, streckt es die bislang gewinkelten Beine. Dadurch wird die Neigung des Beckens größer – und damit entsteht die für den Menschen charakteristische Krümmung der Lendenwirbelsäule. Zunächst gelingt auch dies nur für den Moment des Bemühens. Dann erringt das Kind das Können; und aus ihm bildet sich etwa bis zum 5. Lebensjahr wiederum die bleibende Form (Lendenlordose).“ (Kranich 1993, S.68 f. Siehe dazu auch die Abbildung auf Seite 102.)

Charakteristisch zeigt sich dieses Wirken auch am Fuß. Dort, wo das gesamte Gewicht des Leibes lastet, wird in jedem Moment des Stehens die Schwere aus den Kräften des Willens überwunden: Das Fußgewölbe richtet sich auf, das bei normaler Entwicklung mit 7 Jahren in seiner Form ausgebildet ist. Ebenso verändern sich die Formen der Beinknochen, der Wirbelkörper und des Beckens.

Indem das Kind durch seinen Willen den Leib ergreift, sich aufrichtet, sich im Gehen und Laufen übt, wirken die in diesen Bewegungen regsamen Willenskräfte in jene Tiefen des Leibes hinein, in denen die Lebenskräfte leibgestaltend am

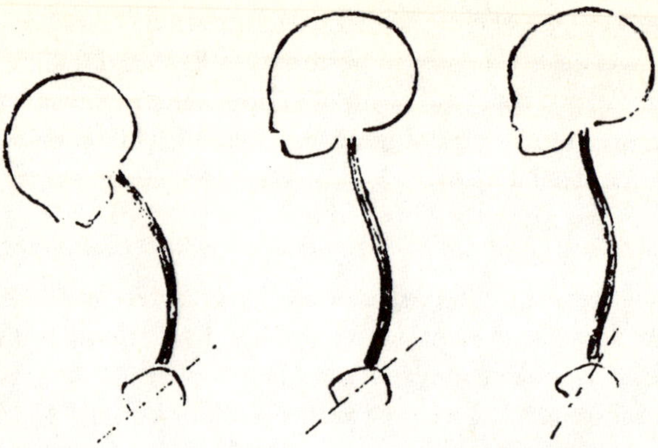

Beim Sitzen kann das kleine Kind zunächst nur für Momente den Kopf frei halten. Dieser sinkt nach vorn herunter (links). Dann bildet sich aber allmählich die Lordose der Halswirbelsäule (Mitte) und durch die stärkere Neigung des Beckens beim Stehen die Lordose der Lendenwirbelsäule (rechts). (Abb. und Bildunterschrift aus Kranich 1993, S.69)

Aufbau der Organe tätig sind. Die neue Form der Wirbelsäule wird zum Ausdruck des individuellen Willens bzw. des willenshaft wirkenden Ich.

„Die Kraft, die der Mensch in jedem Moment erzeugen muß, um die niederziehenden Kräfte zu überwinden, ist der Wille. Die innere Natur des Willens liegt geradezu darinnen, daß er sein Wirken unentwegt erneuert. Deshalb erlebt der Mensch im Willen auch das Zentrum des eigenen Wesens. Aus diesem Zentrum lernt das Kind in seinem Leibe die Schwere bemeistern und sich im Gleichgewicht halten. Dabei gewinnt es das Erlebnis, ganz aus sich selbst tätig zu sein und dabei in sich selbst (im Gleichgewicht) zu ruhen. Das ist das Erlebnis des Ich. – So sieht man, welche Kräfte es sind, die in der Umbildung der Wirbelsäule sich bis in die physische Form ausprägen. Es ist das Ich des Kindes, das seine Kräfte in denen der Schwere so zum Ausdruck bringt, daß es diese bewältigt.“ (Kranich 1985, S.16 f.)

Dem widerspricht nicht, daß das kleine Kind noch kein Bewußtsein von seinem Ich hat. Sich bewußt zu sein, daß man ein Ich ist, und unbewußtes Wirken des Ich im Willen sind zwei grundverschiedene Dinge. Das Ichbewußtsein leuchtet mit dem ersten „Ich“-Sagen etwa im 3. Lebensjahr zum ersten Mal auf, das Ich selbst aber ist von Anfang an anwesend.

Bewegungsarmut in der Kindheit oder durch Nachahmung von schlechten Vorbildern (z.B. Medien-„Helden“) verzerrte Bewegungsmuster, d.h. mangelnde oder chaotische Willensbetätigung, wirken sich aus diesem Grund schwächend und schädigend auf die Ausgestaltung des Muskel-Skelettsystems aus.

Der Spracherwerb und die Formveränderungen im Brustbereich

Das „Durchwirktwerden des Leibes durch das Ich" (Kranich 1981, S.306) ist auch für die Sprachentwicklung von entscheidender Bedeutung. Dies zeigt sich zum einen in einer Veränderung der Atmung, zum anderen in einer Umbildung der an der Sprachentwicklung beteiligten Organe (Brustkorb, Lunge, Rachen).

In den ersten Lebensmonaten atmet das Kind nur durch die Bewegungen des Zwerchfells. Noch im 1. Lebensjahr tritt, zunächst noch schwach, die Rippenatmung (Thorakalatmung) hinzu, die dann vom 3. Lebensjahr an deutlich zunimmt. Dies deutet darauf hin, daß nun die Kräfte des Ich, durch die sich das Kind in die Aufrechte und das Gleichgewicht erhoben hat, auch in die Atmungsorganisation hineinzuwirken beginnen.

„Wenn das Kind sitzt oder steht, wirkt die Schwere nach unten ziehend auf den Brustkorb. Und hier greift dann für kurze Zeit der Wille ein. Er hebt und weitet den Brustkorb, der dann wieder in die Schwere heruntersinkt. Es beginnt das rhythmische Pulsieren des Brustkorbes. Und mit ihm entwickelt sich ein Atmen, das zum Ich des Menschen in Beziehung steht. Es tritt die Thorakalatmung zur Zwerchfellatmung hinzu." (ebd.)

Im Sprechen wird schließlich der Ausatmungsstrom selbst vom Ich ergriffen und willentlich impulsiert:

„Wenn das Kind anfängt, Laute und Wörter zu bilden, greifen die in der Aufrichtung wirksamen Ich-Kräfte noch stärker in den Atmungsvorgang ein als bei der gewöhnlichen Thorakalatmung. Denn nun wird auch das Ausatmen von diesen Kräften impulsiert. Das Ausatmen erfährt eine Intensivierung; das ist der physische Ausdruck davon, daß die im Aufrichten den Menschen von unten nach oben durchstrahlende Ich-Kraft nun auch das Atmen ergreift. Dieses im Ausatmen wirkende Ich des Menschen dringt uns in seiner Stimme entgegen; im Klang der Stimme erlebt man unmittelbar etwas von der Individualität des Menschen. Man hört aber auch etwas von dem, was der Mensch innerlich in der Region durchlebt, aus der der vom Ich durchstrahlte Ausatmungsstrom hervordringt. In der Lungenregion wogen die Gefühle, die Stimmungen; und diese vibrieren als Gefühlsausdruck in der Stimme. Die Stimme ist ein wesentlicher Teil dessen, was als melodiöses Element in der Sprache lebt. Dieses Melodiöse ist die hörbar werdende übersinnliche geistig-seelische Wesenheit des Menschen." (ebd., S.307)

Im Zusammenhang mit diesen Vorgängen vollziehen sich wiederum starke Umbildungsprozesse im physischen Leib, im Brustkorb und der Lunge.

„Der Brustkorb des Neugeborenen ist in seiner Form der des Schulkindes noch recht unähnlich. Er ist schmal und durch das schräg nach vorn gerichtete

Brustbein weitgehend offen. Er hängt als steifes, unbewegliches Gebilde vor der Wirbelsäule." (Kranich 1985, S.20)

Die Umbildung des Brustkorbes beginnt im 1. Lebensjahr, wenn die Thorakalatmung einsetzt. Dabei gliedert sich die Wirbelsäule stärker in den Brustkorb ein. „Gleichzeitig senkt sich das Brustbein und mit ihm der ganze Brustkorb. Er wird zu einem mehr in sich abgeschlossenen Innenraum, der sich nach beiden Seiten weitet. Die Rippen erhalten in dieser Umbildung ihre schöne Rundung." (ebd.)

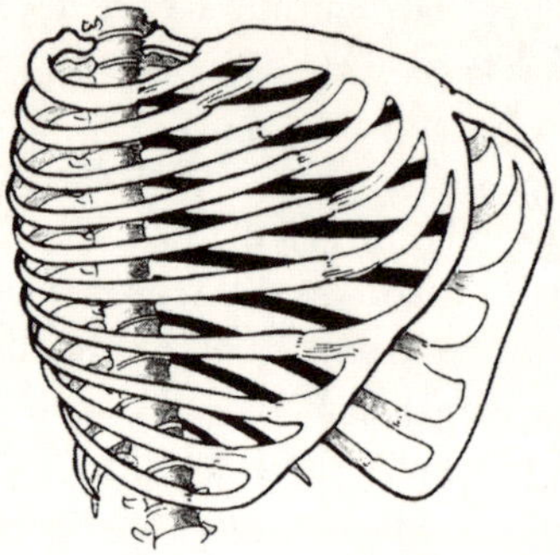

Der Brustkorb eines neugeborenen Kindes von der Seite.

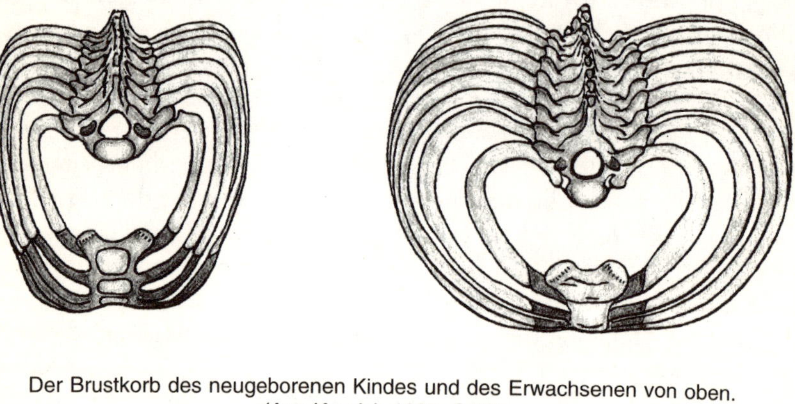

Der Brustkorb des neugeborenen Kindes und des Erwachsenen von oben.
(Aus Kranich 1985, S.20)

Die Lunge des Neugeborenen ist im Verhältnis zu anderen Organen noch recht klein. „Zunächst liegt sie wie eine Kappe auf der flachen Wölbung des Zwerchfells. [...] Ihre Form dehnt sich nach oben mächtig aus; sie weitet sich

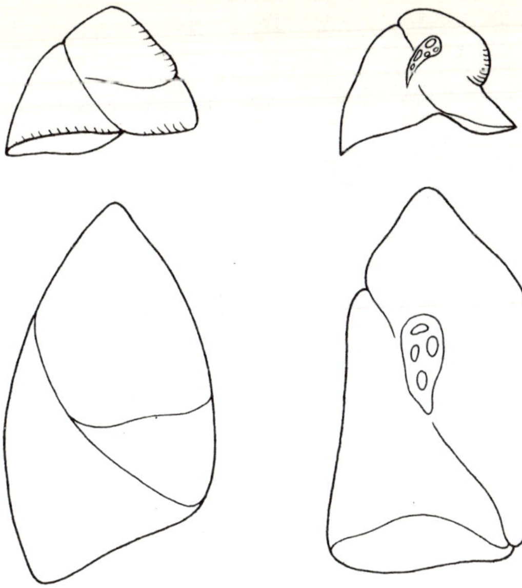

Der rechte Lungenflügel (von der Seite) und der linke Lungenflügel (von links innen) eines Neugeborenen und eines Kindes nach dem 7. Lebensjahr. (Aus Kranich 1985, S.21)

sphärisch nach den Seiten; vorn und hinten entsteht eine schöne weitgespannte Rundung." (ebd., S.21)

Die plastische Umgestaltung des Brustkorbes wie auch der Lunge hört etwa am Ende des 7. Lebensjahres auf.

„Aber auch die Organe, die sich nach oben an die Lunge anschließen, werden so umgestaltet, daß die im Ausatmen wirkende Willenskraft zum Ausdruck kommt. Beim Säugling ist der Rachen im Verhältnis zur Mundhöhle noch relativ kurz und der Winkel zwischen Rachen und Mundhöhlendach sehr groß (120° bis 130°). Zwischen dem 2. und 7. Lebensjahr gestaltet sich der Rachen so um, daß er bedeutend länger und damit die aus der Lunge aufsteigende Ausatmungsströmung viel mächtiger wird. Mit dieser Entwicklung des Rachens verändert sich auch seine Lage zum Mundhöhlendach. Die Abwinklung wird stärker (90°). Dadurch entsteht in der Mundhöhle ein eigenständiger Raum, in dem im stimmdurchtönten Ausatmungsstrom die Laute und Worte gebildet werden. [...] Bis zum Alter von 8 Jahren greift das Sprechenlernen auch stark in die feinere Ausgestaltung verschiedener Gehirnbezirke ein. Es differenzieren sich dort die Sprachzentren (das Broca'sche und Wernicke'sche Sprachzentrum) aus, durch die u.a. der Zusammenhang zwischen der Denk- und Sprachorganisation entsteht." (Kranich 1981, S.309 f.)

Wahrnehmen und Vorstellen und die Ausgestaltung des Gehirns

Das Gehirn des Erwachsenen enthält mehr als 100 Milliarden Nervenzellen, die nach bestimmten, komplizierten Mustern miteinander verknüpft sind. Dadurch wird das Gehirn zur Grundlage der geistigen Leistungen des Menschen wie Sehen, Lernen, Erinnern, Denken und Bewußtsein. Die Forschungsergebnisse der vergangenen 15 Jahre hat die ältere Theorie korrigiert, nach der die Vernetzung der Nervenzellen des Gehirns nach einem vorgegebenen Schaltplan im Laufe der fötalen Reifung quasi von selbst erfolge. Heute weiß man, daß die Feinausgestaltung des Gehirns von entsprechenden Anregungen und von der Aktivität des Kindes abhängig ist. Carla J. Shatz, Neurobiologin in Berkeley, bemerkt dazu:

„Die neuronalen Verbindungen entstehen aus einem vorläufigen Muster, das nicht mehr als eine grobe Annäherung an den Endzustand darstellt. Auch wenn der Mensch mit fast allen Nervenzellen auf die Welt kommt, die er je haben wird, beträgt die Gehirnmasse eines Säuglings lediglich etwa ein Viertel derjenigen eines Erwachsenen. Das Gehirn vergrößert sich nur deshalb noch, weil seine Nervenzellen wachsen und sich viele ihrer Fortsätze sowie Verknüpfungen erst nach der Geburt bilden.

Nach den Erkenntnissen der Hirnforscher müssen die Nervenzellen aktiv sein, wenn das Muster die für gesunde Erwachsene typische Präzision erreichen soll: Die richtige Verschaltung setzt eine bestimmte Stimulation des Gehirns voraus." (Shatz, S.44)

Das Wachstum des Gehirns beruht vor allem auf der Ausbildung der sogenannten Assoziationsbahnen, die sich vor allem in den ersten Lebensjahren ausbilden. Diese Nervenfasern stellen die Verbindung der an der Gehirnoberfläche in verschiedenen Regionen endenden Nervenfasern her, die zum einen von der ganzen Leibesoberfläche stammen, zum anderen z.B. aus dem Auge und dem Ohr kommen. Sie sind somit dafür verantwortlich, daß die ankommenden Einzelinformationen nicht isoliert nebeneinanderbleiben, sondern in vielfältigste Beziehung zueinander kommen. Sie bilden den weit größten Teil des Gehirns. Die Assoziationsbahnen reifen nun dadurch aus, daß das Kind einzelne Wahrnehmungen mit anderen Wahrnehmungen in Zusammenhang bringt und diese in innerer Tätigkeit mit entsprechenden Vorstellungen und Begriffen verbindet. Dies sind wiederum Leistungen, die das Ich im konkreten Einleben in die Welt, aufgrund seiner Sinneserfahrungen, Wahrnehmungen und Erlebnisse individuell vollbringt. Je vielfältiger die Erfahrungsmöglichkeiten und Anregungen in der Umgebung des Kindes sind, desto differenzierter bilden sich die Feinstrukturen des Gehirns. Kranich hebt auch dabei den individuellen Aspekt hervor:

„Die Ausreifung der Assoziationsbahnen hängt davon ab, daß sich das Kind bald nach der Geburt innerlich aktiv den Eindrücken zuwendet und dazu kommt, durch seine Vorstellungstätigkeit zu verstehen, was da in seiner Umgebung für Dinge sind. Die Nervenstrukturen, die sich hier ausdifferenzieren, haben von Kind zu Kind genauso wie die mimische Muskulatur ein individuelles Gepräge." (Kranich 1978, S.545)

Nun muß man sich vorstellen, daß die hier an einigen Beispielen angedeuteten Bildungsprozesse sämtlich gleichzeitig stattfinden. Im gesamten Leib des Kindes vollziehen sich über Jahre hin umfassende Formumbildungsprozesse in den Organen. Es ist ein umfassendes Geschehen, durch das der angeborene kindliche Leib bis in die Feinstrukturen der einzelnen Organe hinein individuell ausgestaltet wird.[4] Diese Vorgänge hatte Rudolf Steiner im Auge, als er den durch die Vererbung geprägten Leib des Neugeborenen als ein „Modell" bezeichnete, das im Laufe der ersten 7 Lebensjahre von der geistig-seelischen Individualität des Kindes, dem Ich, nach und nach umgestaltet wird und dadurch eine individuelle Prägung erhält (siehe z.B. GA 311/1979/12.08.1924/S.16 ff. und GA 309/1972/14.04.1924/S.12 ff.). Dies bedeutet die Inkarnation des Ich im Leib.

Zwischen der Formbildung im ersten Lebensjahrsiebt des Kindes und der Substanzerneuerung in den Organen des Erwachsenen besteht ein wesentlicher Unterschied:

„Die Organe des menschlichen Leibes erhalten nicht ihre Form und haben sie dann. Die Formen werden unentwegt im Zusammenhang mit der Erneuerung ihrer Substanz, dem Stoffwechsel, neu gebildet. Gleichsam hinter den äußerlich sichtbaren Formen vollzieht sich unaufhörlich ein Prozeß der Formbildung. Dieses Geschehen hat beim kleinen Kind einen anderen Charakter als beim Schulkind oder gar beim Erwachsenen. Bei ihnen werden die Formen fortwährend in der gleichen Art gebildet, beim kleinen Kinde werden sie außerdem umgebildet. So haben Lunge, Niere, Leber und Magen beim Neugeborenen viel einfachere Formen als später. Im ganzen Leib werden zusätzlich zu den bereits wirkenden Kräften der vererbten Formbildung neue plastisch gestaltende Kräfte tätig und führen zur Veränderung der Formen." (Kranich 1993, S.76 f.)

---

4. Es braucht nicht extra betont zu werden, daß dies selbstverständlich in den Grenzen und im Rahmen allgemein menschlicher Bildungsprinzipien geschieht, die nach Steiner nicht nur den Kräften der Vererbung, sondern kosmischen Gesetzmäßigkeiten und Wirkenskräften unterliegt (vgl. z.B. GA 205/1987/08.07.1921 und GA 137/1973/11.06.1912).

Umbildung ist mehr als bloßes Wachstum und mehr als Erneuerung einer jeweils gleichen Form. Es ist ein labiles Geschehen und als solches, so Kranich, in seinem Wirken viel mehr vom Seelisch-Geistigen beeinflußbar, als es beim Erwachsenen der Fall ist. Denn es macht einen großen Unterschied, „ob die Formbildung wie beim Erwachsenen in stets gleicher Weise, nach einer festen Gesetzmäßigkeit verläuft oder ob sie im Fluß ist und sich wie im kindlichen Leib durch neue plastische Kräfte verwandelt. Hier ist sie im Werden, d.h. labil und insofern offen für Einwirkungen aus dem Bereich von Seele und Ich". (ebd.)

Die Formbildung der Organe ist etwa im 7. Lebensjahr, wenn der Zahnwechsel erfolgt, abgeschlossen. Die bis dahin am Leib wirksamen Kräfte werden jetzt frei und treten im Seelischen als die neu erwachende Vorstellungskraft des Kindes hervor (vgl. GA 304a/1979/19.11.1923/S.125 ff. und GA 303/1987/29.12.1921).

Die Sensibilität der Organe für das Seelische

Diese Erkenntnisse bilden die Grundlage zum Verständnis dafür, daß sich alle Erlebnisse des Kindes nicht nur in seinem seelischen Verhalten, sondern zugleich immer auch in seiner körperlichen Reifung auswirken.

In dem oben zitierten Wortlaut Rudolf Steiners hieß es, daß besonders die moralischen Eindrücke der Umgebung sich in die körperlichen Prozesse fortsetzten, in die Blutzirkulation, den Atmungsprozeß, die Muskelbildung und die Ausgestaltung des Knochensystems. Diese Wirkungen erhielten bleibenden Charakter; das 7jährige Kind trage die moralischen Eindrücke aus der Umgebung wie in „Siegelabdrücken" in seinem Leib. Dies gilt selbstverständlich im positiven wie auch im negativen Sinn. So macht Steiner einerseits darauf aufmerksam, daß z.B. Freude an und mit der Umgebung bildsam auf die physischen Organe wirken:

„Heitere Mienen der Erzieher, und vor allem redliche, keine erzwungene Liebe. Solche Liebe, welche die physische Umgebung gleichsam warm durchströmt, brütet im wahren Sinn des Wortes die Formen der physischen Organe aus." (GA 34/1960/S.328; Einzelausgabe/1978/S.26)

Andererseits weist er aber auch deutlich auf die tiefgreifenden Wirkungen eines moralisch abträglichen Verhaltens hin, wie er es am Beispiel eines jähzornigen Vaters konkretisiert:

„Im Kinde arbeitet eine innerliche plastische Kraft. All dasjenige, was aus der Umgebung des Kindes an das Kind herankommt, geht über in ein inneres Bilden, auch in das Organbilden.

Wenn das Kind, sagen wir, einen Vater neben sich hat, der sich alle Augenblikke in Jähzorn äußert, wo also alle Augenblicke im unmittelbar äußerlichen Erlebnisse etwas vorkommt, was Schock bewirkt, ein Unmotiviertes ist, dann erlebt das Kind dies mit; das Kind erlebt dies so mit, daß es sich ausdrückt in seinem Atem und seiner Blutzirkulation. Indem es sich aber ausdrückt in der Atmung und Blutzirkulation, gestaltet es Lunge, gestaltet es Herz, gestaltet es das ganze Gefäßsystem; und das Kind trägt dasjenige plastisch gestaltet innerlich sein ganzes Leben hindurch mit, was es durch den Anblick der Taten eines jähzornigen Vaters in sich plastisch ausgebildet hat.“ (GA 307/1973/10.08.1923/S.114 f.)

Eine entstehende Gewaltdisposition beim Kind geht ursächlich immer auf entsprechende Einflüsse aus der Umgebung zurück. Nach den bisherigen Ausführungen sind diese in zweifacher Weise prägend:

- Aufgrund der intensiven Nachahmungskraft übernimmt es aggressive und gewalttätige Verhaltensmuster in sein seelisches Verhalten, wenn es entsprechende Vorbilder in der Umgebung erlebt.
- Vorgelebte Aggressivität und Gewalt setzt sich besonders über die Wirkungen auf Atmung und Puls bis in die körperlichen Formbildungsprozesse der Organe fort.

Die Atmung ist ein wesentlicher Träger des seelischen Erlebens des Menschen. Jede noch so feine Gefühlsregung drückt sich, wie aus entsprechenden Atmungskurven ablesbar ist, in einer Veränderung des rhythmischen Wechsels von Ein- und Ausatmung aus. Gefühle sind innere Bewegungen der Seele, und je nachdem, ob der Mensch sich im Zustand der Ruhe oder der Erregung befindet, verändert sich entsprechend auch die Atmung. Ebenso drückt sich die innere Dynamik der Gefühle, deren jeweilige Tiefe oder Flüchtigkeit, Erregung oder Entspannung in Veränderungen des Herzschlags und einer schwächeren oder stärkeren Durchblutung des Herzens aus.

Der Erwachsene weiß aus Erfahrung, wie das Gefühl von Schreck einem in die Glieder fährt, die Seele sich dabei schlagartig innerlich zusammenzieht und das Blut aus der Peripherie zurückweicht: man erbleicht. Das Gegenteil geschieht bei der Wut: Das Blut steigt einem ins Gesicht, und man errötet. Jeder kennt, daß Erregungszustände wie Angst, Spannung oder „Nervenkitzel“ zu einer kurzatmigen und beschleunigten Atmung führen oder diese soweit ins Stocken kommt, daß man den Atem anhält.

Erlebt das Kind Aggression, Jähzorn, Angst und Erregung, wirken alle diese Empfindungen und Gefühlszustände viel tiefer in den Leib hinein: Der ruhige Aufbau der Organe wird gestört. Über das Gefühl vermittelte Störungen des

Puls- und Atmungsprozesses wirken sich beim Kind vor allem deshalb besonders schwerwiegend aus, weil sich diese erst noch ausbilden und dabei, wie gezeigt, wichtige Gestaltungsprozesse in der Atmungsorganisation stattfinden.

Die Pulsfrequenz liegt beim Erwachsenen in Ruhe etwa bei 60 bis 80, bei Kindern erheblich höher, beim Säugling etwa bei 130. Ebenso verändert sich die Atemfrequenz im Laufe der ersten Lebensjahre erheblich. Die Zahl der Atemzüge pro Minute beträgt beim Säugling 40 bis 50, beim 5jährigen Kind 20 bis 30, beim Erwachsenen durchschnittlich 16. Mit der Verlangsamung der Atemzüge greifen diese auch tiefer in den Leib hinein, von der fächelnd flachen Atmung des Säuglings bis zum ruhigen tiefen Atmen des Erwachsenen. Das Atmenlernen des Kindes ist somit ein Ausdruck des Inkarnationsgeschehens des Geistig-Seelischen im Leib. Wird der sich ausbildende Atmungsprozeß durch äußere Einflüsse gestört, werden dadurch immer auch Störungen im Inkarnationsprozeß mit veranlagt.

Begreift man die Sensibilität der Organe für das Seelische, wird auch die Veranlagung psychosomatischer Erkrankungen in der frühen Kindheit verständlich, wie Kranich am Beispiel der Herzneurose zeigt. Menschen mit Herzneurosen hätten häufig starkes Herzklopfen und Extrasystolen. Sie würden rasch müde und erschöpft, litten unter Atembeklemmungen und Beklemmungsgefühlen überhaupt, seien leicht erregbar und voll innerer Unruhe. Vor allem hätten sie eine ängstliche Grundstimmung. Diese Erkrankung geht häufig auf Einflüsse der Mütter in der frühen Kindheit zurück:

„Die Mütter der an Herzneurose Erkrankten waren in der Regel unsichere Menschen. Wenn ein Kind, vor allem im ersten Lebensjahr, den unsicheren, besorgten Blick seiner Mutter, ihr ängstliches Antlitz, ihre unsicheren Bewegungen, das Zucken bei einem unerwarteten Eindruck wahrnimmt, dann lebt es innerlich mit, was in all diesen Äußerungen wirkt – das sind akute Angst und ängstliche Stimmung. Wie bei der Mutter beginnt auch beim Kind das Herz rascher und unregelmäßig zu schlagen. Die wahrgenommene und miterlebte Angst wirkt im Atmen und im Herzschlag des kleines Kindes. Im Herzen des kleinen Kindes wirken wie in den andern Organen gestaltende Kräfte, die seine Form umwandeln, seine Lage verändern und seine Muskulatur umbilden. In dieses Werden dringt die Angst ein. Sie gestaltet am Herzen des Kindes mit.“ (Kranich 1992, S.11 f.)

Dem Herzen des Kindes würde auf diese Art eine Disposition zu ängstlichem Reagieren eingeimpft.

„Deshalb schlägt das Herz schon bei unbedeutenden Anlässen rasch und unregelmäßig. Durch sein Herz hat der betreffende Mensch nun eine Grundstimmung von Unruhe, Beklemmung und Angst. Sie ist dauernd vorhanden, weil sie in seinen Organen, vor allem in seinem Herzen lebt. Aus seiner frühen Kindheit hat der Mensch einen zu Angst und Unruhe disponierten Organismus, weil er als kleines Kind Angst und Unsicherheit in die bildsame Organisation seines Leibes aufgenommen hat." (ebd.)

In diese Richtung deuten auch die Hinweise Rudolf Steiners, wenn er ausführt, daß sich „in Gehirn und Blutumlauf die physischen Anlagen für einen gesunden moralischen Sinn" bilden würden, „wenn das Kind Moralisches in seiner Umgebung sieht", und daß das Gehirn solche Formen annehmen würde, die das Kind im späteren Leben „nur zu Torheiten geeignet" machten, wenn es vor dem 7. Jahr „nur törichte Handlungen" in seiner Umgebung sehe (GA 34/1960/S.325; Einzelausgabe/1978/S.23).

Verständlich ist auch, daß sich die Folgen schlechter Vorbilder im seelischen Verhalten des Kindes eher zeigen als im Körperlichen. Dazu führt Steiner folgenden Zusammenhang an:

„Nun ist das Eigentümliche: In der Seele erleben wir Folgen, die eben in das Unterbewußte hineingezogen sind, bald; physisch im Körper erleben wir es sieben- bis achtmal später. Wenn Sie das Kind seelenhaft erziehen, das Seelenhafte im 4., 5. Lebensjahr so geltend machen, daß das Kind es aufgenommen hat und sein Seelenleben unter dem Einflusse steht, so kommt dieses zum Beispiel im 8. Lebensjahr zum Vorschein. Die Leute sehen noch darauf, daß man im 4., 5. Lebensjahr das nicht beibringt, was es nicht gesund macht im 8., 9. Lebensjahr. Die Seelenwirkung zeigt sich im 8., im 7. Lebensjahr. Die körperliche Wirkung zeigt sich – weil sich der Körper emanzipiert – langsamer, zeigt sich sieben- bis achtmal später. Für die seelische Entwickelung zeigen sich die Früchte eines Einflusses aus dem 5. Lebensjahr im 8. Lebensjahr; im Körper zeigen sie sich nach 35 Jahren, nach einer Zeit, die siebenmal größer ist. 5 mal 7 ist 35. So daß Krankheitserscheinungen, die auftreten infolge einer falschen, durch Spielen bewirkten seelischen Einwirkung im 3., 4. Lebensjahr, im Beginne der Vierziger- oder Ende der Dreißigerjahre auftreten." (GA 309/1972/14.04.1924/S.39)

Entwicklungsstörungen des modernen Kindes

Die veränderte Lebenswelt heutiger Kinder – Veränderungen in den sozialen Verhältnissen, Hektik, Sinnesüberreizung, verkehrsüberladene Großstädte, Technisierung des Alltagslebens, der Einfluß audiovisueller Medien und die Schallkulisse von Walkman und Kassettenrecorder – hat dazu geführt, daß die Kinder immer weniger echte, menschlich-sinnvolle Vorbilder erleben und immer weniger Gelegenheiten zur Nachahmung haben. Vieles, was früher durch menschliche Arbeit und Anstrengung geleistet wurde, übernimmt heute die Maschine, von dem Auto oder der Waschmaschine bis zum Handmixer. Dies soll keineswegs ein Appell zur Rückkehr in vortechnische Zeiten sein, aber die weitgehende Technisierung aller Lebensbereiche hat nun einmal ihre Folgen, und es sind schwerwiegende für die Kinder. Sie bekommen wenig Anregungen zur Willensentfaltung, was sich durch die weitgehende Bewegungsarmut und Sinnesschwächung noch verschärft. Wo können Kinder heute noch ausgelassen toben, spielen, auf Bäume klettern, balancieren, Matsch oder taubenäßte Wiesen unter ihren Füßen spüren, einen Fluß aufstauen, Schlittenfahren? Um die Jahrhundertwende, so berichtet Peter Struck (vgl. Struck, S.19), beherrschten Kinder etwa 100 verschiedene Spiele im Freien, heute im Schnitt nur noch 5. Man hat festgestellt, daß Kinder, die schlecht rückwärtsgehen können, auch schlecht rückwärtszählen können; sie sind rechenschwach. Die zunehmende Rechenschwäche, Dyskalkulie, ist Folge des Mangels an Bewegungs- und Sinneserfahrung. In vielen Vor- und Grundschulen werden Kinder mit Wahrnehmungsdefiziten und Koordinationsproblemen durch ein speziell entwickeltes psychomotorisches Extraturnen behandelt, um diese Schwächen auszugleichen. Struck berichtet, daß vielen 6jährigen Kindern heute die körperliche Reife für die Einschulung fehle, weil bei ihnen das Zusammenspiel der Sinne aus dem Gleichgewicht geraten sei.

Ebenso hat die Zahl hyperaktiver und aufmerksamkeitsgestörter Kinder im vergangenen Jahrzehnt erschreckend zugenommen. Motorische Unruhe, instabile Körperhaltung oder das Unvermögen, längere Zeit in der gleichen Körperhaltung zu verweilen, sind ebenso auffällige Symptome wie Plumpheit der Bewegungen und fehlende Koordination und Präzision der Bewegungsabläufe überhaupt. Diese Erscheinungen bewertet Kranich folgendermaßen:

„Das Kind kommt nicht dazu, durch Überwindung der Schwere in sich zu ruhen, d.h. mit seinem Ich den Leib richtig zu durchdringen. In seiner Willensorganisation vibrieren unentwegt innere Erregungen. So ist es unfähig, sich ruhig den Eindrücken aus seiner Umgebung hinzugeben und an ihnen zu lernen. Es leidet unter vermehrter Ablenkbarkeit, Aufmerksamkeitsschwäche, Konzentrationsmangel, Irritierbarkeit, emotioneller Labilität und niedriger Frustrationstoleranz. Damit ist aber seine Lernfähigkeit untergraben.“ (Kranich 1993, S.72)

Auch die Sprachentwicklung vieler heutiger Kinder ist erheblich gestört. Dies hängt zum Großteil mit dem Fernsehen zusammen. Seit dessen Einführung ist das Vorlesen der Eltern deutlich zurückgegangen. Abendliches Fernsehen als Ersatz für die Gutenachtgeschichte und Einschlafrituale wird von vielen Eltern sogar begrüßt – vermutlich, weil es bequemer ist. Je mehr aber das Fernsehen zwischenmenschliche Kommunikation ersetzt, desto weniger entwickeln sich die Sprache und damit wesentliche Voraussetzungen für das soziale Lernen. Gleichzeitig ist ein deutlicher Rückgang der Lesebereitschaft und ein Wandel in der Lesekultur zu beobachten. Comichefte oder Begleitcomics zu Fernsehserien wie „Batman“, „Garfield“ oder „Alf“ haben das Buch bei vielen Grundschülern längst verdrängt. Gegenüber den Bildern hat die reduzierte Sprache, die oft nur aus Floskeln und Kraftausdrücken besteht, hier lediglich unterstützende Funktion. Ein Zusammenhang der Sprachentwicklung mit Aggression und Gewalt ist dabei offensichtlich. Struck schreibt dazu:

„Kinder, mit denen nur wenig gesprochen wird, weil sie als Einzelkinder einsam sind, weil sie unerwünscht sind oder stören, versuchen zunächst schnell zu sprechen. Wenn sie dann aber immer noch nicht genügend Aufmerksamkeit und Ansprache finden, weichen sie auf deftigere Ein-Wort-Sätze aus, die in Richtung Fäkaliensprache gehen, weil sie glauben, damit deutlicher zu werden, mehr Beachtung zu finden. Wenn sich die aber dann immer noch nicht ausreichend einstellt, unterstützen sie ihre Botschaften mit Knuffen und Schlägen, immer in der Hoffnung auf das Erreichen des Inneren der Mutter oder anderer Bezugspersonen. Und dabei gewöhnen sie sich dann rasch an die Unterstützung des Verbalen durch die Körpersprache. Sie werden in Bezug auf Mimik, Gestik und Gewalt in der Kommunikation einfallsreicher als Kinder aus etablierten Sprachmilieus, letztlich vernachlässigen sie sogar die Weiterentwicklung ihrer verbalen Kompetenz zugunsten des Nonverbalen. Ein geringer Wortschatz, unvollständige Kurzsätze und das Trainieren der Körpersignale und der Unterstützung durch Hände bzw. Fäuste sowie der Füße sind dann die gewaltreichen Folgen einer defizitären Interaktionskultur. Von der komplizierten Tagesschau-Sprache des Fernsehens bleiben sie dann weitgehend abgekoppelt, ebenso von der Mittel- und Oberschichtsprache der Lehrer. Um so mehr verfallen sie in der Folge optischen Signalen, so daß sie das den Spielfilm oder die Kriegsberichterstattung des Fernsehens begleitende und vielfach relativierende Wort kaum wahrnehmen und schon gar nicht recht verstehen können. Die gewaltreiche Körpersprache von Bud Spencer-Filmen wird auf diese Weise modellhaft für ihr Imitationslernen, sie dient dem Ausbau ihrer gewaltreichen Möglichkeiten.“ (Struck, S.21)

Die Bedeutung des Spielzeugs

Das Spiel nimmt im Leben des Kindes einen großen Stellenwert ein und ist von großer Bedeutung für die Ausbildung vieler wichtiger Fähigkeiten: differenziertes Wahrnehmungsvermögen, feinmotorische Geschicklichkeit, Phantasie-

und Vorstellungstätigkeit, Sozialverhalten. Daher ist es wichtig, daß ein geeignetes Spielzeugangebot der Entwicklung dieser Fähigkeiten entgegenkommt. Hier klafft das, was Kinder zur Förderung ihrer Seelenkräfte an Spielzeug brauchen, und das, was der Spielzeugmarkt heute bietet, weit auseinander. Grundsätzlich gilt, daß solches Spielzeug anregend wirkt, das dem Kind viele Gestaltungs- und Verwandlungsmöglichkeiten bietet und die Tätigkeit nicht von vornherein einschränkt. Je mehr das Kind aus seiner eigenen schöpferischen Phantasie heraus tätig sein kann, desto besser. Gegenüber der dominierenden Verwendung von Plastikspielzeug wirkt sich die Einbeziehung verschiedenster Naturmaterialien fördernd aus, denn die wechselhaften Farben, Formen und Strukturen von Holz, Zapfen, Muscheln, Kastanien usw. sprechen die sich noch ausbildende Sinnestätigkeit des Kindes in vielfältigster Weise an. Ebenso bieten unregelmäßige Hölzer und Klötzchen von dicken Ästen oder kleinen Baumstämmen viel mehr Möglichkeiten als geometrisch exakt geformte Würfel, die durch ihre Gleichförmigkeit in ihrer Verwendung stark vorgeprägt sind. Soll aus unregelmäßigen Hölzern ein Haus gebaut werden, ein Turm oder eine Brücke entstehen, muß das Kind immer wieder neu das Material erproben, aussuchen, Gleichgewichte schaffen. Das Vorstellen des Kindes wird durch Spielzeug dieser Art, das in seinen Formen nicht bis ins Detail, sondern nur andeutend ausgestaltet ist, nicht auf die fertige Endform fixiert und dadurch fest und starr, sondern stets im lebendigen Prozeß und in innerer Beweglichkeit gehalten.

Am Beispiel der „schönen Puppe“ schildert Steiner bereits in seiner ersten pädagogischen Schrift aus dem Jahre 1907, worauf es bei der Auswahl des Spielzeugs ankommt. Während die „schöne Puppe“ in ihrer naturalistischen Wiedergabe des Menschen so vollkommen ist, daß sie der Phantasie keinen Spielraum mehr bietet, muß das Kind bei einer denkbar einfachen Puppe selbst ergänzen, was diese einmal zum König, ein andermal zur Bäuerin werden läßt. „Diese Arbeit der Phantasie wirkt bildend auf die Formen des Gehirns.“ (GA 34/1960/S.325; Einzelausgabe/1978/S.23)

In den Jahren nach der Begründung der Waldorfschule 1919 kommt er immer wieder auf dieses Beispiel, das auch exemplarisch für anderes Spielzeug steht, zurück. Dieses sah Steiner bereits damals als derart ungeeignet an, daß er sich in einem pädagogischen Vortrag im Jahre 1923 mit Bezug auf die Abschaffung der Prügelstrafe veranlaßt sah, in drastischen Worten darauf hinzuweisen, daß durch ungeeignetes Spielzeug eine „innere Prügelei“ in die Kindererziehung eingezogen sei, „eine Prügelei, von der man sich allerdings keine Vorstellung macht, weil man heute eben allzuwenig auf den Geist hin orientiert ist“. (GA 307/1973/10.08.1923/S.113)

Der leitende Gesichtspunkt ist auch hier der Einfluß der kindlichen Erlebnisse auf die Formbildung der Organe:

„Wenn Sie dem Kinde eine sogenannte schöne Puppe geben [...], wenn Sie dem Kind dieses künstlerisch angeschaut, furchtbar scheußliche Gespenst übergeben, dann wirken die Kräfte aus dem rhythmischen System herauf, diese plastischen Kräfte, die vom Atmungs- und Blutsystem das Gehirnsystem gestalten, fortwährend wie Peitschenhiebe: das alles, was das Kind noch nicht verstehen kann, das peitscht herauf in das Gehirn. Das Gehirn wird gründlich durchgepeitscht, durchgeprügelt in einer furchtbaren Art. Das ist das Geheimnis der schönen Puppe. Das ist aber auch das Geheimnis des kindlichen Spiellebens in vieler Beziehung." (ebd./S.115)

Demgegenüber wirke selbst die primitivste Andeutung einer Puppe, z.B. aus einem Taschentuch geknotet, in positiver Weise bildend:

„Und wenn Sie dem Kinde die Puppe aus dem Taschentuch geben, dann gehen die Kräfte, die aus dem menschlichen Organismus plastisch bildend in das Gehirn heraufgehen, die namentlich aus dem rhythmischen System, aus Atmung und Blutzirkulation das Gehirn ausbilden, sanft in das Gehirn. Sie bilden das kindliche Gehirn so, wie ein Bildhauer arbeitet, der mit biegsamer, leicht beweglicher, durchgeistigter, beseelter Hand den bildhauerischen Stoff bearbeitet: da geht alles in Bildsamkeit und in organischer Entwickelung vor sich." (ebd.)

Diese krassen Worte mögen auf den ersten Blick vielleicht befremden, zumal die angedeuteten Wirkungen sich der äußeren Beobachtung entziehen und Eltern sich in ihrer Meinung gerne davon leiten lassen, ob die Kinder ein bestimmtes Spielzeug mögen oder nicht. Berücksichtigt man aber, daß beim Kind jede Sinneserfahrung, jedes Empfinden und Fühlen immer an die körperliche Entwikklung gebunden ist, wird es verständlich, daß auch die durch das Spielzeug vermittelten Eindrücke, wie andere Erlebnisse auch, sich in – wenn auch nicht groben, so doch feinen – Wirkungen bis in die Ausbildung der Organe fortsetzen.

Heute heißt die „schöne Puppe" „Barbie". Fast 90 % der von Werner Glogauer befragten 6- bis 8jährigen Mädchen besitzen die Serie (Glogauer, S.95 ff.). War die ursprüngliche „Barbie"-Familie vor 15 Jahren mit nur wenigen Kleidungsstücken für Barbie, den Mann und zwei Kinder ausgestattet, ist die Serie heute inzwischen zu einer Wohlstands- und Konsumwelt angewachsen. Das kaum noch überschaubare Zubehör reicht von Pferd, Kutsche, Campingbus, einem Porsche bis zu einer Fülle von extravaganten, teils luxuriösen Kleidungs- und sonstigen Gegenständen. Viele Kinder fühlen sich, wie in einer vor kurzem ausgestrahlten Fernsehsendung zum Thema Spielzeug berichtet wurde, trotzt des reichhaltigen „Barbie"-Repertoires – oder vielleicht gerade deswegen – keineswegs zum Spielen angeregt. Die Puppen würden einfach gesammelt und stünden dann mitunter zu mehreren Dutzenden im Regal. Dessen ungeachtet verstehen es die Werbemanager, immer neue Bedürfnisse zu wecken: In ihrem neuesten Fernseh-Werbespot präsentieren die Firmen McDonald's und Martell „Ladies und Limousinen“: „Eine von vier 'Barbies' oder eines von vier 'Hotwheels' gibt's jetzt mit jeder Juniortüte von McDonald's!“[5]

Das Spielverhalten der Kinder hat sich unter dem Einfluß der Medien stark verändert, sowohl hinsichtlich der Auswahl des Spielzeugs als auch des entsprechenden Verhaltens im Umgang damit. Nicht im Interesse der Kinder, sondern allein nach dem Kriterium der Profitmaximierung ist in den letzten Jahren das Angebot von Spielzeugserien und Medien im Verbund, „die multimediale Vermarktung besonders von Fernsehstoffen“ (Glogauer, S.94), für die Zielgruppe der Kinder und Jugendlichen ständig gestiegen.

„Ausgenutzt wird dabei das kaum zu befriedigende Bedürfnis der Kinder nach Wiederholung bekannter Themen, Figuren, Helden und Muster. Gezielt werden alle Sinne des Kindes angesprochen, also eine ganzheitliche Beeinflussung angestrebt. Dem Auge wird eine bunte Vielfalt an Einzelartikeln zum gleichen Thema und zum einzelnen 'Helden' geboten; für den auditiven Bereich Kassetten, für den Tastsinn und das Aktionsbedürfnis die Kuscheltiere und Spielfiguren, für den Geschmacksinn Kaugummi, Eis u.a. Außerdem werden Gegenstände und Sachen mit dem Thema, der Figur besetzt, die das Kind tagtäglich braucht: Pullover, T-Shirts, Sportartikel, Schulranzen, Mäppchen, Bleistifte, Haarspangen usw. Kein Bedürfnisbereich bleibt ausgespart.“ (Glogauer, S.94)

Die meisten Spielzeugserien, mit denen Kinder bevorzugt spielen, sind dementsprechend aus Fernsehserien, Kinofilmen oder Hörspielkassetten hervorgegangen. Auf diese Weise dringen die Medieninhalte auch in das Spielverhalten ein. Das ist gewollt, denn die meist schrecklichen, monströsen Plastikfiguren sind gerade dazu geschaffen, die unter Einsatz modernster Waffen ausgetragenen Gewalthandlungen der Medien-„Helden“ im Spiel zu imitieren. Die Schnellebigkeit des Marktes ist dabei kaum zu verfolgen. Vor einigen Jahren waren es noch die Plastikfiguren zur Serie „Masters of the Universe“ oder „Transformers“, die nach der Untersuchung von Glogauer fast jeder zweite Junge besitzt. Letztere sind autoähnliche Fahrzeuge, die sich mittels Knopfdruck in waffentragende Gestalten verwandeln können.

Die Fantasy-Welt der „Masters“-Figuren ist eine Mischung aus Mythos, ritterlicher Welt und Science-fiction. Die Handlung spielt irgendwo im Universum.

---

5. Nach der Fernsehwerbung vom 03.09.1995.

Der unüberwindbare „He-Man“, Beschützer aller Guten, befindet sich in ständigem Kampf mit dem knochigen „Skeletor“, der Verkörperung des Bösen, der von seinem Stützpunkt aus Angst und Schrecken im Universum verbreitet. Die kraftstrotzenden Helden sind von weiteren Ausgeburten der Häßlichkeit, Mischwesen und grausamen Monstern, umgeben. Alle sind sie mit verheerenden Waffen ausgerüstet; mit Raumschiffen und Sturmfahrzeugen gehen sie von Kampfstationen aus kriegerisch und aggressiv gegeneinander los. Bizarres Aussehen, knallige Farben und bewegliche Teile üben eine zusätzliche Faszination auf die Kinder aus.

Heute sind sie von den „Power Rangers“ abgelöst, die in der Actionserie auch mit Karate-Action gegen alle möglichen Monster und Zwitterwesen antreten. Die Serie erregte bei den Erwachsenen dadurch Aufsehen, weil es, wie mir berichtet wurde, immer wieder vorgekommen sei, daß Kinder zu spät zum Kindergarten oder zur Schule gekommen wären, weil sie erst noch „Power Rangers“ zu Ende sehen müßten. Heute läuft die Serie samstags gegen 9.30 Uhr.

In den Werbeblöcken des Kinderprogramms wird auch für „Action Man“ geworben, „The greatest hero of the world“. Untermalt von aufpeitschender Rockmusik und dem Geräusch von Maschinengewehrfeuer hämmert eine spannungsgeladene, fiebernd-hastige Stimme auf den Zuschauer ein: „Action Man-Laser Force entdeckt das Hauptquartier von Dr. X. Er installiert den Sprengstoffrucksack und aktiviert die Laserkanone. Dr. X hat keine Chance. Action Man – cool – genial – Action total!“[6]

Im reißerisch aufgemachten Werbespot werden die entsprechenden Figuren unter Zuhilfenahme moderner Tricktechnik in bedrohlicher Action gezeigt. Eine menschliche Hand heftet den Plastik-„Sprengstoffrucksack“ an eine Wand, er wird vom Fadenkreuz (Großaufnahme) der Laserkanone erfaßt, ein Zeigefinger klappt Action Mans Schutzbrille herunter, und schon feuert ein mächtiger Laserstrahl aus der Plastikkanone – was diese in Wirklichkeit natürlich nicht vermag. Noch sieht man Dr. X lila leuchtende Laserstrahlen aus seinen Augen senden, und schon stürzt seine x-förmige Hochburg unter dem gewaltigen Getöse der Explosion zusammen. Atemberaubt wird so manches Kind danach fiebern, dieses „Spielzeug“ zu besitzen, um dann hinterher enttäuscht festzustellen, das es alles das, was es gesehen hat, gar nicht kann.

Soeben kommen auch die „Originalfiguren“ zum Kinofilm „Batman Forever“ auf den Markt, gerüstet „für den Kampf ohne Gnade für den Sieg der Gerechtigkeit. – Batman Forever! An seiner Seite bist du stark!“[7]

6., 7. Nach der Fernsehwerbung vom 03.09.1995.

Die einzelnen Werbespots prasseln im Laufe des Frühprogramms 3- bis 4mal nacheinander auf die zusehenden Kinder ein. Diese Karikaturen werden die verehrten Vorbilder und ersten Lehrer „sozialen Verhaltens“ für die Kinder!

Über ein Horrorszenario im Kinderzimmer berichtet Glogauer folgendes:

„In Italien kam vor drei Jahren ‘Ein Außerirdischer zum Sezieren’ auf den Markt, ein Plastikmonster zum Ausweiden mit nachgebildeten inneren Organen und einem Skalpell, mit dem Schnitte am Hals und durch die Mitte des Bauches, gefüllt mit grünem Blut (zum Nachfüllen), gemacht, aus dem die numerierten Eingeweide, Herz, Leber, Milz, Lunge usw. herausgenommen und wieder eingesetzt werden können. Der *Corriere della Sera* berichtete über einen Vorfall in dem norditalienischen Provinzstädtchen Rovereto, bei dem ein Vierjähriger schon dazu angesetzt hatte, seine zweijährige Schwester mit einem Messer aufzuschneiden. Er wollte nachsehen, was sie drinnen hat. Die herbeieilenden Eltern konnten die Attacke des Vierjährigen gerade noch verhindern. Er hatte das ‘Spielzeug’ vom Weihnachtsmann bekommen. Im Horrorangebot befand sich damals außerdem ein Bausatz zum Entfleischen von Ungeheuern. Ein kleines Plastikskelett muß zusammengesetzt und mit Plastik-Monsterfleisch aus einem mitgelieferten Topf versehen werden. Dazu ein ‘Monster-Vernichtungsbad’, in dem sich das Fleisch in Fetzen vom Skelett löst. Die Reste können zu einer Kugel geformt und irgendwo hingeworfen werden, wo sie wie ein Kaugummi hängen bleiben. Kinder, die diese Vorschule des Horrors durchlaufen haben, werden besonders empfänglich für Horrorvideos der schlimmsten Art sein.“ (Glogauer, S.98)

Auch die sowohl bei Jungen als auch Mädchen beliebten Brettspiele sind in ihrer Thematik zunehmend von Fantasy- und Actionserien und -filmen beeinflußt. Dämonen, Monsterfiguren, Meuchelmörder und andere Krieger liefern sich verschiedenste Kämpfe und Schlachten; Gewalt, Heimtücke und Vergeltung sind mit im Spiel. In dem Brettspiel „Das schwarze Auge“ geht es z.B. darum, den Bösen „Nemesis“ mit Feuer und Schwert zu vernichten, zahllose Gefangene werden dabei ermordet. Das Spiel „Risiko“ hat einen Weltkrieg von Armeen auf dem Spielbrett zum Thema, und im „Cosa Nostra“-Spiel wird das Umbringen von Mafia-Mitgliedern verharmlosend als „aus der Stadt weisen“ bezeichnet. „Rainer Kortes hat beobachtet, daß manche jugendlichen Spieler durch solche Spiele emotional aufgeheizt werden, der Realität entrückt sind und das kriegerische gewalttätige Verhalten imitieren.“ (ebd., S.103)

Der Einsatz von Technik als Machtmittel, die lebensfremde Polarisierung von Gut und Böse, Freunden und Feinden und die stereotypen primitiven Handlungsmuster sowohl im Film als auch im nachahmenden Spiel führen die Kinder in eine Welt, die es in der Realität nicht gibt, und wirken der Ausbildung sozialer

Fähigkeiten wie Verständnis- und Kooperationsbereitschaft, Rücksichtnahme, kompromißbereites, besonnenes Handeln und differenziertes Urteilen diametral entgegen – von dem nur zu erahnenden Einfluß auf die Organbildungsprozesse ganz zu schweigen! Die Ergebnisse der Medienwirkungsforschung sowie die tagtäglichen Beobachtungen von Kindergärtnerinnen und Lehrern weisen im Einklang mit Studien über den Einfluß der Spielzeugstruktur auf das Phantasiespiel der 3- bis 6jährigen Kinder unbestreitbar darauf hin, daß es durch Spielzeug dieser Art zu einer „Aufnahme der aggressiven Handlungen in das eigene Verhaltensrepertoire und ihre[r] Anwendung in realen Situationen des Lebens" komme. Die aggressiven Modelle wirkten zudem enthemmend und unterminierten moralische Barrieren (vgl. Glogauer, S.99).

12 von 13 Studien in den USA über die Auswirkungen des Spielens mit Spielzeuggewehren und anderem Kriegsgerät hätten ebenfalls ein auffallendes Ansteigen antisozialen Verhaltens bei Kindern festgestellt, wie z.B. treten, schlagen, anderen in den Haaren reißen usw. (ebd.).

Angesichts des vielfach kinderfeindlichen Spielzeugmarktes – anders kann man es nicht nennen – sind Eltern heute um so mehr dazu aufgerufen, sich bewußt damit auseinanderzusetzen, was Kinder in ihrer Entwicklung hemmt oder fördert, und Entscheidungen nicht denen zu überlassen, die in den Kindern nur gewinnbringende Absatzmärkte sehen. Gewalt bei Kindern geht eben auch auf diese Weise, durch ungeeignetes Spielzeug, Gewalt an Kindern voraus.

Gewalt und Aggression und die audiovisuellen Medien

Diese Ausführungen können nicht beendet werden, ohne mit einigen Bemerkungen auf die verheerende Wirkung des Fernsehens im Kindesalter einzugehen, denn die Tatsache, daß persönliche Bindung und zwischenmenschliche Kommunikation bereits im frühen Kindesalter immer häufiger durch Konsum der Bildschirmmedien ersetzt werden, stellt ein Problem dar, dessen Ausmaße von vielen immer noch nicht erkannt werden. Wir sollten einmal darüber nachdenken, welche Rolle das Fernsehen in unserer eigenen Kindheit spielte und wie es für heutige Kinder aussieht. Die eigentliche Fernsehgeneration wächst erst noch heran – es sind die heutigen Kindergartenkinder!

Die eingangs zitierten Zahlen belegen die gestiegene Nutzung der audiovisuellen Medien im Kindesalter und brauchen hier nicht noch einmal wiederholt zu werden. Für niemanden, der sich – ohne gezielte Interessengruppen zu vertreten – kritisch mit diesen Fragen auseinandersetzt, besteht ein Zweifel daran, daß Kinder, je mehr sie diesen Medien ausgesetzt sind, um so mehr auch aggressive und zu Gewalt neigende Verhaltensmuster entwickeln. Die schädlichen Wirkungen der Bildschirmmedien lassen sich aber erst voll ermessen, wenn man sie im Hinblick auf die Entwicklungsbedingungen des Kindes untersucht.

Zur Erinnerung: Das Kind lebt in umfassender Hingabe an die Welt, von der es sich noch nicht zu unterscheiden vermag, es ist ganz Sinnesorgan, verfügt nicht über Abstraktionsvermögen und gedankliche Reflexion; alles Wahrnehmen, Erleben und Verstehen entwickelt sich immer im Zusammenhang; dabei ist die vorherrschende Seelenkraft der Wille, der sich in Aktivität und Bewegungsdrang äußert und sich dabei nachahmend an den Vorbildern der Umgebung orientiert. In sämtliche Bereiche dieser seelisch-geistigen und körperlichen Entwicklung greifen Fernsehen, Video und Computerspiele schädigend ein, und zwar in dreifacher Hinsicht:

1. *Unabhängig von dem Inhalt der Sendungen gehen technisch bedingte, medienspezifische Wirkungen vom Bildschirm aus, die schon an sich aggressives Verhalten erzeugen.*

Das Medium versetzt das Kind in völlige äußere und innere Passivität. Die künstliche Unterdrückung der Willenskräfte führt über kurz oder lang zu einem Bewegungsstau, der sich in aggressivem Verhalten entlädt: „Wenn ich zu lange fernsehe, Sonntagmorgen z.B., flippe ich nachher aus und weiß nicht, wohin mit meiner Kraft“, so ein 9jähriger Junge (zit. nach Glogauer, S.20). Die meist ungesunde Körperhaltung über viele Stunden führt zu Haltungsschäden und einer Störung der gesamten vom Willen getragenen Aufrichte- und Bewegungsorganisation.

Gleichzeitig werden die Sinneswahrnehmungen auf ein Minimum reduziert. Das Medium spricht nur – und das noch in künstlicher Weise – den Seh- und Gehörsinn an, während das Kind zur Ausbildung seiner Wahrnehmungsfähigkeit auf möglichst vielfältige und differenzierte Sinneseindrücke angewiesen ist.

Seh- und Gehörsinn können sich zudem nicht richtig entwickeln, da kein räumliches Erleben möglich ist und Tiefensehen und -hören entfallen. Die Augenmuskeln verfallen in Untätigkeit, da sie dem von der Bildröhre erzeugten, schnell über den Bildschirm jagenden Leuchtpunkt nicht fixieren können. Der Kathodenstrahl der Bildröhre projiziert in riesiger Geschwindigkeit nacheinander verschiedene Helligkeitswerte auf das Punkteraster der Mattscheibe (eine halbe Million Punkte in 1/25 Sekunde), die aufgrund der Trägheit des menschlichen Auges für den Betrachter zu einem scheinbaren Bild verschmelzen – in Wahrheit ist nie auch nur ein einziges Bild auf der Mattscheibe vorhanden! Man lebt in der Illusion, als sähe man Bilder, wo in Wirklichkeit keine sind.

Somit verurteilt Fernsehen den Menschen rein physiologisch bedingt zum Starren, ob er will oder nicht. Das aber bedeutet, daß der Wille im Wahrnehmen künstlich unterdrückt wird, was immer einer Ichschwächung gleichkommt.

Fernsehen kommt dem natürlichen Bedürfnis des Kindes nach Bildern entgegen. Da aber beim Fernsehen im Unterschied zum Erzählen alles vorgegeben ist, braucht das Kind seine Phantasie gar nicht zu betätigen. In der Phantasiefähigkeit lebt wiederum der Wille. So führt Fernsehen zu einer erheblichen Schwächung des Willens und der Phantasie, die schließlich irgendwann ganz verkümmert.

Auch die Lernfähigkeit des Kindes, das Verstehen, wird untergraben. Das Kind lernt Sinnzusammenhänge durch Anschauung und aktive Beobachtung zu erfassen. Das Bildschirmgeschehen aber schließt wegen der schnell wechselnden Kameraeinstellungen jegliche ruhige, von innen geführte Beobachtung völlig aus. Das menschliche Auge kann in einer Sekunde drei Punkte fixieren, und es dauert etwa 6 bis 7 Sekunden, bis ein unbewegliches Bild durchmustert und erfaßt wird. Das allein bedingt, daß die schnell wechselnden Bildfolgen überhaupt nicht bewußt erfaßt werden können. Für das Kind hat das immer schlimmere Folgen als für den Erwachsenen.

Man hat festgestellt, daß es Kindern, die viel fernsehen, schwerfällt, lange bei einem Gegenstand zu verweilen; sie sind vom Fernsehen einen ständigen Wechsel gewöhnt und leiden an erheblicher Aufmerksamkeitsschwäche. Salomon spricht in diesem Zusammenhang von der „Zerhackung der Aufmerksamkeit“ (siehe Buddemeier 1987, S.192).

Tele- und Zoomeinstellungen, Zeitraffer oder zeitversetzte Szenen in Rückblende erfordern zudem ein Abstraktionsvermögen, das das Kind noch nicht zur Verfügung hat. Es kommt nicht zum Verstehen, schaltet einfach ab und läßt sich berieseln. Die innere Aufmerksamkeit und Interessefähigkeit, d.h. wichtigste Voraussetzungen allen Lernens, werden abgestumpft.

Fernsehen findet mit herabgedämpftem Bewußtsein statt. Nach dem sogenannten Emery-Report – nach den Untersuchungen der australischen Psychologen und Hirnforscher Merrelyn und Fred Emery – gehen vom Fernsehbild Wirkungen aus, die dazu führen, daß die linke Gehirnhälfte ihre Tätigkeit einstellt, das Fernsehen demnach nur mit der rechten Gehirnhälfte aufgenommen und verarbeitet wird. Die linke Gehirnhälfte „ist das Zentrum der Logik, der logischen zwischenmenschlichen Kommunikation und Analyse, der Integration sensorischer Komponenten und des Gedächtnisses, die Basis der bewußten, zweckbestimmten, zeitunabhängigen Fähigkeiten und Handlungen des Menschen“ (zit. nach Buddemeier 1993, S.48 f.). In der rechten Gehirnhälfte finden dagegen diejenigen Prozesse statt, die mit Träumen, Gefühl und Phantasie zu tun haben.

Messungen der Gehirnwellen haben diese Erkenntnis bestätigt. Danach verlangsamen sich – völlig unabhängig von dem Inhalt der Sendungen – die Gehirnwellen, sobald der Blick auf das Fernsehbild gerichtet wird. Die dem Wachbewußtsein normalerweise entsprechenden schnellen Betawellen werden durch die langsameren Alphawellen und Deltawellen ersetzt, die wir sonst nur von den Vorformen des Schlafes kennen. Das Wachbewußtsein wird durch einen tranceähnlichen, unnatürlichen Bewußtseinszustand ersetzt, was wiederum nichts anderes als eine Willens- und Ichschwächung darstellt. „Fernsehen findet auf der Ebene des Schlafwandelns statt", so im Report wörtlich (ebd.).

2. Der übermäßige Konsum gewaltdarstellender und -verherrlichender Sendungen fördert direkt aggressives und gewalttätiges Verhalten. Die am Bildschirm erlebten „Vorbilder" werden in das nachahmende Spiel übernommen.

Das Fernsehprogramm für Kinder beginnt morgens zu einer Zeit, in der viele Eltern noch schlafen. Was hier vor allem durch die privaten Sender auf die Kinder einstürmt, ist eine Vergewaltigung der kindlichen Seele! Das Programm ist voll von Action- und Science-fiction-Filmen und -Serien aller möglichen Art, von „Karate-Kid", „Mad Mission", „Solo für U.N.C.L.E." bis zu „Highlander" und anderen. Aber auch die so harmlos mit „Zeichentrickserien" angekündigten Sendungen bringen zu einem sehr großen Teil Horror, Action und Science-fiction.

Videoclips (das sind oft nur eine Minute dauernde Kurzfilme, die einen bekannten Pophit bebildern) leiten ohne jede Pause übergangslos von einem Trickfilm zum nächsten über. Vorschulkinder sind oft nicht fähig zu begreifen, wann eine Geschichte zu Ende ist. Die mit rasender Geschwindigkeit, teils in Bruchteilen von Sekunden aufeinanderfolgenden „Bilder" kann auch kein Erwachsener erfassen. Die wechselnden Einstellungen sind völlig aus dem Zusammenhang gerissen und nach Kriterien zusammengestellt, die sich dem Urteil des Betrachters entziehen.

Unter derartigen, nur die Emotion aufpeitschenden Eindrücken vermag das Kind weder aufmerksam zu betrachten, geschweige denn dem Wahrgenommenen entsprechende Vorstellungen zu bilden. Das gilt nicht nur für die Videoclips, sondern für die bekannte Schnelligkeit des Mediums schlechthin. Was das Kind aus seiner natürlichen Anlage heraus im Zusammenhang entwickeln muß – das Vorstellen im Prozeß des Wahrnehmens –, wird hier nicht nur auseinandergerissen, sondern jedem willentlichen Zugriff entzogen.

„In diesen Zusammenhang gehört auch die Beobachtung von Collins [...], daß Vorschulkinder wegen der Schnelligkeit des Mediums bei der Darstellung von Gewalt nur den Gewaltakt selbst erinnern, sich jedoch über die Ursachen, die im Rahmen der Handlung zu Aggressionen führen, überhaupt nicht bewußt sind." (zit. nach Buddemeier 1987, S.193)

Was bleibt, sind die ständig wechselnden, extremen Eindrücke auf das Gefühl und das Gemüt. Mit den „Geschichten aus der Gruft" oder den Kämpfen von „Biker Mice from Mars" gegen grausige Monsterwesen und furchterregende Horrorgestalten – um zwei weitere Beispiele zu nennen – verbinden sich Gefühle stärkster Erregung, Angst, Spannung und Entsetzen. Diese Stimmungen und Gefühle wirken entsprechend auf die Atmung und den Pulsschlag, und unter diesen Einflüssen bilden sich die Organe (man erinnere sich an das Beispiel der Herzneurose).

Hertha Sturm spricht in dem Zusammenhang der überwiegenden Ansprache der Emotion durch das Fernsehen von „emotionalen Streß" und von „Gefühlskonfusion", von denen besonders die Kinder betroffen seien (ebd.).

„Es ist nicht nur die Darstellung von Gewalt, also der Inhalt des Fernsehens, der Kinder aggressiv oder ängstlich macht. Man weiß inzwischen, daß aggressives und hyperaktives Verhalten im Kindergartenalter als Folge von Erregung auftritt, die durch die formalen Angebotsweisen von Action-Programmen wie durch Werbeprogramme hervorgerufen werden [...].

In entsprechender Weise können Kinder durch laute Musik erregt werden. Sie setzen diese Erregung in eine der wenigen Antworten um, die einem Vorschulkind zu Gebote stehen, nämlich einen aggressiven Akt." (ebd.)

In seiner neuesten, den großen Zeitschriften (wie z.B. dem *Spiegel*) beigelegten, 28 Seiten umfassenden Werbebroschüre wirbt der Privatsender RTL auf einer Doppelseite unter der Überschrift „Action, Fun & Fantasy" für „Volle Power für die Kids". In drei der sechs vorgestellten Zeichentrickserien – samstags und sonntags zwischen 8.00 und 9.00 Uhr ausgestrahlt, andere beginnen bereits um 5.15 Uhr – geht es nur um Action, Hightech-Power und Gewalt. Ich zitiere aus der Werbung:

„*New Spiderman.* [...] Superheld Peter Parker entwickelt, nachdem er von einer radioaktiv verseuchten Spinne gebissen wurde, ungewöhnliche Fähigkeiten: Als 'Spiderman' nimmt er den Kampf gegen die gefährlichsten *Schurken* des Planetensystems auf. Trotz seiner Power bleibt auch er nicht von alltäglichen Problemen verschont – im Job, bei Mädchen und mit Pickeln.

V.R. Troopers. Eine völlig neue Fernsehwelt für Kids im Cyberspace: Nach den legendären 'Power Rangers' treten nun die drei 'V.R. Troopers' (V.R. = Virtual

Reality) mit 52 Folgen à 25 Minuten zum Dienst an. Ihre fiesen Gegner sind Karl Ziktor und Grimlord. Die beiden wollen ihre unheimliche Macht in die Wirklichkeit tragen und den Weltfrieden stören.

New Ironman. Anthony Stark ist ein schwerreicher Industrieboß. Aber immer, wenn die Menschheit in Gefahr gerät, legt er seine Hightech-Rüstung an und wird damit (vorerst 13mal à 25 Minuten) für seine Gegner fast unschlagbar."

3. *Die Wirklichkeitserfahrung des Kindes wird erheblich beeinträchtigt, indem an die Stelle der realen Welt die künstlich erzeugte Illusion tritt, die das Kind als solche nicht erkennt.*

Einer der wichtigsten Aspekte des Kinderfernsehens ergibt sich aber aus der Besonderheit des kindlichen Bewußtseins. Das kleine Kind vermag Wirklichkeit und visuell dargestellte Fiktion nicht zu unterscheiden. Daher ist für das Kind alles, was es auf dem Bildschirm sieht, immer wirklich! An die Stelle der realen Welt tritt mehr und mehr die Scheinwelt der Bilder. Bedenkt man, wie oft im Film die Naturgesetze außer Kraft gesetzt werden – da kann einer bis zum Hals in den Boden gerammt werden, ohne daß ihm etwas passiert, da wird geschlagen, geschossen, ohne daß es Schmerzen bereitet – dann fragt man sich, wie die Kinder überhaupt einen realitätsbezogenes Verhältnis zur Welt aufbauen sollen.

Fernsehen erzeugt auf diese Weise ein unstimmiges Weltbild. Die Helden der Actionserien und -filme siegen immer, sie sind immer die stärksten oder haben die moderneren, gefährlicheren Waffen. Gut und Böse treten immer als polare Gegensätze auf, und es ist gut, den Bösen „kaltzumachen", koste es, was es wolle. Daß jeder Menschen gute und böse Kräfte in seiner Seele trägt, wird völlig verdeckt. Gewaltnachahmung, fehlendes Unrechtsbewußtsein, Unfähigkeit zur Konfliktlösung, Störungen im Sozialverhalten sind die Folgen.

So haben amerikanische Wissenschaftler schon in den 60er und 70er Jahren Untersuchungen über die Beziehung zwischen dem Fernsehen und der Vorstellung von der sozialen Wirklichkeit in bezug auf Gewalt durchgeführt. Die Ergebnisse haben gezeigt, daß die Antworten sowohl von Kindern als auch Erwachsenen auf Fragen nach der Wahrscheinlichkeit, in Gewalttätigkeiten hineinzugeraten, und nach der Häufigkeit von Gewaltverbrechen bei den Vielsehern wesentlich stärker von der Fernsehwelt und weniger von der Wirklichkeit geprägt sind als die Antworten der Wenigseher. Vielseher sind in viel höherem Maße der Meinung, daß die meisten Menschen nur an sich selbst dächten, andere übervorteilten und nicht vertrauenswürdig seien (vgl. Buddemeier 1987, S.184).

„In einer Untersuchung von Schulkindern wurde gefragt: 'Wie oft ist es richtig, daß du jemanden schlägst, wenn du auf ihn wütend bist? Ist es fast immer richtig oder fast nie?' Es stellte sich heraus, daß die Vielseher öfter als die Wenigseher antworteten, es sei 'fast immer richtig', jemanden zu schlagen." (ebd.)

Die Wirklichkeitserfahrung des Kindes wird schließlich vor allem aber dadurch beeinträchtigt, daß das Kind beim Fernsehen nie ein Geistig-Seelisches, sondern immer nur Maschinell-Technisches erlebt, ohne daß es einen Unterschied zwischen beiden erkennt. Kinder sehen Menschen sich bewegen, sich schlagen, sich lieben und hören sie sprechen. In Wahrheit bewegt sich dort nie ein Mensch, keine menschliche Stimme ertönt und kein menschliches Herz liebt.

Bei jedem Naturerleben verbindet die menschliche Seele sich unmittelbar mit den elementaren Kräften, die dort wirken. Jeder, der sich selbst beobachtet, kann dabei erleben, wie die Seele sich nach außen weitet. Man atmet den Duft des Waldes, sieht den Wechsel der Farben und Formen, spürt die Kühle oder Wärme der Windes, hört das Rascheln des Laubes und kommt in diesem ganzheitlichen Sinneserleben in eine Berührung mit den elementaren Kräften von Licht, Luft und Wärme. Aber man empfindet auch unmittelbar etwas von der besonderen Stimmung, die dort im Walde lebt, die eine ganz andere ist als am Meer oder im Gebirge. Beim Fernsehen entfällt diese Berührung mit den Kräften der Natur. Die Seele bleibt – selbst bei den schönsten Landschaftsaufnahmen – in sich verschlossen und geht keine wesenhafte Verbindung zu dem ein, was sie dort sieht. Die Fernsehbilder reduzieren die Wirklichkeit nicht nur auf die zweidimensionale Fläche, sondern man wird zugleich jedes Wesenhaften, Geistig-Seelischen beraubt. An dessen Stelle setzt sich die tote, kalte Maschine.

Obwohl Pädagogen, Medien- und Erziehungswissenschaftler eindringlich auf die negativen Folgen des Medienkonsums im Kindesalter hinweisen, herrscht bei der überwiegenden Mehrheit der Eltern immer noch ein weitgehend unkritisches Verhalten im Umgang mit Fernsehen, Video und Computerspielen vor. Das Hauptargument, das immer wieder vorgebracht wird, besteht in der Auffassung, daß man den Kindern doch nicht eine heile Welt vormachen solle, indem man diese Medien, die in der heutigen Gesellschaft, auch im Berufsleben, ihren festen Platz hätten, aus dem Leben der Kinder fernhielte; sie müßten die Wirklichkeit erleben und frühzeitig auf den Umgang mit den Medien vorbereitet werden.

Die Dinge werden durch die übliche Argumentation heute so sehr auf den Kopf gestellt, daß man überhaupt nicht bemerkt, daß genau das Gegenteil von dem der Fall ist, was so oft behauptet wird. Das Kind wird gerade *nicht* von der Wirklichkeit ferngehalten, wenn es die Bildschirmwelt meidet! Diese liefert nur eine Fiktion, sie täuscht eine Wirklichkeit vor, die in Wahrheit nicht existiert, und schneidet das Kind gleichzeitig von der realen Welt ab.

Gleichzeitig werden die krankmachenden Einflüsse völlig verdrängt. So geht es nicht darum, dem Kind eine heile Welt zu ermöglichen, sondern es geht darum, das Krankmachende in unserer Welt zu erkennen und entsprechende Konsequenzen daraus zu ziehen, wenn man will, daß in die Kultur, vor allem in die Kindererziehung, heilende Impulse einziehen. Die heute bereits sichtbaren Tendenzen – Entwicklung der Telekommunikation, Virtuelle Welten (Cyberspace), die auch bereits wieder als „Spielzeug" entwickelt sind – bringen nicht nur die Gefahr mit sich, weitere körperliche Gesundheitsschäden zu verursachen, sondern laufen in ihrer Konsequenz darauf hinaus, das schon das kleine Kind in seinem geistig-seelischen Leben und Erleben frühzeitig abgestumpft und korrumpiert wird. Heute gilt es besonders, was eingangs zitiert wurde: „ ... daß die Menschen aber durch den Materialismus ihre ganze Kindheit zuschanden richten und dann überhaupt nicht mehr herankommen können an moralisch-geistige Impulse, das ist das Schlimmste." (GA 309/1972/14.04.1924/S.23)

Ausblick auf die Moralbildung im zweiten Lebensjahrsiebt

In dem zitierten Wortlaut Rudolf Steiners aus dem Vortrag über „Pädagogik und Moral" vom 26.03.1923 hieß es, daß das Kind in seiner leiblichen Organisation wie „in Siegelabdrücken" die moralischen Eindrücke seiner ersten Lebensjahre in sich trage, wenn es schließlich in das schulpflichtige Alter komme. Auf diese Weise käme das Kind „sittlich vorbestimmt" in die Schule, durch geeignete pädagogische Maßnahmen sei es aber in der Schulzeit „in einer gewissen Richtung [...] weiter bestimmbar" (GA 304a/1979/26.03.1923/S.37). Dazu führt Steiner Beispiele an.

Das erste schildert den Fall eines Kindes, das in seiner Umgebung vieles von „unmutigen, vielleicht feigen Taten" (ebd.), von einem Zurückweichen vor dem Leben, Lebensüberdruß und Unzufriedenheit gesehen und empfunden hat. Dadurch sei in ihm die Anlage vorhanden, seine Kräfte nicht so sehr nach außen zu wenden, sondern nach innen zusammenzuziehen. Das Kind habe dadurch etwas in sich, was ein fortwährendes verhaltenes Erblassen bedeute. Wirke man dieser Anlage nicht ausgleichend entgegen, nehme das Kind die Wirkung des Mutlosen, Unenergischen, Feigen und Zweifelnden immer intensiver in sich auf und werde in einer gewissen Weise ebenso. Man könne diese eingeprägte Charakterrichtung aber auch anders orientieren:

„Man kann, was sonst Ängstlichkeit, Mutlosigkeit, Schüchternheit, zu große Schüchternheit vor dem Leben ist, so dirigieren, daß dieselbe Kraft sich ausbildet als Besonnenheit, als Urteilsfähigkeit, wenn man solche Gelegenheiten gerade im schulpflichtigen Alter an das Kind heranbringt, an denen eben Besonnenheit, Urteilsfähigkeit – allerdings für dieses Lebensalter empfindungsgemäß – ausgebildet werden können." (GA 304a/1979/26.03.1923/S.38)

Ebenso könne, ungeführt, eine entsprechende Anlage das Kind zu einem jähzornigen Menschen machen, während sie gut geleitet „den Menschen zu einem kühn vorgehenden, die Lebensaufgaben rasch ergreifenden Menschen" machen könne (ebd./S.39).

„Denn, bestimmt ausgesprochen: es gibt in der kindlichen sittlichen Vorbestimmtheit nichts Schlechtes, das in diesem Lebensalter, wenn man als Erziehender die nötige Einsicht und Energie hat, nicht, wenigstens in den meisten Fällen, auch ins Gute gewendet werden könnte.

Man hat in bezug auf solche Dinge in der heutigen Zeit viel zuwenig Vertrauen in die sittlich-moralischen, seelisch-geistigen Kräfte der menschlichen Wesenheit." (ebd.)

Diese Beispiele zeigen, was konkret am Kind abgelesene Waldorfpädagogik verlangt und welche großen Anforderungen dadurch an den Pädagogen gestellt werden.

Die Ausbildung der moralischen Kräfte im zweiten Jahrsiebt ist an andere Entwicklungsbedingungen geknüpft als im ersten. Im ersten Jahrsiebt lebt das Kind ganz in der unmittelbaren Anschauung der Vorbilder und betätigt sich als Willenswesen. Im zweiten Jahrsiebt entwickelt sich in engem Zusammenhang mit der Sprache vorzugsweise das Gefühls- und Gemütsleben, während die eigene, freie Urteilskraft erst nach der Geschlechtsreife erwacht (vgl. GA 307/1973/ 11.08. und 13.08.1923 und GA 34/1960/S.342 f.; Einzelausgabe/1978/S.37 f.). Für die Pädagogik des zweiten Jahrsiebts gibt Steiner daher den grundsätzlichen Hinweis, daß das Kind seine moralischen Urteile angemessen entwickeln kann, wenn es anhand anschaulich erzählter Bilder in seinem Gefühl und seinem Gemüt Sympathie für das Gute und Antipathie für das Böse und Schlechte empfinden lernt.

„Jetzt muß der erziehende Mensch, der Unterrichtende dastehen als Repräsentant der Weltenordnung. Das Kind muß aus seinem instinktiven Leben heraus einfach durch die Empfindung, die es dem Lehrenden, Erziehenden entgegenbringt, die Welt empfangen in seinen Sympathien und Antipathien, die sich ausbilden zu dem: das ist gut, das ist böse. Es muß die Welt empfangen durch den Menschen." (GA 304a/1979/26.03.1923/S.42)

So wäre es auch in diesem Lebensalter verfehlt, abstrakte Moralbegriffe an das Kind heranzubringen. Vielmehr komme es darauf an, daß man selbst „ein richtiges moralisches Verhältnis zum Kinde" habe und auf dieser Basis Sympathie für das Gute und Antipathie für das Böse „in unmittelbar mitgeteilter Anschauung“ (ebd./S.44), d.h. durch das lebendige Erzählen entsprechender Bilder, entwickeln läßt. Auf dieser Grundlage könne dann, wenn der junge Mensch geschlechtsreif geworden ist, die Freiheit des moralischen Urteils und des eigenen moralischen Handelns erwachen.

„[...] Was der Mensch seelisch-geistig im Kindestraum, im Kindesschlaf hineinlegt aus dem Anblicke seiner Umgebung in die Art und Weise, wie er sich aufrichtet, das fließt als Kräfte zwischen dem Zahnwechsel und der Geschlechtsreife, ich möchte sagen ‘untermenschlich’, ‘unterirdisch’ im Menschen weiter, das wird da nicht bemerkt. Das ist nicht sichtbar in der Zeit, von der ich eben jetzt gesprochen habe [das zweite Jahrsiebt; F.L.]. Das liegt im Kinde und kommt wiederum zum Vorschein gerade mit der Geschlechtsreife.

Was das Kind in den ersten Lebensjahren, in denen es unbewußt hingegeben war der Moralität seiner Umgebung, hineingelegt hat in die Art und Weise, wie es geschickt geworden ist, seinen aufrechten Gang, die Beweglichkeit seiner Glieder zu gebrauchen, [...] das ist nicht da zwischen dem Zahnwechsel und der Geschlechtsreife, das erscheint wieder als die Freiheit des moralischen Urteils, als die Freiheit des moralischen Menschenwillens.

Und hat man nun, ohne, ich möchte sagen, dem Kinde nahezutreten, die richtigen moralischen Sympathien und Antipathien ausgebildet in der Zeit, wo das wichtigste für den Willen unterirdisch verlaufen ist, dann darf der Wille, der eigene, auf die Freiheit gebaute Wille, der in die volle Verantwortlichkeit im Menschen eintritt, der darf so erscheinen, daß man den Menschen – nachdem man ihm nicht Gebote gegeben hat, sondern in sein Gemüt hinein moralische Sympathien und Antipathien gepflanzt hat, daß man, ich möchte sagen, seinem moralischen Willen, der jetzt erscheint, nicht zu nahetritt –, daß man empfängt den Menschen, nachdem er geschlechtsreif geworden ist, als einen freien Genossen neben sich. Dann ist der Mensch imstande, umzuwandeln, zu metamorphosieren dasjenige, was man ihm als die Gabe moralischer Sympathien und Antipathien gegeben hat, für die er hinorganisiert war; was man ihm da gegeben hat, ist er imstande umzuorientieren in seine moralischen Impulse, die nun aus seinem eigenen Wesen kommen.“ (ebd./S.49 f.)

Besinnt man sich, Rudolf Steiner folgend, auf diese drei Schritte in der Ausbildung des moralischen Handelns und die entsprechenden pädagogischen Aufgaben – Nachahmung durch Anschauung am Vorbild, Empfindung für das Gute und das Böse durch Bilder, Freiheit des moralischen Urteils und Willens –, und hält man sich vor Augen, was Kinder heute erleben müssen, in der frühen Kindheit, in der Schule, dann ist es schon ein Wunder, daß sie nicht noch mehr um sich schlagen und wüten. Wenn Kinder heute immer noch zu vernünftigen Menschen heranwachsen, dann oftmals nicht durch die Erziehung, sondern trotz der Erziehung.

Literatur:

Buddemeier, Heinz: Illusion und Manipulation. Stuttgart 1987

Buddemeier, Heinz: Leben in künstlichen Welten. Stuttgart 1993

Eccles, John C.: Das Rätsel Mensch. München 1989

Eisenberg, Götz/Gronemeyer, Reimer: Jugend und Gewalt. Reinbek 1993

Glogauer, Werner: Die neuen Medien verändern die Kindheit. Weinheim 1993

Kerner, Hans-Jürgen: Kriminalität als Konstrukt. In: Universitas, Nr. 10/1994

Kranich, Ernst-Michael: Die Gestaltung der menschlichen Wesenheit – das Zusammenwirken von Vergangenheits- und Zukunftskräften. In: Erziehungskunst, Nr. 11/1978

Kranich, Ernst-Michael: Von der Bedeutung der Sprache in der Menschenbildung. In: Erziehungskunst, Nr. 6/1981

Kranich, Ernst-Michael: Die Kräfte leiblicher Formbildung und ihre Umwandlung in die Fähigkeit, Formen zu gestalten und zu erleben. In: Kranich, Ernst-Michael/Jünemann, Margrit u.a.: Formenzeichnen. Stuttgart 1985

Kranich, Ernst-Michael: Frühkindliche Entwicklung. In: Erziehungskunst, Nr. 1/1992

Kranich, Ernst-Michael: Das Ich in der Entwicklung des Kindes und des jugendlichen Menschen. In: Leber, Stefan (Hg.): Waldorfschule heute. Stuttgart 1993

Ostbomk-Fischer: Faktoren von Gewalthandlungen: Ursachen, Auslöser und Gelegenheit. In: Blätter der Wohlfahrtspflege, Deutsche Zeitschrift für Sozialarbeit, Nr. 10/1993: Gewalt.

Piaget, Jean: Das Weltbild des Kindes. Frankfurt/M. 1980

Shatz, Carla J.: Das sich entwickelnde Gehirn. In: Spektrum der Wissenschaft, Nr. 11/1992

Struck, Peter: Erziehung gegen Gewalt. Neuwied/Kriftel/Berlin 1994

Wurm, Wolfgang: Jugend, Gewalt und das Versagen der Öffentlichkeit. In: Universitas, Nr. 1/1995

„Ganz normale Schwierigkeiten“

Erziehung zwischen Tür und Angel

Thomas Höfer

Leichtsinnig hatte ich es übernommen, einen Artikel über ganz normale Schwierigkeiten der Erziehung zu schreiben, über Schwierigkeiten also, vor denen Eltern – ob gemeinsam oder allein erziehend – jeden Tag aufs neue stehen. Keine weitschweifigen und hochtrabenden pädagogischen Theorien wollte ich präsentieren, keine Patentrezepte für reibungslose Erziehung, sondern einfach nur vom Alltäglichen berichten. Einfach nur! Das sagt sich so leicht!

Welche Probleme sind denn eigentlich alltäglich? Womit schlagen sich Eltern tagein, tagaus herum? Läßt sich das eigentlich so pauschal beantworten? Und wenn die Probleme ausgemacht sind: Was soll man eigentlich raten? – Nun saß ich in meinem Büro und brütete vor meinem noch zu schreibenden Artikel. Mein Schreibtisch sah aus, wie er immer aussieht, wenn ich ein Thema am Wickel habe: Mehrere Stapel geschlossener und aufgeschlagener Bücher breiteten sich neben einer Vielzahl von Merkzetteln aus, auf denen viele kluge Gedanken festgehalten waren, die mir zu unterschiedlichen Zeiten gekommen waren, außerdem Kopien von Zeitungs- und Zeitschriftenartikeln sowie Notizen eines Gesprächs, das ich vor einigen Tagen mit den Mitarbeitern der städtischen Erziehungsberatungsstelle in Flensburg geführt hatte, einer Einrichtung, die allen ratsuchenden Eltern offensteht. Dort hatte man allein im Jahr 1994 über 380 Kinder und Jugendliche sowie deren Familienmitglieder betreut, und ich dachte mir, wenn man mir irgendwo etwas über Erziehungsschwierigkeiten sagen könnte, dann dort.

Die Gründe, aus denen sich Eltern an die Beratungsstelle wenden, sind tatsächlich reichhaltig: Ängste, Entwicklungsstörungen, Trotz, Aggressivität, sexueller Mißbrauch, motorische Unruhe, delinquentes Verhalten wie Lügen, Stehlen, Zündeln, schließlich noch allgemeine Schul- und Leistungsprobleme. Doch zum einen sind die Symptome, die die Eltern wahrnehmen und die der Anlaß zur Anmeldung bei der Beratungsstelle sind, nicht immer die wirklichen Ursachen kindlicher Schwierigkeiten, zum anderen besteht die Frage, ob die Fälle wirklich allgemein den Alltag widerspiegeln. Und selbst wenn: Ich konnte doch unmöglich alle Problemfelder einzeln abhandeln. Das wäre mir auch zu schematisch gewesen. Nach dem Gespräch war ich daher so ratlos wie zuvor, und vor mir schlummerte immer noch ein weitgehend leeres Blatt Papier, auf dem einmal meine Gliederung stehen sollte.

Der Computer lief bereits. Doch wie sollte ich anfangen? Wie konnte es weitergehen? Mir fehlte der berühmte zündende Gedanke. Weder verstärkte Lektüre noch ausgiebiges Aufundabgehen brachten mich weiter. Schließlich beschloß ich, vorerst die Segel zu streichen und einfach nach Hause zu fahren. Abschalten ist manchmal das Beste. Vorsichtshalber nahm ich eine Arbeitsmappe mit, gefüllt mit ebenjenen Papieren, die sich vorher noch auf meinem Schreibtisch breitgemacht hatten. Das eine oder andere könnte ich mir ja noch einmal ansehen, und außerdem: Man konnte ja nie wissen, vielleicht kam der Kick unterwegs oder in den eigenen vier Wänden.

Zu Hause angekommen

Der Kick kam nicht. Als ich – schließlich zu Hause angekommen – die Wohnungstür öffnen wollte, wurde sie von innen aufgerissen und mein Jüngster, 6 Jahre alt, schoß an mir vorbei. Schon halb die Treppe heruntergepoltert, rief er mir noch zu: „Du kannst ja die Tür für mich zumachen." Kein Hallo, keine Begrüßung! Na, der Kleine wollte wohl eine Runde draußen spielen gehen und hatte es offensichtlich eilig, in den Hof zu kommen.

Drinnen begrüßte mich meine Frau. Viel Zeit hatte sie allerdings auch nicht: „Das ist ja gut, daß Du gerade kommst. Ich muß noch schnell einige Dinge einkaufen. Dann kann ich Dir die Kinder ja hierlassen und muß sie nicht auch noch mitschleppen!" Schon war sie weg!

„Erst mal einen Kaffee kochen", dachte ich, ging in die Küche und brachte die Kaffeemaschine in Gang. Meine Tochter, fast 10 Jahre alt, kam in die Küche. „Ich geh' noch mal zu Marieke, ja? Sagst Du Mama Bescheid?" – „Klar, mach' ich." Man ist ja froh, wenn die Kinder selbständig werden. Ich wollte ihr gerade noch nachrufen, daß sie sich einen Schlüssel mitnehmen solle, da hörte ich auch schon die Wohnungstür ins Schloß krachen. „Wie oft", dachte ich, „muß ich ihr eigentlich noch sagen, daß man eine Tür auch leise schließen kann?" Inzwischen drangen aus dem Hof dumpfe Klopfgeräusche nach oben.

Der Kaffee war fertig. Als ich mir meinen „Nachmittagskaffeebecher" aus dem Schrank holen wollte, war er dort nicht zu finden. Ich hätte natürlich auch einen anderen Becher nehmen können, aber ich habe halt meine kleinen Eigenarten. Und am Nachmittag trinke ich meinen Kaffee am liebsten aus einem ganz bestimmten Becher, dem großen weißen mit den grasenden Gänsen drauf. Schließlich fand ich ihn in der Spülmaschine, die zwar fertig gespült hatte, aber noch nicht ausgeräumt war. Also räumte ich zunächst, da ich schon einmal dabei war, das Geschirr in Schränke und Schubladen. Dann goß ich mir einen Kaffee ein, öffnete die Balkontür und trat auf den Balkon, von dem aus man in den kleinen Hinterhof blicken kann. Mein Jüngster saß mitten im Hof und schlug mit einem Stein auf einen anderen ein. Die Brösel, die er so erzeugte, schob er fein säuberlich mit der Hand zusammen und füllte sie in einen kleinen Plastikeimer. Anschließend widmete er sich wieder seiner Klopferei. Es ist doch schön, daß Kinder so selbstvergessen und konzentriert spielen können. „Bloß nicht stören!" dachte ich.

Als ich mich gerade umdrehte und in die Wohnung zurückgehen wollte, geschah es: Aus dem Hof drang ein gellender Schrei, und die klopfenden Geräusche verstummten augenblicklich. Mein Sohn hatte sich offensichtlich auf den Finger geklopft und stand nun im Hof und brüllte. Aus vollem Hals natürlich! Offenbar gibt es bei Kindern nur die zwei Lautstärken: ganz laut und ganz leise. Ich stellte meinen Kaffee hin und beeilte mich, in den Hof zu kommen, bevor die gesamte Nachbarschaft neugierig auf den Balkonen stehen würde.

Viel passiert war dem Finger nicht. Ein kleiner Ratscher und ein kräftiger Schreck, mehr nicht. Schon bald war der Schmerz vergessen und das Gehämmer konnte weitergehen. Als ich mich umdrehte, um ins Haus zurückzugehen, sah ich mit Schrecken, wozu mein Sohn seine Brösel gebraucht hatte. In dem Eimer, in den er sie geschüttet hatte, war auch noch etwas Wasser. Beides zusammen ergab eine weißlich-milchige Pampe von der Beschaffenheit einer zu dick geratenen Maggi-Fertigsuppe. Mit dieser Masse hatte er die Treppe zum Fahrradkeller beschmiert, die direkt vom Hof abgeht. Kann man bei einem solchen Anblick ruhig bleiben?

„Christopher! Was hast Du hier gemacht?" – „Gut, nicht? Genau wie die Männer, die in der Schule die Steine auf den Hof gelegt haben." In der Schule wurde gerade der Schulhof neu gepflastert, und mein Sohn hatte wohl mit angesehen, wie die Fugen zwischen den Steinen mit Sand und Wasser verschlemmt worden waren. Diese Erfahrung hatte er im Spiel verarbeitet. Ich überlegte, was ich jetzt sagen sollte.

„Ja, ja, die Kinder von heute. Das müssen Sie aber wieder saubermachen", ertönte in diesem Augenblick eine Stimme hinter mir. Die ältere Dame aus dem dritten Stock hatte sich in der Hoftür aufgebaut und wiegte vorwurfsvoll den Kopf.

Ich beschloß spontan, meinen Sohn in Schutz zu nehmen, obwohl ich angesichts der schlammverschmierten Treppe auch ein wenig ungehalten war. Aber zum Meckern brauchte ich die Nachbarin nicht. „Wir haben die Ritzen in der

Treppe verfugt. Das muß noch ein wenig trocknen, und der Rest wird nachher abgewaschen," sagte ich nicht ganz wahrheitsgemäß.

Diese Szene erinnerte mich an eine andere Begebenheit: Eines meiner Kinder hatte zum Geburtstag Straßenmalkreide geschenkt bekommen, und eines Tages malten sie damit bunte Bilder auf den Gehsteig vor dem Mehrfamilienhaus, in dem wir wohnen. Weder meine Frau noch ich hatten etwas dagegen einzuwenden gehabt, denn die Kinder richteten weiter keinen Schaden an und die Kreide würde vom nächsten Regen weggewaschen werden. Einem älteren Herrn, der gerade mit seinem Dackel spazierenging, paßte die Malerei der Kinder nicht, denn er schimpfte mit ihnen und drohte sogar, die Polizei zu holen. Unsere Kinder kamen daraufhin völlig verunsichert und verängstigt in die Wohnung und waren nur schwer zu beruhigen. Ob der Mann auch so auf Sauberkeit bedacht ist, wenn sein Köter auf dem Gehsteig sein Geschäft verrichtet?

Die Nachbarin räumte kopfschüttelnd das Feld. In diesem Moment kam meine Frau vom Einkaufen zurück, und ich half ihr erst einmal beim Tragen. Um das Saubermachen der Treppe wollte ich mich später kümmern.

Der gemeinsame Kaffee

In der Küche angekommen, packte meine Frau den Einkauf aus den Taschen, und ich prüfte den Rest meines Kaffees auf Genießbarkeit. Doch seine Temperatur war inzwischen unter das erträgliche Maß abgesunken, und ich schüttete ihn in den Ausguß.

„Anna-Catharina ist zu Marieke", sagte ich beiläufig. – „Sie hat doch hoffentlich vorher die Spülmaschine ausgeräumt? Das hatten wir so abgesprochen." Nun, es war wohl mein Pech, daß ich nicht danach gefragt hatte, bevor meine Tochter das Haus verließ.

Inzwischen hatte ich mir einen neuen Kaffee eingegossen und auch meiner Frau einen Becher eingeschenkt. Gemeinsam setzten wir uns ins Wohnzimmer. Wir genießen diese ruhigen Augenblicke, in denen wir beisammensitzen, einen Joghurt essen oder einen Kaffee trinken und uns von unseren Erlebnissen und den Ereignissen des Alltags erzählen können.

Gerade wollte ich meiner Frau von den Schwierigkeiten berichten, die ich mit meinem Artikel hatte, da ging die Wohnungstür auf. Meine Tochter kam herein, und ohne darauf zu achten, ob sie störte, platzte sie mit ihrem Anliegen heraus: „Marieke und ihre Eltern wollen zum Strand. Darf ich mit?" Sofort hatte sie die Aufmerksamkeit ihrer Eltern. Wir hatten keine Einwände, und meine Frau riet ihr noch: „Aber nimm Dir eine Jacke mit."

Die Reaktion kam prompt: „Du mußt mir nicht immer alles sagen, ich bin schließlich kein Baby mehr.“ Offensichtlich muß auch elterliche Fürsorge ihre Grenzen haben.

Inzwischen hatte ich schon fast vergessen, was ich meiner Frau gerade sagen wollte. Ich wäre aber ohnehin nicht dazu gekommen, auch nur einen Satz zu formulieren, denn in dem Moment stand Jan-Philipp, unser mittlerer Sohn, in der Tür, sah meine Frau an und fragte in reichlich maulendem Ton: „Darf ich einen Keks?“

Er hatte bis dahin wohl leise im Kinderzimmer gespielt, jedenfalls hatte ich ihn nicht bemerkt. Eigentlich war ich auch davon ausgegangen, daß er gar nicht zu Hause war. „Hallo, was machst Du denn hier? Ich denke, Du bist bei Anton?“ sagte ich daher. Anton ist sein Schulfreund, zu dem er eigentlich nach der Schule hätte mitfahren sollen. Jedenfalls war das mein letzter Informationsstand. Ohne mich eines Blickes zu würdigen, drängelte er: „Darf ich nun?“ – „Hey, sprichst Du nicht mit mir?“ fragte ich. Die Reaktion war ein gequältes Stöhnen und ein fragender Blick zu meiner Frau. „Klar darfst Du“, sagte sie. Weg war er Richtung Küche.

„Wieso ist er nicht bei Anton?“ fragte ich nun meine Frau. „Anton war gar nicht in der Schule, er ist krank.“ – „Und weshalb spricht er nicht mit mir?“ – „Oh, er hat sich mal wieder mit seiner Schwester gestritten. Dieses ewige Gezanke ging mir zu weit, und da bin ich wohl etwas grob dazwischengefahren. Seither spielt er die beleidigte Leberwurst.“

Das wollte ich genauer wissen: „Was ist denn geschehen?“ – „Jan-Philipp hat ein Bild gemalt, und Anna mußte ihm wieder einmal zeigen, wie er es besser machen könnte. Da ist er wütend geworden. Als Anna dann auch noch ein paar schnippische Bemerkungen vom Stapel ließ, hat er sie auf den Arm geboxt, worauf sie anfing zu heulen. Da habe ich die beiden in ihre Zimmer geschickt. Warum muß er auch immer gleich zuschlagen, wo er doch so kräftig ist?“

„Hat Jan-Philipp sie noch einmal geschlagen, nachdem sie anfing zu heulen?“ – „Ich glaube nicht, nein. Aber ist das so wichtig?“

Es war mir wichtig, denn die Frage ist doch, was mein Sohn durch seinen Gewalteinsatz erreichen wollte. Offensichtlich war er für ihn im Moment der einzige Weg, sich seine Schwester vom Hals zu schaffen, auf Distanz zu gehen. Er hat Anna-Catharina nicht deshalb geboxt, weil er ihr wehtun, sondern weil er seine Ruhe haben wollte und ihr rein sprachlich nicht gewachsen war. Dieses Spiel läuft häufig zwischen beiden ab. Natürlich sollen sich die Kinder nach Möglichkeit nicht schlagen, aber um zu verstehen, weshalb Kinder aggressiv werden, muß man beachten, wie und mit welcher Absicht sie Gewalt einsetzen.

Jan-Philipp ist eigentlich ein friedliches Kind – welche Eltern sagen das nicht von ihrem Kind? –, aber wenn er gereizt wird, explodiert er leicht. Ich beschloß, mit ihm zu reden, wenn er sich beruhigt hatte.

Die lieben Kleinen

„Hast Du schon gehört?“ fragte mich meine Frau im weiteren Verlauf des Gesprächs. „Ute hat sich von ihrem Mann getrennt. Dabei war sie noch nicht einmal zwei Jahre mit Peter verheiratet.“

Was sollte ich dazu sagen? Bevor ich allerdings auch nur den Versuch machen konnte, mir eine Antwort zu überlegen, schallte eine Stimme aus dem Kinderzimmer: „Mama! Komm mal!“ Meine Frau zuckte mit den Achseln, und mit den Worten „Die lieben Kleinen!“ überließ sie mich meinen Gedanken.

Ute und Peter hatten geheiratet, nachdem Ute schwanger geworden war. Bis zu dem Zeitpunkt waren die beiden ein Traumpaar, ein Herz und eine Seele. Beide standen im Leben und unternahmen viel miteinander. Doch als das Kind zur Welt kam, nahm das Schicksal seinen Lauf. Den beiden erging es, wie es vielen – wohlgemerkt: nicht allen! – Paaren in Deutschland nach der Geburt des ersten Kindes ergeht, denn die meisten Ehen werden in den ersten zwei Jahren nach der Geburt des ersten Kindes geschieden.

Kaum ist das Kind auf der Welt, will es gefüttert, gewindelt und gewärmt werden. Stößt es sich, will es getröstet werden, kommen die Zähne mit Schmerzen, will es beruhigt, hat es Luft im Bauch, will es getragen werden. Ist es krank, muß es zum Arzt gebracht und gegebenfalls mit Medikamenten versorgt werden. Steigt das Fieber zu sehr, braucht es Wadenwickel, zwickt der Bauch, braucht es eine Wärmflasche. Bei Tag und bei Nacht und auch am Wochenende. Natürlich sagt es all das den Eltern nicht, denn sprechen kann es ja noch nicht. Somit tragen die Eltern die Verantwortung dafür, das Richtige zum rechten Zeitpunkt herauszufinden.

Auf all diese Dinge sind die meisten Eltern nur ungenügend vorbereitet, und so ist die Geburt des ersten Kindes ein tiefer Einschnitt in die Biographie der Eltern, denn ab diesem Augenblick ändert sich so ziemlich alles. Waren vorher vielleicht beide berufstätig, so gibt jetzt meist die Mutter ihre Berufstätigkeit zumindest vorläufig auf. Manchmal trifft es auch den Vater, aber das ist selten. Hatte man vor der Geburt des Kindes regen Kontakt zu Freunden und Bekannten, so steht nun das Kind im Mittelpunkt, das man schlecht überallhin mitnehmen kann. Einen Babysitter zu finden, gelingt auch nicht immer, abgesehen davon, daß er für seine Dienste auch bezahlt werden will. Und Geld ist bei vielen jungen Eltern knapp. Die Eltern können sich einigen, daß einer auf das Kind aufpaßt, während der andere zu Freunden, ins Theater, ins Kino, auf eine Veranstaltung oder in die Kneipe geht, vorausgesetzt natürlich, daß einer von beiden angesichts des wenigen ungestörten Nachtschlafes überhaupt ein Interesse daran hat, auszugehen. Und selbst wenn: Als Paar tritt man in der Öffentlichkeit fortan nur noch selten auf. Man ist jetzt eben nicht mehr in erster Linie ein Ehepaar, sondern die Elternrolle steht im Vordergrund.

Die Entzweiung der Eltern durch das Kind geschieht nicht zufällig, sondern vollzieht sich zwangsläufig, wenn man nicht ständig versucht, dieser Entwicklung bewußt entgegenzuwirken. Die Eltern sind um das Wohl ihres Kindes besorgt, dem daher ein Großteil ihrer Aufmerksamkeit gilt. Hauptsächlich die Mutter wendet sich dem Kind zu, behütet und umhegt es. Trotz aller Emanzipation der Frau hat sich hieran wenig geändert. „Mütter kleiner Kinder", sagte mir eine Bekannte, selbst Mutter von zwei Kindern, „sind mit ihrer Aufmerksamkeit immer ganz vorne, immer auf der Hut, was das Kleine tut, ob es friedlich spielt oder gerade etwas anstellt, ob es zufrieden ist oder etwas von der Mutter will. Ständig rechnen sie damit, daß sie für das Kind zur Stelle sein müssen." Aufgrund dieser Beanspruchung ist es der Mutter aber kaum noch möglich, sich intensiv mit sich selbst, den eigenen Interessen oder mit dem Partner zu beschäftigen, denn dazu fehlt ihr die Kraft. Indem die Mutter zudem ihre Aufmerksamkeit hauptsächlich dem Kind zuwendet, entzieht sie sie oftmals zugleich ein Stückweit ihrem Partner. Waren die Partner vor der Geburt noch ganz aufeinander bezogen, planten eine gemeinsame Zukunft und bereiteten sie sich auf ihr Kind vor, tauschten Zärtlichkeiten, Nähe und Wärme aus, so wendet sich nun fast alle Zuwendung nach der Geburt auf das Kind.

Viele Paare, die in die Eheberatung kommen, weil sie die Beziehung als sinnleer und emotional ausgehöhlt empfinden, stellen im Rückblick erstaunt fest, daß diese Aushöhlung der Partnerschaft mit der Geburt des ersten Kindes begann. Die Partnerschaft war ab diesem Moment einfach nicht das vorherrschende Thema, sondern die gemeinsame Sorge um das Kind. Die Ehebeziehung als exklusive, auf Intimität aufbauende Verbindung zweier Individuen trat in den Hintergrund.

Nicht wenige Ehen zerbrechen an dieser Spannung zwischen Elternschaft und Partnerschaft. Sich vernachlässigt fühlende und eifersüchtige Ehemänner engagieren sich verstärkt im Beruf, um hier die Anerkennung zu finden, die ihnen zu Hause nun immer weniger zuteil wird. Damit entziehen sie der ohnehin geschwächten Partnerschaft zusätzlich Substanz. Sie lassen die Mütter mit der Sorge um das Kind mehr und mehr allein. Die Belastung der Mutter nimmt daher weiter zu, weshalb sie noch weniger Zeit und Energie für die Partnerschaft aufbringen kann. Außerdem wird für sie das Kind mehr und mehr zur wichtigsten und mitunter auch zur einzigen Bezugsperson. Die Mutter wird durch das Kind so stark gebunden, daß sie in eine Art soziale Isolation gerät, aus der sie früher oder später ausbrechen möchte. So entstehende Wut kann sich dann sowohl gegen das Kind als auch gegen den Mann richten, der sich durch seinen Rückzug mehr und mehr aus der Verantwortung stiehlt. Hinzu kommt die Erschöpfung, bedingt durch das kräfteaufreibende Engagement für das Kind, und die Enttäuschung über mangelnde Würdigung der eigenen Leistung. Der Mann, nicht selten ganz egozentrisch auf die Befriedigung seiner emotionalen oder auch nur sexuellen Bedürfnisse erpicht, sollte der Frau gerade jetzt Anteilnahme, Rücksicht und Unterstützung entgegenbringen und sie nach Kräften entlasten.

Je mehr sich der Mann statt dessen seiner Vermutung hingibt, vernachlässigt zu werden, desto mehr sucht er sich Bestätigung außerhalb der Ehe. Ein Teufelskreis kommt in Gang, der nur schwer zu durchbrechen ist.

Immer häufiger entschließen sich Paare zur Trennung, und immer häufiger tun sie dies nicht erst, wenn die Kinder erwachsen und aus dem Haus sind und die Leere der Ehe offensichtlich wird. Die Menschen verbinden heute hohe und oftmals überzogene Erwartungen mit der Partnerschaft, und sie trennen sich eher, als daß sie von ihren überhöhten Erwartungen abrücken. Die Folge ist, daß immer mehr Frauen mit ihren Kindern alleine dastehen, mit all den Problemen, die daraus entstehen.

Solche sozialen und psychologischen Mechanismen entsprechen der menschlichen Natur und sind daher eigentlich normal, dennoch werden die meisten Paare von ihnen überrascht. Dringend geboten wäre, sich diese Zusammenhänge deutlich zu machen, bevor man ihnen erliegt. Viele Ehen scheitern nicht am bösen Willen der Partner, sondern an der Unfähigkeit, Elternschaft und Partnerschaft als zwei Aufgaben zu begreifen, die sich deutlich voneinander unterscheiden. Die eine zu Lasten der anderen zu vernachlässigen, ist auf Dauer nicht möglich, ohne daß ernsthafter Schaden entsteht.

Ein heftiges Türenkrachen riß mich aus meinen Gedanken. Mein Sohn hatte sein Spiel im Hof beendet und stand nun mit Gummistiefeln, an denen feuchte Erde und weißer Schlamm klebten, mitten auf dem Wohnzimmerteppich. Ich deutete auf die Wohnungstür und sagte: „Ziehst Du wohl sofort die Stiefel aus!“ Auch diesen Satz hörte er nicht zum ersten Mal. Trotzdem versuchte er eine Ausflucht: „Ich will aber nur etwas trinken!“ Durst ist nun in der Tat eine gemeine Sache, rechtfertigt aber nicht, daß dreckige Stiefel nicht vor der Tür ausgezogen werden. „Erst ziehst Du die Stiefel aus“, beharrte ich. – „Aber ...“ – „Raus jetzt!“ zischte ich während ich mich erhob, fest entschlossen, meinen Sohn vor die Tür zu setzen. Als er merkte, daß es mir ernst war, zog er es vor, freiwillig zu tun, was ich verlangte, freilich nicht, ohne ein beleidigtes Gesicht zu machen. Doch das beeindruckte mich nicht weiter.

Das Telefon klingelte. Ich nahm ab. Am anderen Ende war eine Bekannte, deren Worten zufolge wir die letzte Rettung wären. Ihr Mann sei drei Tage beruflich verreist, und sie habe am nächsten Tag bis zum späten Nachmittag Dienst im Krankenhaus. Eigentlich hätte ihr Sohn ja zur Oma sollen, aber der Oma gehe es nicht so gut, sie sei ja auch nicht mehr die Jüngste. Die Bekannten, zu denen er sonst häufig nach der Schule mitführe, hätten ausgerechnet morgen keine Zeit, und da habe sie gedacht, ob wir nicht ihren Filius von der Schule mit nach Hause nehmen könnten. Er könnte ja mit Jan-Philipp spielen. Sie würde dann nach dem Dienst kommen und ihn abholen. Was sollte ich sagen, als letzte Rettung? Doch ich übergab das Gespräch vorsichtshalber meiner Frau, die gerade wieder ins Wohnzimmer kam, denn solche Dinge entscheidet in der Regel sie, da sie den besseren Überblick über die familiäre Terminplanung hat und eher weiß, ob schon etwas anderes anliegt. Ich nahm meinen Sohn an die Hand, der inzwischen seinen Durst gestillt hatte, und ging mit ihm in den Hof, den Dreck von der Treppe zu waschen.

Familienabend

Später nahm ich mir meine Mappe mit meinen Artikelfragmenten noch einmal vor. Ich setzte mich an den Eßtisch und blätterte meine Unterlagen durch. Als erstes fiel mir ein Zettel mit der Überschrift „Hausaufgaben“ in die Hände. Ob meine Kinder ihre Hausaufgaben wohl gemacht hatten? Und wenn ja – wie lange hatten sie wohl gebraucht? Hatten sie sie gern gemacht? Grundsätzlich haben meine Frau und ich gegen Hausaufgaben nichts einzuwenden, wir finden es sogar nützlich, wenn Kinder durch die Hausaufgaben frühzeitig lernen, selbständig zu arbeiten und eigenverantwortlich kleine Pflichten zu erfüllen. Und bisher waren meine Kinder auch selten überfordert. Aber Hausaufgaben sollten nicht dazu dienen, die Unterrichtsinhalte zu Hause nachzuholen, die in der Schule aus Zeitmangel und Stoffülle nicht vermittelt werden konnten, und sie sollen auch nicht zur alleinigen Freizeitbeschäftigung der Kinder werden.

Der nächste Zettel trug die Überschrift „Leistungsdruck“. Dazu hatte ich die Stichworte „Noten“ und „Zeugnissorgen“ notiert. Meine Kinder gehen auf die Waldorfschule, und ein großer Vorteil dieser Schule ist, daß es weder Noten im üblichen Sinne noch Sitzenbleiben gibt. Aber ich weiß, welche Not Kindern an Regelschulen dadurch entstehen kann, daß sie mit schlechten Noten nach Hause kommen. Wenn der Ehrgeiz der Eltern die Kinder zu höheren Leistungen treiben will, als die Kinder ohne erheblichen Druck erbringen können, werden häufig Versagensängste erzeugt, die die Kinder resignieren lassen. Die Überzeugung, den Ansprüchen der Schule und des Elternhauses nicht gewachsen zu sein, läßt sie schließlich am eigenen Leistungsvermögen und am Wert der eigenen Persönlichkeit zweifeln. Erzieht man so selbstverantwortliche, unabhängig denkende Menschen?

Ein anderes Blatt Papier trug die Überschrift „Vernachlässigung". Dies ist eines der traurigen Seiten des Erziehungsalltags: Eltern, die sich nicht um ihre Kinder kümmern, denen es gleichgültig ist, ob sie etwas zu essen bekommen, die Hausaufgaben machen, sich bis in die Nacht Horrorvideos reinziehen, Alkohol trinken, Drogen nehmen usw. Daß derart benachteiligte Kinder kaum eine echte Chance haben, in der Schule mitzukommen und sich im Leben zurechtzufinden, versteht sich beinahe von selbst. Ich kenne Lehrer, die einen Kühlschrank in ihren Klassenzimmern aufgestellt haben, der von Eltern regelmäßig mit Milch, Brot, Marmelade, Nutella, Wurst und Käse bestückt wird, damit diejenigen Kinder etwas zu essen bekommen, die sonst vor Hunger dem Unterricht nicht folgen könnten.

Als ich meine Unterlagen gerade auf dem Tisch ausbreiten wollte, stupste mich jemand in die Seite. Meine Tochter, inzwischen heimgekehrt, stand mit einem Stapel Teller vor mir und zuckte die Schultern. „Mach mal Platz. Abendbrot", sagte sie. Also packte ich meine Sachen, kaum daß ich sie ausgepackt hatte, wieder zusammen und half, den Abendbrottisch zu decken.

In diesem Tag war irgendwie der Wurm drin, und so ging es auch bei Tisch einigermaßen chaotisch zu: Der Jüngste hampelte trotz mehrfacher Ermahnung herum und stieß dabei seinen Becher mit Tee um, in dem glücklicherweise nur noch ein kleiner Rest war. Meine Frau wollte mir noch etwas sagen, kam aber nicht recht zu Wort, weil sie immer wieder von den Kindern unterbrochen wurde, die irgend etwas wollten. Jan-Philipp wollte Käse, den ich zu decken vergessen hatte. Statt zum Kühlschrank zu gehen, um ihn selbst zu holen, maulte er herum: „Nie denkt einer an mich! Ihr habt selbst schuld, wenn ich hungrig ins Bett gehe!" – Nun wollte er gar nichts mehr essen. Als wir ihn nicht weiter beachteten, belegte er sich das Brot schließlich mit Schinken und aß es stillschweigend auf, wie auch noch zwei weitere Brotscheiben.

Diese Technik ist unter Kindern beliebt: Sie versuchen, ihren Eltern ein schlechtes Gewissen zu machen – „Was seid Ihr doch für schlechte Eltern, daß

Ihr nicht an mich gedacht habt!" –, und die Eltern reagieren prompt, indem sie ihren Kindern zu beweisen suchen, daß das so nicht stimmt. Daß diese Taktik diesmal nicht funktionierte, war allerdings weniger die Folge pädagogischen Kalküls. Die Bemerkung unseres Sohnes war schlichtweg im allgemeinen Geplapper untergegangen.

„Du, Papa, es ist wieder Jahrmarkt. Dürfen wir da hin?" – „Gib mir mal bitte ein Brot!" – „Wo ist denn dic Wurstdose?" – „Hast Du Deine Hausaufgaben gemacht?" – „Heute abend ist Elternabend in der 3. Klasse. Da muß ich hin." – „Hast Du mein Turnzeug gewaschen?" – „Ist noch Tee in der Kanne?" – „Hör endlich auf zu kippeln!" – „Man nimmt die Gewürzgurken nicht mit den Fingern aus dem Glas!" – „Sprich nicht mit vollem Mund!" – Aus der Geräuschkulisse zahlloser Wünsche, Fragen, Erzählungen aus dem Schulalltag, Kurzantworten usw. hatte man manchmal Mühe, die Äußerungen herauszufiltern und aufzunehmen, die für einen selbst bestimmt waren.

Nach dem Abendessen wurde gemeinsam der Tisch abgeräumt, auch wenn sich der Kleinste zu drücken versuchte. Wie auf Bestellung tat auf einmal der Finger wieder weh. Meine Frau versuchte einen Kompromiß: „Wenigstens Deinen Teller und Dein Glas kannst Du hinausbringen."

Anschließend schickten wir die Kinder zum Zähneputzen, einen nach dem anderen, sonst gibt es Streit. Trotzdem gelang es unseren beiden Söhnen, sich zusammen ins Badezimmer zu schleichen, und sofort ging das Gekicher los. Ich ging ins Bad und versuchte, für Ordnung zu sorgen: „Christopher kann sich ja schon einmal ausziehen, während Jan-Philipp Zähne putzt." – „Mir ist es aber zu kalt, wenn ich nur den Schlafanzug anhabe." – „Dann putzt eben zusammen. Aber denkt an unsere Abmachung: Wenn ich Euch noch einmal beim Kaspern erwische, fällt die Gutenachtgeschichte aus." Da meine Kinder wußten, daß dies keine leere Drohung war, blieb es daraufhin erträglich ruhig im Badezimmer.

Als meine Frau mich darauf hinwies, daß heute das vierte Kapitel an der Reihe sei, schaute ich sie verständnislos an. „Na, das vierte Kapitel in dem Buch, das ich den Kindern gerade vorlese. Heute mußt Du die Gutenachtgeschichte vorlesen. Ich muß zum Elternabend, das hab ich Dir doch gesagt." Stimmt, hatte sie! Aber irgendwie war diese Information untergegangen.

Endlich Ruhe

Nachdem die Kinder endlich im Bett waren und nicht mehr damit zu rechnen war, daß noch mal jemand aufstehen und die abendliche Stille stören würde, setzte ich mich an den Wohnzimmertisch. Als ich den Tag in Gedanken noch einmal durchging, wurde mir klar, daß auch heute, wie so oft, die Erziehung unserer Kinder weitgehend ein spontanes Geschehen gewesen war. Sicher, meine Frau und ich haben unsere Grundsätze, aber in der Hektik des Alltags bleibt häufig keine Zeit zum Nachdenken, da müssen Entscheidungen im Moment getroffen werden. Dabei geschieht es besonders in Streßsituationen oft, daß man nicht an seine Grundsätze denkt, sondern nach den eingefahrenen Mustern handelt, die man z.B. im eigenen Elternhaus erlebt und verinnerlicht hat. Erziehung als Reflex sozusagen.

Bei diesen Überlegungen nahm ich meine Arbeitsmappe noch einmal vor, schlug sie auf und starrte auf die Notizen. „Ganz normale Schwierigkeiten" – mir fiel beim besten Willen nicht ein, was ich schreiben könnte. Vielleicht sollte ich mit meiner Frau darüber reden, wenn sie vom Elternabend zurück sein würde.

Familie und Erziehung

Interview mit Helm Stierlin

von Thomas Höfer

Prof. Dr. Dr. Helm Stierlin, *geb. 1926 in Mannheim. Studium der Medizin und Philosophie in Heidelberg, Zürich und Freiburg. 1951 Promotion zum Dr. phil in Heidelberg, 1955 Promotion zum Dr. med. in München. Von 1955–1974 Arbeit an verschiedenen psychiatrischen Kliniken und Forschungsinstituten, vor allem in den*

USA. Dort auch Ausbildung zum Psychoanalytiker. Dazwischen Professuren und Gastdozenturen an verschiedenen amerikanischen Universitäten sowie in Neuseeland und Australien.

20 Jahre lang Leiter der Abteilung für psychoanalytische Grundlagenforschung und Familientherapie an der Universität Heidelberg, seit 1991 emeritiert. Heute tätig in privater familientherapeutischer Praxis in Heidelberg. Herausgeber der Zeitschrift „Familiendynamik". Ca. 200 wissenschaftliche Arbeiten und zahlreiche Bücher mit Übersetzungen in zehn Sprachen.

Verheiratet mit Dr. Satuila Stierlin, die ebenfalls als Paar- und Familientherapeutin arbeitet. Zwei Töchter: Larissa und Saskia.

Seine ersten Erfahrungen sammelt der Mensch in der Regel in der Familie. Trotz aller Veränderungen hat die Familie als Institution nicht ausgedient. Ihre Strukturen wie auch ihr soziales Umfeld wandeln sich, viele Bereiche, die früher traditionell geregelt waren, müssen nun bewußt gestaltet werden.

Angesichts veränderter Rahmenbedingungen und einer sich unglaublich schnell verändernden Umwelt wissen Eltern häufig nicht mehr, wie sie sich ihren Kindern gegenüber verhalten sollen oder wie sie ihnen helfen können, wenn sie Schwierigkeiten haben – zu unübersichtlich ist das Leben geworden. Welche Aufgaben hat die Familie eigentlich? Gibt es überhaupt *die* Familie? Wie kann der heranwachsende Mensch in seiner Familie Sicherheit und Geborgenheit finden und dennoch selbständig werden? Diese und andere Fragen erörterte ich mit dem Familientherapeuten Helm Stierlin.

Thomas Höfer: Welche Aufgaben hat die Familie?

Helm Stierlin: Zunächst muß man feststellen, daß die Familie wahrscheinlich die überlebensfähigste Institution in der Geschichte der Menschheit ist, die es jemals gab. Keine andere Form des Zusammenlebens von Menschen hat sich durch die Zeiten und in allen Kulturen als so stabil und überdauernd erwiesen wie die Familie. Dies rührt meines Erachtens daher, daß sie eine Reihe von Funktionen zu erfüllen hat – und auch noch mehr oder weniger erfüllt –, die in dieser Kombination kaum eine andere Institution erfüllen kann.

Die Familie ist nach wie vor *die* Instanz für die Erziehung und Sozialisation der Kinder. In ihr erlernen die Kinder Werte und Verhaltensnormen der Gesellschaft, in die sie hineingeboren werden. Somit ist die Familie die Keimzelle jeder Tradition und Kultur. In ihr wird Solidarität erlebt, d.h. der Mensch erfährt, daß er in einer Gemeinschaft aufwächst, auf die er sich verlassen kann, die ihn trägt und in der er sich geborgen fühlt. Gleichzeitig lernt er in dieser Umgebung,

Konflikte auszutragen und mit den unterschiedlichen Sichtweisen und Interessen der einzelnen Familienmitglieder umzugehen. Die Familie ist der Ort, an dem sich verschiedene Generationen begegnen und voneinander lernen, und sie ist auch der Ort, an dem die Ehepartner Sexualität im Kontext einer vertrauensvollen Beziehung erleben können.

Und sie ist überhaupt der Ort, an dem sich Humanwerte wie Vertrauen, Fairneß und Dankbarkeit in der Lebenspraxis ausbilden können. In der Familie kann der Mensch zur Ruhe kommen und sich regenerieren. In einer sich sehr schnell verändernden Welt ist sie also ein Ruhe- und Orientierungspunkt. Hier bildet sich der Mensch auch bestimmte Deutungsmuster – Skripte –, die ihm helfen, die Komplexität der Welt zu reduzieren, und die somit Orientierung und Überleben ermöglichen. Die Familie bildet den Hintergrund, vor dem er sich eine Geschichte zurechtlegt und eine Biographie zusammenstellt. Dort entwikkelt er Verpflichtungen und Visionen und bekommt Vorbilder – oder eben auch nicht.

Das alles sind Leistungen, die natürlich auch viele andere Beziehungen erbringen können und zum Teil auch erbringen müssen, wenn die Familie ihre Aufgaben nicht erfüllt. Aber in dieser Kombination können sie eben nur von der Familie erbracht werden. Das ist meines Erachtens der Grund, warum sie sich über die Zeiten und die Kulturen hinweg als soziale Instanz erhalten konnte, obschon sich ihre Form gewandelt hat, etwa von der Großfamilie in einem bäuerlichen Umfeld bis zur mobilen Kleinfamilie, wie sie heute vor allem im städtischen Umfeld existiert.

Familie heute

T.H.: Wie sehen Sie die Situation der Familie heute?

H. Stierlin: Diese stellt sich derzeit sehr unübersichtlich dar, da in vielen Lebensbereichen ein Wandel stattfindet. Dabei müssen wir uns hüten, von einem Idealbild der Familie als einer heilen Welt auszugehen. Denn dieses Bild entsprach zu keinem Zeitpunkt der Wirklichkeit.

Die Großfamilie verlor in den letzten 100 Jahren immer mehr an Bedeutung, an ihre Stelle trat die Kleinfamilie im städtischen Milieu. Immer mehr Familien sind unvollständig, und das bedeutet: Mehr und mehr Kinder wachsen ohne eine dauernde Beziehung zu beiden Elternteilen auf und erleben einen Wechsel der Bezugspersonen, bedingt z.B. durch Scheidung und Wiederheirat.

Eine andere Entwicklung ist, daß der Staat, zumindest in Teilen, immer mehr und mehr Funktionen übernommen hat, für die früher einmal die Familie nahezu allein verantwortlich war, z.B. die Versorgung und Pflege von kranken und alten Menschen oder die Erziehung und Bildung der Kinder. Heute ist die Lebensumwelt der Menschen so komplex geworden, daß die Familie all diese Aufgaben allein nicht mehr erfüllen kann.

T.H.: Würden Sie mir zustimmen, daß Menschen heute immer weniger von Traditionen getragen werden und daß damit die Möglichkeit und Notwendigkeit der eigenverantwortlichen Lebensgestaltung immer mehr zunimmt?

H. Stierlin: Ja, so kann man es sehen. Wir erleben einen Verlust oder zumindest eine Auflockerung von bestimmten gesellschaftlichen Strukturen und Traditionen. Damit verbunden ist eine Zunahme von Optionen der Selbstverwirklichung, von Wahlmöglichkeiten und Freiheitsgraden. Dieses Mehr an Freiheit bedeutet aber auch einen Verlust an Geborgenheit, an Heimat. Damit wird wieder die eigenverantwortliche Gestaltung der Beziehungen sowohl notwendiger als auch schwieriger.

Ratlosigkeit

T.H.: Wenn man mit Eltern oder Lehrern über Erziehung und Erziehungsprobleme spricht, ist oft eine zunehmende Ratlosigkeit festzustellen: Man wisse im Grunde nicht recht, wie man sich den Kindern gegenüber verhalten solle, zumal auch das Verhalten der Kinder immer schwerer zu verstehen sei. Beobachten Sie diese Ratlosigkeit auch?

H. Stierlin: Ja, diese Klage kenne ich auch. Ich höre sie insbesondere von Menschen, die unter großem Streß stehen. Wenn also beispielsweise beide Ehepartner berufstätig sind und zusätzlich noch den Anforderungen gerecht werden sollen, die Haushalt und Kindeserziehung an sie stellen, dann sind sie bald überfordert und wissen nicht mehr, wie sie mit den sich auftürmenden Problemen zurechtkommen sollen. Gleiches gilt, wenn die Ehepartner in Trennung leben oder sich bereits getrennt haben.

Also immer dann, wenn die Lebensbedingungen schwierig, komplex und unübersichtlich werden, fehlt den Menschen häufig der lange Atem, der zur Kindeserziehung notwendig ist. Die Eltern haben nicht mehr die Kraft, eine familiäre Schutzzone für ihre Kinder zu schaffen, was dann auch bedeutet, daß die Familie ihre Funktionen für die seelische und soziale Gesundheit ihrer Mitglieder nicht mehr erfüllen kann.

Die unbewältigten Probleme werden nun an die Schule weitergereicht, und dann sehen sich die Lehrer überfordert. Sie sollen das leisten, was die Familie nicht mehr leisten kann: Schutz geben, einen Ort schaffen, in dem Konflikte ausgetragen werden können usw. Häufig werfen die Lehrer dann ihrerseits den Eltern vor, versagt zu haben. So kommt es zu gegenseitigen Vorwürfen, was letztlich niemandem hilft.

T.H.: Früher hätten die Eltern gewußt, wie sie ihre Kinder zu erziehen hatten, heute wüßten sie es nicht mehr. Stimmt das?

H. Stierlin: Man weiß, wie man seine Kinder zu erziehen hat, wenn man ungefähr weiß, was in der Gesellschaft einmal auf die Kinder zukommen wird. Aber hier tappen nicht wenige Eltern im dunkeln. Wenn früher z.B. in einer Großfamilie von vornherein klar war, daß der älteste Sohn den Hof vom Vater übernehmen sollte, dann war auch klar, was er lernen mußte, damit er dieser Aufgabe eines Tages gewachsen sein würde.

Aber heute wandelt sich die Gesellschaft immer schneller, und es wird immer weniger klar, welche Strategien und Verhaltensweisen in Zukunft das Überleben des einzelnen und der Gesellschaft insgesamt gewährleisten können. Schon die Frage, welche Ausbildung in Zukunft einen Arbeitsplatz gewährleisten kann, ist eigentlich kaum mehr zu beantworten. Kurzum, es fehlen eindeutige Erziehungsziele, die von der Gesellschaft vorgegeben werden. Eltern finden es immer schwieriger, eine Antwort auf die Frage zu geben, was sie ihren Kindern mitgeben sollen, damit diese ihre Zukunft bewältigen, sich selbst verwirklichen und Freude am Leben haben können.

Was heißt Erziehung?

T.H.: Ist Erziehung überhaupt noch ein zeitgemäßer Begriff?

H. Stierlin: Dem Begriff *Erziehung* liegt häufig – bildlich gesprochen – ein gärtnerisches Modell zugrunde, so als hätten die Eltern oder Lehrer die Aufgabe, den Wildwuchs der ihnen anvertrauten Kinder zu beschneiden und in eine bestimmte Richtung zu lenken. Ein solches Modell setzt voraus, daß man bestimmte Ziele und Vorstellungen im Kopf hat, denen die Kinder im Erziehungsprozeß angepaßt werden. Erziehung gliche dann dem formenden Schneiden einer Hecke.

Das allgemeine Ziel der Erziehung sollte heute aber sein, Kinder zu Eigenständigkeit zu verhelfen. Als Erwachsene sollen sie selbstverantwortlich im Leben stehen, aber dabei auch auf andere bezogen bleiben, d.h. wir streben in der Erziehung den autonomen und zugleich sozialen Menschen an, der für sich selbst entscheidet, welchen Weg er gehen will und wie er sein Leben gestalten möchte. Nur so läßt sich das Überleben angesichts des ständigen Wandels überhaupt noch gewährleisten.

T.H.: Wie können Eltern ihren Kindern auf diesem Weg helfen?

H. Stierlin: Die Eltern müssen begreifen, daß es viel wichtiger ist, was sie ihren Kindern konkret vorleben, als was sie ihnen sagen. Wenn die Eltern die Kinder zu friedfertigen und toleranten Wesen erziehen wollen, sich selbst aber ständig in destruktiver und verletzender Weise miteinander streiten, wird der Appell an die Kinder wenig nützen. Es macht keinen Sinn, von den Kindern Tugenden zu fordern, die man als Eltern nicht vorleben kann. Erziehung ist somit wesentlich Hilfe zur Selbsterziehung.

Aber die Eltern sollten sich nun auch nicht überfordern. Viele Eltern sind sehr streng mit sich selbst, weil sie versuchen, um jeden Preis gute Eltern zu sein. So lobenswert diese Haltung ist, so wichtig kann es auch sein, daß die Eltern lernen, eine gewisse Lockerheit zu entwickeln und sich einzugestehen, daß sie gar nicht anders können, als immer wieder Fehler zu machen. Sie dürfen auch beruhigt sein: Nicht jeder Fehler der Eltern wird vom Kind übelgenommen und mit einer Entwicklungsstörung quittiert.

T.H.: Gibt es in Ihren Augen Grundwerte, an denen sich das Handeln der Eltern gegenüber ihren Kindern orientieren sollte?

H. Stierlin: Die Eigenständigkeit des Individuums in Rahmen sozialer Bezogenheit nannte ich schon. Außerdem sollten die Kinder Fairneß im Umgang mit anderen lernen, so daß sie in die Lage versetzt werden, ihre eigenen Ansichten durchzusetzen, aber nicht um jeden Preis und nicht ohne Rücksicht auf andere. Konflikte sollten so ausgetragen werden können, daß man sich nichts nachträgt. Die Eltern sollten dafür sorgen, daß Konflikte nicht eskalieren und daß das Gespräch in der Familie auch in schwierigen Situationen nicht abreißt.

Bindung und Abgrenzung

T.H.: Schauen wir einmal auf den in einer Familie heranwachsenden Menschen: Was sind seine Hauptlernaufgaben?

H. Stierlin: Ein Stichwort in diesem Zusammenhang, das in der letzten Zeit zunehmend an Bedeutung gewonnen hat, ist Bindungssicherheit. In dem Maße, in dem sich ein Kind angenommen und verstanden fühlt und nicht den Eindruck hat, überfordert oder überreizt zu werden, wird es seine Individualität entwickeln können. Es wird Vertrauen in seine eigenen Kräfte und Fähigkeiten entwickeln und sich somit auch von den Eltern abgrenzen und Eigeninitiative entwickeln können. In einer bestimmten Phase und einer bestimmten Form ist also die Bindung des Kindes an die Eltern die Voraussetzung für dessen gesunde Abgrenzung von den Eltern. Diese Abgrenzung ist wieder nötig, um eine eigene

Individualität entwickeln zu können. Bindung ist also die Voraussetzung für Individuation.

T.H.: In Ihren Büchern sprechen Sie von *bezogener Individuation.* Können Sie diesen Begriff noch ein wenig näher erläutern?

H. Stierlin: Dieser Begriff soll das vermitteln, was ich eben angedeutet habe: Individuation und Bezogenheit gehören zusammen. Ein Kind, daß sich bei seiner Mutter geborgen fühlt und sich von ihr angenommen weiß, hat auch die psychische Basis für die Ablösung von der Mutter. Es kann es sich leisten, zunehmend Eigenständigkeit zu entwickeln, weil ihm die Geborgenheit durch die Mutter, der soziale Bezug zu ihr, sicher ist. Das Erlebnis von Geborgenheit und Angenommensein schließt daher das von Autonomie und Eigenständigkeit nicht aus, sondern beide Erlebnisse bedingen einander.

T.H.: Sie unterscheiden im Individuationsprozeß zwischen einer *Individuation mit* und einer *Individuation gegen.* Können Sie auch diese Begriffe einmal erklären?

H. Stierlin: Individuation bedeutet, daß der Mensch sich zu einem Wesen entwickelt, das sich von anderen abgrenzt und eigene Ziele, Ideen und Werte entwickelt, die sich von den Zielen, Ideen und Werten anderer Menschen unterscheiden. Der Mensch erlebt sich als Initiator von Handlungen, für die er dann auch Verantwortung übernehmen will und muß. Er wird auch schon in der Familie erleben, daß seine Ideen, Ziele und Werte mit denen von anderen Menschen in seiner Kommunikationsgemeinschaft nicht übereinstimmen, so daß er sich auseinandersetzen und in einen Dialog eintreten muß. Er muß dann zu dem beitragen, was ich eine „liebende Streitkultur“ nenne. Das heißt, Individuation kann oft nur in der Auseinandersetzung und in der Abgrenzung gegen andere erreicht werden. Das nenne ich dann *Individuation gegen.*

Damit er aber das überhaupt schafft, muß er in einer sozialen Umgebung aufwachsen, die ihm Geborgenheit und Sicherheit bietet. Und das nenne ich dann *Individuation mit.* Diese beiden Begriffe sollen also die beiden Pole des Individuationsprozesses – oder, wenn man so will: der Individuationsdialektik – fassen: Bindung und Abgrenzung.

Man kann dieses Wechselspiel am Beispiel des Spracherwerbs verdeutlichen. Ein Kind lernt seine Muttersprache gleichsam von selbst im Umgang mit der Mutter und den Menschen seiner unmittelbaren Umgebung. Im Grunde ist das Sprechenlernen des kleinen Kindes ein enorm vielschichtiger und komplizierter Vorgang. Und dennoch gelingt es in der Regel ohne größere Mühe, kommt anscheinend wie von selbst zustande. Aber die Voraussetzung dafür ist das gute Verhältnis zwischen Kind und Mutter, der liebevolle, aufeinander eingestimmte

Dialog der beiden, die positive Bezogenheit des Kindes auf die Mutter und dann auch auf andere Familienmitglieder. Das Sprechenlernen vollzieht sich also als Individuation in Verbundenheit mit der Mutter, oder kürzer ausgedrückt: als ein Element der *Individuation mit.* Aber die Sprache wird später einmal auch ein wichtiges Instrument der Selbstabgrenzung werden und wird dann auch der *Individuation gegen* dienen. Dadurch wird sich der Mensch seiner eigenen Gefühle und Gedanken bewußt, und er vermag, sie gegenüber anderen zu artikulieren. So kann er sich von anderen Menschen abgrenzen: „Ich bin nicht wie ihr."

Diese beiden Prozesse gehören ständig zusammen. Wir übernehmen von den Eltern mit der Sprachentwicklung viele Grundwerte, Grundvorstellungen und Visionen, wie das Leben sein könnte oder sollte. Aber wir stellen im Laufe unserer Entwicklung das Übernommene auch immer wieder in Frage und überprüfen es auf seine Brauchbarkeit. „Paßt das, was meine Eltern mir mitgegeben haben, eigentlich noch zu mir? Hilft es mir hier und jetzt weiter?" Solange der Mensch sich in diesem Spannungsfeld befindet, kann er sich entwickeln.

Was ist das Selbst?

T.H.: Die Begriffe Individuation und Individualität deuten darauf hin, daß sich im Menschen etwas entwickelt, was nur ihm zu eigen ist, was ihn von seiner Umgebung, von anderen Menschen unterscheidet und was er nicht von außen übernommen hat. Wie läßt sich dieses Etwas näher beschreiben?

H. Stierlin: Das Wort *Individuum* bedeutet *das Ungeteilte,* und dementsprechend meint *Individuation* die Entwicklung einer eigenen, von anderen unterscheidbaren Persönlichkeitsstruktur. C.G. Jung spricht hier auch von *Verselbstung* und bringt damit Ähnliches zum Ausdruck. Anders ausgedrückt: Aus all dem, was dem Menschen von seinen Eltern und seiner sonstigen Umgebung an Werten, Ideen, Traditionen und Kultur angeboten wird, wählt er aktiv bestimmte Elemente aus, die er übernimmt und verändert, um so sein eigenes Gebäude von Werten, Ideen usw. zu schaffen. Dieses Gebäude entsteht in dem dauernden Wechselspiel von Zuwendung und Abgrenzung, das ich vorhin angedeutet habe.

T.H.: Das habe ich soweit verstanden. Der Mensch wählt aus seiner Umwelt bestimmte Elemente aus, formt sie um und macht sie sich zu eigen, so daß letztlich eine eigenständige und unverwechselbare Persönlichkeit entsteht. Ich frage mich aber, *wer* oder *was* diese Auswahl trifft, denn wie auch immer die Selektion vor sich geht, es muß eine Instanz geben, die aktiv tätig ist, die bestimmte Dinge annimmt und andere zurückweist. Das heißt, das Selbst ist letztlich etwas Wesenhaftes.

H. Stierlin: Das Selbst ist ein Konstrukt, das etwas Wesenhaftes erfassen möchte. Der Mensch konstruiert sich seine Wirklichkeit selbst. Er nimmt die Welt über seine Sinne wahr und verarbeitet diese Wahrnehmungen in einer Art und Weise, die es ihm gestattet, sich in der Welt zurechtzufinden. Wenn er einen Teil der Wirklichkeit mit einem bestimmten Begriff belegt, so versucht er dadurch, diesen Teil so in den Griff zu bekommen, daß er sich seinen Bedürfnissen fügt. Über die Bedeutung von Begriffen kann er sich dann mit anderen Menschen verständigen. Je härter, d.h. greifbarer und gegenständlicher die Wirklichkeit ist, auf die sich die Begriffe beziehen, desto einfacher ist die Verständigung. Über den Begriff *warmer Ofen* wird man sich leichter einig werden als über den Begriff *Gott*.

Die neuere Literatur zur Hirnforschung zeigt zudem, daß die Sinne des Menschen nicht einfach ein Abbild der Welt liefern. Jeder Wahrnehmungsakt ist mit einer Vielzahl außerordentlich komplizierter Prozesse verbunden, an denen Milliarden von Nervenzellen beteiligt sind und zusammenarbeiten. Allein der einfach scheinende Vorgang, einen Gegenstand sehend zu erfassen, ist genau betrachtet überhaupt nicht einfach, wie Versuche mit Menschen belegen, die blind geboren und erst in einem späteren Lebensalter sehend wurden. Für sie ist das sehende Erfassen eines Gegenstandes ein unglaublich schwieriger und anstrengender Prozeß. Bereits im Wahrnehmungsvorgang weist der Mensch Teilen der Wirklichkeit Bedeutung zu. Große Anteile dieses Geschehens verlaufen unbewußt. In den Wahrnehmungsprozeß spielen von Anfang an genetische, häufig unbewußt bleibende Vorgänge und bewußte Lernvorgänge hinein. Immer aber erfassen wir nur einen Teil der Welt, niemals die Welt in ihrer Gesamtheit.

Gerade ein Konstrukt wie das Selbst ist enorm problematisch und weich, weil es verschiedenste Aspekte der Wirklichkeit enthält, die sich zum Teil ergänzen, zum Teil aber kaum miteinander vereinbar sind. Jeder Mensch zieht auch die Grenzen seines Selbst anders, der eine zieht sie sozusagen um seinen Körper, ein anderer schließt darin bestimmte Ideen oder gar die Zugehörigkeit zu einem bestimmten Volk ein.

Aspekte des Selbst

T.H.: In Ihrem Buch „Ich und die anderen. Psychotherapie in einer sich wandelnden Gesellschaft" (Stuttgart 1994) gehen Sie auf verschiedene Aspekte des Selbst ausführlich ein. Können Sie einige dieser Aspekte näher erläutern?

H. Stierlin: Ich habe dort sechs Selbste unterschieden, die jeweils Unterschiedliches in den Blick bringen. Jeder Aspekt für sich ist allerdings nur eine

Näherung. Ich stelle mich nicht hin und sage: „Das ist das Selbst." Ich versuche einfach, unterschiedliche Qualitäten des Selbst zu beschreiben.

Eines dieser Selbste nenne ich das *identitätsverbürgende Selbst.* Wir haben von dem Zeitpunkt an, an dem unsere Erinnerung einsetzt, ein beständiges, bleibendes Selbstempfinden, ein sicheres Gefühl persönlicher Identität. Gleichgültig, an welchem Ort wir uns aufhalten und in welcher menschlichen Umgebung wir uns befinden, ob wir allein oder mit anderen zusammen sind, wir haben von uns selbst immer das Gefühl, wir selbst zu sein. Im Rhythmus einiger Jahre werden sämtliche Moleküle unseres Körpers vollständig ausgetauscht, nichts bleibt erhalten. Trotzdem haben wir nicht das Gefühl, jemand anderes zu sein. Das heißt, das identitätsverbürgende Selbst ist unabhängig von dem Kontext, in dem wir uns bewegen. Dies ist die bekannteste und augenfälligste Perspektive, unter der sich das Selbst beschreiben läßt, aber beileibe nicht die einzige.

Was der Mensch sein Selbst nennt, ist auch keineswegs beständig. Was zum Selbst gerechnet wird, ist von Mensch zu Mensch verschieden und kann sich auch für den einzelnen Menschen wandeln. So kann ein Mensch z.B. einen Arm verlieren und dennoch das Gefühl haben, dieser Arm existiere weiter und gehöre noch zu ihm. Oder ein anderer Mensch identifiziert sich so stark mit seinem Besitz, daß dieser ein fester Teil seiner Identität ist und eine Störung im Identitätsgefühl auftritt, wenn der Besitz verlorengeht.

Das identitätsverbürgende Selbst kann auch verlorengehen. Wir wissen heute durch neurologische Befunde, daß dieses Zeit und Raum überdauernde Identitätsgefühl verlorengehen kann. Es gibt Menschen, die das Empfinden haben, mehrere Identitäten zu haben. Auch in der Literatur wird dieses Phänomen mehrfach beschrieben, etwa in den Büchern „Homo faber" und „Mein Name sei Gantenbein" von Max Frisch.

Allein schon diese Veränderlichkeit des Selbst zeigt, daß es ein Konstrukt ist, das uns die Möglichkeit gibt, uns sprachlich miteinander zu verständigen, das aber auch viele Mißverständnisse erzeugen kann.

Es gibt aber auch ganz andere Möglichkeiten, das Selbst zu beschreiben, z.B. als Subjekt und Objekt von Geschichten oder als Ressourcenselbst. Dies jetzt alles im einzelnen auszuführen, würde aber zu weit führen. Von keinem dieser Selbste könnte man sagen, es sei das Selbst an sich, denn jedes Selbst ist nur ein Konstrukt unseres denkenden Geistes, das bestimmte Anteile der Wirklichkeit betont und andere gleichzeitig unterdrückt.

Das Selbst als Emergenz

T.H.: Es mag ja sein, daß das, was wir unser Selbst nennen, einem ständigen Wandel unterworfen ist, bedingt dadurch, daß wir ständig andere Anteile unseres Wesens im Bewußtsein haben und mit uns in Beziehung setzen. Es mag auch sein, daß das Identitätsgefühl verlorengeht, wenn das Bewußtsein entsprechend beeinträchtigt wird. Dennoch muß hinter dem Wandelbaren ein Unwandelbares sein, etwas muß existieren, daß das Selbst als Konstrukt konstruiert.

H. Stierlin: Unsere Sprachgewohnheit legt uns nahe, so zu denken. Wir stehen vor einem Haus, jemand muß es gebaut haben, ganz klar. Wir hören ein Wort, jemand muß es gesprochen haben. Wir haben ein Konstrukt des Selbst, jemand muß es konstruiert haben. Unsere Sprach- und Denkgewohnheiten legen uns das nahe. Doch ob wir mit solchen Gedanken Wirklichkeit erfassen, ist eine ganz andere Sache.

Man könnte sagen, unser Bewußtsein konstruiert das Selbst. Das Bewußtsein wiederum ist eine Funktion des Gehirns, also ist auch das Selbst als Konstrukt ein Ergebnis unserer Gehirnvorgänge. Aber der Boden, auf dem wir uns mit dieser Erklärung bewegen, ist hauchdünn, denn die Vorgänge zwischen Gehirn und Bewußtsein sind weitgehend ungeklärt und entziehen sich auch in grundsätzlichen Fragen noch einer wissenschaftlichen Klärung.

Wenn man sich dem Problem auf einfache Art nähern will, kann man sagen, daß Bewußtsein und auch Selbstempfinden Ausdruck und Form einer Emergenz sind, d.h. sie entstanden im Laufe der Evolution als neue Qualitäten aus niederen Seinsstufen. Wasserstoff und Sauerstoff sind für sich genommen jeweils Gase. Wenn sie aber unter bestimmten Bedingungen zusammenkommen, entsteht aus ihnen Wasser, und Wasser ist flüssig. Die Qualität des Flüssigen entsteht somit als neue Qualität, die in den Ausgangssubstanzen nicht vorhanden ist. In ähnlicher Weise kann man sich die Entstehung des Bewußtseins aus Hirnstrukturen und Nervenvorgängen vorstellen, die selbst die Qualität des Bewußtseins nicht haben.

Systemische Familientherapie

T.H.: Was ist das Besondere systemischer Familientherapie?

H. Stierlin: Der systemische Therapeut versucht sich ein Bild zu machen, wie die Mitglieder eines Systems – z.B. einer Familie – sich gegenseitig beeinflussen und wie sie miteinander in Wechselwirkung stehen. Ihn interessiert, ob es bestimmte Verhaltensmuster oder Ideen und Vorstellungen gibt, die typisch für das jeweilige System sind. Als systemischer Therapeut versucht man, die Schwierigkeiten, die ein oder mehrere Mitglieder haben, aus den Bedingungen des jeweils relevanten Systems zu verstehen und mit Blick darauf auch zu intervenieren.

T.H.: Mit welchen Problemen kommen die Familien zu Ihnen in die Therapie?

H. Stierlin: Die Spannweite ist hier groß. Grundsätzlich kann man sagen, daß die Menschen dann in die Therapie kommen, wenn sie in einer schwierigen Situation allein nicht weiterkommen. So kommen Paare zu mir, die sich gegenseitig in ihrer Entwicklung hemmen oder bei denen Probleme in der Sexualität aufgetaucht sind. Es kommen Menschen mit Depressionen oder solche, die sich nicht arbeitsfähig, also antriebslos fühlen. Es kommen Familien mit den unterschiedlichsten Problemen wie Magersucht oder Bettnässen. Einige Eltern haben Angst, ihre Kinder könnten mißraten und machen sich Selbstvorwürfe. Die Spannweite ist sehr groß.

T.H.: Nehmen wir an, Eltern kommen mit ihrem Kind zu Ihnen, weil es Lernschwierigkeiten hat und durch unruhig-aufgeregtes Verhalten auffällt. In der Schule ist es gegenüber Klassenkameraden oftmals aggressiv. Was würden Sie in einem solchen Fall vermuten?

H. Stierlin: Auf solche konstruierten Fälle einzugehen, ist für mich schwer. Zwar kommen in meiner Praxis solche Fälle vor, aber die Ursachen sind von Fall zu Fall so verschieden, daß ich mich scheue, allgemeine Rezepte zu geben. In der konkreten Arbeit versuche ich immer, auf das Anliegen einzugehen, das die Familie zu mir führt, und das ist eben von Familie zu Familie verschieden. Und was für die eine Familie gut und heilsam ist, kann für eine andere völlig unbrauchbar sein.

T.H.: Wie aber würden Sie grundsätzlich versuchen, dieser Familie zu helfen?

H. Stierlin: Ich würde versuchen, das Blickfeld der Familie zu erweitern. Häufig ist es so, daß die Familie so auf ihr Problem fixiert ist und die versuchte Problemlösung zumeigentlichen Problem wird, daß sie die positiven Aspekte, die es immer auch im Familienleben gibt, gar nicht mehr wahrnimmt. Daher würde ich z.B. fragen, in welchen Situationen das Kind sein auffälliges Verhalten nicht zeigt, um den Blick darauf zu lenken, daß das Kind auch anders kann und daß es nur in bestimmten Kontexten – z.B. im Umgang mit Gleichaltrigen – auffällig wird.

In einem zweiten Schritt würde ich die Frage stellen, wie es sich die Eltern erklären, daß das Kind die positiven Fähigkeiten, über die es verfügt, in den entsprechenden Kontexten nicht nutzt. Ich würde also versuchen, einen Suchprozeß anzuregen, der ressourcenorientiert ist, d.h. nach den Kräften und Möglichkeiten fragt, die dem Familiensystem real zur Verfügung stehen, aber eben nicht genutzt werden.

Magersucht

T.H.: Nehmen wir an, ein pubertierendes Mädchen erkrankt an Magersucht und die Eltern kommen mit ihrer Tochter zu Ihnen in Therapie. Wie kann man sich diese Magersucht systemisch erklären?

H. Stierlin: Unsere Erfahrung im Institut für Familientherapie hier in Heidelberg zeigt, daß solche Familien häufig Schwierigkeiten haben, den altersangemessenen Trennungs- und Ablösungsprozeß zu vollziehen. Es kann z.B. sein, daß der Vater oder die Mutter bereits einen großen Verlust erlitten haben – z.B. den frühen Tod eines Kindes –, so daß es aus diesen Gründen zu einer immerwährenden Verlustangst kommt. Die Folge ist, daß Eltern und Kinder jeden fälligen Ablöseschritt fürchten, weil die Verlustangst nun tief und stark weiter wirkt. Nicht selten hat sich in den Köpfen solcher Familienmitglieder – aus welchen Gründen auch immer – die Überzeugung festgesetzt, daß man entweder ganz warm und innig verbunden ist oder aber total getrennt, d.h. einsam und innerlich ausgehöhlt. Man kann sich dann zwischen diesen Extremen kaum Übergänge vorstellen.

Auf dieser Grundlage kann es nun zu Schwierigkeiten der *Individuation mit* und der *Individuation gegen* kommen. Häufig waren magersüchtige Mädchen lange Zeit sehr folgsam, sie taten, was man von ihnen erwartete. Aber irgendwann wollen die Mädchen aus dieser Folgsamkeit ausbrechen, was eigentlich ein natürlicher und notwendiger Prozeß wäre. Man kann sagen: Sie versuchen eine lange überfällige *Individuation gegen*, aber erleben dann, daß diese bei ihnen selbst wie auch bei den übrigen Mitgliedern des Familiensystems gegensteuernde Kräfte auslöst.

Dabei ist nun ein weiterer Aspekt bedeutsam: In solchen Familien spielt das Essen oft eine große Rolle. Es wird viel Wert darauf gelegt, daß gut und regelmäßig gegessen wird. Das Essen ist quasi die Währung der Liebe. Wenn nun ein Mädchen die Nahrungsaufnahme verweigert, wendet es sich auch radikal gegen das elterliche Wertesystem. Es kommt somit zu einer Radikalisierung der *Individuation gegen.*

Indem nun das Mädchen nicht ißt, verstärkt sich die Sorge der Eltern um das Wohlbefinden ihrer Tochter: „Unser Kind gedeiht nicht, es nimmt ab. Wie kann ich ihm bloß helfen?" In der Folge intensivieren die Eltern die sorgenvolle Zuwendung zu ihrer Tochter, was bei der Tochter wiederum die Tendenz zur

Abgrenzung verstärkt usw. Auf diese Weise löst das Mädchen durch seine Nahrungsverweigerung in fast genialer Weise sein Problem: sich abzugrenzen und doch mit der Familie verbunden zu bleiben. Leider setzt sich dadurch auch ein Teufelskreis in Gang, der für das Mädchen lebensbedrohende Ausmaße annehmen kann.

T.H.: Wenn Sie die Magersucht in dieser Weise schildern, kann der Eindruck entstehen, die Tochter benutze ihr Symptom bewußt als Weg, die *Individuation gegen* zu forcieren.

H. Stierlin: Nein, so sollte man es nicht sehen. Man muß hier zwischen Intentionalität und Funktionalität unterscheiden. Der Symptombildung liegt meiner Meinung nach keine bewußte Strategie zugrunde. Das heißt: Die Tochter entwickelt nicht bewußt eine Magersucht, weil sie sich auf diese Weise von den Eltern abgrenzen kann. Allerdings kann man unter einem systemischen Blickwinkel fast immer davon ausgehen, daß jedes Symptom, das längere Zeit innerhalb des relevanten Systems besteht, bestimmte Funktionen übernimmt. In diesem Sinne kann man dann auch sagen: Die Magersucht hat die Funktion, eine Abgrenzung zu ermöglichen, die im Augenblick auf andere Weise in der jeweiligen Familie nicht erreichbar scheint.

T.H.: Welche Möglichkeiten haben Sie als Therapeut, helfend in ein solches System einzugreifen?

H. Stierlin: Ein Ziel könnte sein, die Funktion des Symptoms – also in unserem Beispiel das Hungern der Magersüchtigen – überflüssig zu machen, also Wege zu eröffnen, die Lösungen zulassen, die mit mehr Lebensfreude und mehr Möglichkeiten der Selbstverwirklichung verbunden sind. Dem Mädchen könnte also z.B. die Möglichkeit geboten werden, sich in einer Weise von den Eltern abzugrenzen, die ihm mehr Freiheiten gewährt, die der familiären Trennungs- und Verlustangst gegensteuert und damit wieder ein höheres Maß an bezogener Individuation ermöglicht.

T.H.: Wie erreichen Sie das konkret? Erklären Sie der Familie ihre Situation und schlagen dann Alternativen vor?

H. Stierlin: Nein, das tue ich in der Regel nicht. Ich beschränke mich zumeist darauf, Fragen zu stellen, die der Familie helfen können, ihre Situation selbst zu deuten, Grundannahmen und Muster ihres Verhaltens in Frage zu stellen, bislang ungenutzte Ressourcen zu nutzen und eigene Optionen zu entwickeln.

Ich versuche die Fragen so zu stellen, daß bei den Klienten Suchprozesse ausgelöst werden, möglicherweise Zusammenhänge und Perspektiven in den Blick bringen, die mir als Therapeuten unter Umständen gar nicht in den Sinn kommen würden. Noch einmal: Die Fragen sollten die Ressourcen aktivieren, die im System selbst liegen, aber nicht genutzt werden und die eine Familie aus eigener Kraft Wege aus einer Krise finden lassen.

Näheres dazu findet sich, soweit es um Magersucht geht, in dem von Gunthard Weber und mir verfaßtem Buch „In Liebe entzweit. Die Heidelberger Familientherapie der Magersucht" (Reinbek 1989).

FLENSBURGER HEFTE 16

Kulturvergiftung: Rauschgift, Sucht und Therapie

2. erweiterte Auflage, 228 Seiten, kart., DM 16,80 ISBN 3-926841-21-4

Artikel von Klaus-Dieter Neumann, *Redaktion FH: Es regiert der Stoff.*

Interview mit Ingo Warnke, *Synanon, Berlin: Jeder kann kommen. Synanon – ein Leben ohne Drogen.* „Ich stand in den Trümmern meines Lebens" / Die Entwicklung und Arbeit von Synanon / Die heilende Wirkung des Gesprächs / Moderne Streitkultur statt konventioneller zwischenmenschlicher Mißtöne / Nichts hilft so sehr wie die Wirklichkeit / Keiner wird in die Einsamkeit entlassen / Sucht ist eine biographische Katastrophe.

Interview mit Dr. Henning Voscherau, *Erster Bürgermeister Hamburgs: Zum Doktor, nicht zum Dealer!* Über die Legalisierung der Drogen / Bundesweit fehlende Gesamtstrategie – die traurige Wirklichkeit / Schwarzmarkt-Monopol knacken! / Einrichtung von Drogenambulatorien / „Einwände gegen die Legalisierungsmaßnahmen sind Denkfehler".

Interview mit Hans Bergmann und Reinhard Chedor, *Rauschgiftdezernat Hamburg: Einfache Lösungen gibt es nicht.* Explosionsartige Entwicklung der Fallzahlen / Internationale Verpflechtungen im Rauschgifthandel / Die indirekte Beschaffungskriminalität.

Interview mit Dr. Olaf Koob, *Arzt, Büsingen: Das vergiftete Jahrhundert.* Gift / Von der Sehnsucht bis zur Sucht / Neue Impulse aus der geistigen Welt durch die Jugend / Der karikierte Himmel / „Gab es einen Menschen, an den Ihr geglaubt habt?" / Neurastheniker und Hysteriker / Heroin – der Vampir unter den Drogen / Unsere Zivilisation – ein Krankenhaus! / „In unseren Kreisen herrscht die Diktatur der Mittelmäßigkeit".

Interview mit Ron Dunselman und Jaap van der Haar, *Stichting Arta, Zeist: Auf fremden Pfaden.* Sucht und Selbsterkenntnis / Beginn der Sucht im 19. Lebensjahr / Sucht und Vererbungsdisposition / Aufklärung der Jugend durch Bilder und klare Begriffe / Schlüssel zum Verständnis der Drogenwirkungen / LSD – Trip in die Entstofflichung / Psilozybin – im Vorhof der Magie / Haschisch – der wache Traum / Mißbrauch und Entwicklungsstörungen / Heroin und Kriminalität: eine Symbiose / Kokain – die Männerdroge.

Interview mit Kurt Burkhard und Peter Fischer, *Heilstätte Sieben Zwerge, Salem-Oberstenweiler: Wer ist der Schönste im ganzen Land?* Idee und Verwirklichung der Heilstätte Sieben Zwerge / Die Therapie / Der fehlende Rhythmus / Wenn die Lüge zur Gewohnheit wird / Die zwei Biographien eines Drogenabhängigen / Das Kunstwerk der Vertrauensatmosphäre / Konfrontation mit der eigenen Phrasenhaftigkeit / Neue Ideale.

Interview mit Elliot Hiller, *Heileurythmist in der Freien Lebensstudien-Gemeinschaft Melchiorsgrund: Kulturtherapie.* Gestaltung einer gesundenden Kulturumgebung als therapeutischer Ansatz / Die Aktivierung des eigenen Willens / Melchiorsgrund – ein Modell.

Artikel von Rüdiger Lunkeit: *Hilfe zur Selbstentwicklung.* Ein Besuch bei der holländischen Drogentherapiestätte Stichting Arta.

Interview mit Aalt van den Berg, *Stichting Arta, Zeist: Nicht nur Holland in Not.* Drogendispositionssymptome während der Pubertät / Die Hoffnung allein löst die Probleme nicht! / Vorschläge zur Früherkenntnis und für eine Beratungsgruppe für die Drogenproblematik.

Bezug über den Buchhandel oder direkt beim Verlag (zzgl. Porto und Verpackung):

Flensburger Hefte Verlag · Holm 64 · D-24937 Flensburg · Fax: 0461/ 2 69 12

Erziehung in Zeiten der Sucht

Henning Kullak-Ublick*

Der Engel ...

„Wo bist du hin? Noch eben warst du da –
Was wandtest du dich wieder abwärts, wehe,
nach jenem Leben, das ich nicht verstehe,
und warst mir jüngst doch noch so innig nah.

Ich soll hinab mit dir in deine Welt,
aus der die Schauer der Verwesung hauchen,
ins Reich des Todes soll ich mit dir tauchen,
das wie ein Leichnam fort und fort zerfällt?

Wohl gibt es meinesgleichen, eingeweiht
in eure fürchterlichen Daseinsstufen ...
Doch ich bin's nicht. Nur wie verworrnes Rufen
erschreckt das Wort mich eurer Zeitlichkeit.

Laß mich mein Haupt verhüllen, bis du neu
mir wiederkehrst, so rein, wie ich dich liebe,
von nichts erfüllt als süßem Geistestriebe
und deinem Urbild wieder strahlend treu."

(Christian Morgenstern)

„Die Kinder sind heute anders, als sie waren vor Jahrzehnten. Das ergibt sich schon einer oberflächlichen Betrachtung sehr deutlich. Man muß sie anders erziehen und anders unterrichten, als man sie vor Jahrzehnten unterrichtet hat. Man muß mit dem Bewußtsein unterrichten, daß man eigentlich bei jedem Kinde eine Rettung zu vollziehen hat ..." (GA 296/1979/16.08.1919/S.94)

Mit diesen Worten wandte sich Rudolf Steiner 1919, unmittelbar vor Beginn seines Einführungskurses für die Lehrer der ersten Waldorfschule, an die Teilnehmer seines Vortragszyklus „Die Erziehungsfrage als soziale Frage". Seither sind 76 Jahre vergangen – ein Zeitraum, der wahrscheinlich mehr Veränderungen in der Welt hervorgebracht hat, als damals die zitierten „Jahrzehnte". Diese Verände-

---

* Henning Kullak-Ublick ist Lehrer an der Freien Waldorfschule Flensburg.

rungen spielen im täglichen Leben eine so gewaltige Rolle, daß ein Vergleich mit der Zeit um 1919 wohl auf fast keinem Lebensgebiet noch zu Übereinstimmungen führen dürfte. Es ist offensichtlich, daß sich auch die Menschen seither weiter verändert haben. Die oben zitierten Worte haben daher eine ungebrochene Aktualität. Dieser Aufsatz will versuchen, unter *einem* Gesichtspunkt darauf einzugehen: Was bedeutet es für ein Kind, in einer Suchtgesellschaft aufzuwachsen? Die Gesichtspunkte, die zur Beantwortung dieser Frage herangezogen werden, ergeben sich aus dem übenden Umgang mit der Menschenkunde der Waldorfpädagogik. Ob sie einen Wert für die Praxis besitzen, wird von der pädagogischen Phantasie abhängen, mit der sie umgesetzt werden.

Erste Annäherung: Denken, Fühlen und Wollen

Wenn das Wort von Joseph Beuys, „Jeder Mensch ein Künstler", in einem bestimmten Lebensalter uneingeschränkte Gültigkeit besitzt, dann in den ersten Jahren einer Biographie: Der von den Eltern geerbte Leib wird von dem Kind in einem fortwährenden, plastisch-bildnerischen Vorgang individualisiert. Alles, was sich in der Umgebung des Kindes abspielt, wird in unendlichem Vertrauen miterlebt und so Anlaß zur Nachahmung. In der Nachahmung lebt das seiner selbst noch nicht bewußte Ich des Menschen: Das Kind verhält sich zu seiner Umgebung nicht wie ein unbelichteter Film, der passiv seine Eindrücke empfängt; vielmehr verwandelt es alles Wahrgenommene in eigene Tätigkeit – eine Tätigkeit, die unmittelbar bis in den physischen Leib gestaltend hineinwirkt. Durch diese Arbeit schafft sich die Seele ihr Instrument.

Die Sinneswahrnehmungen, das Empfindungsleben und der Impuls, sich zu bewegen, tätig zu sein, bilden in den ersten Lebensjahren eine – unbewußte – *Einheit.* Wenn das Kind sich aufrichtet, wenn es zu sprechen beginnt und schließlich an der Muttersprache das Denken erlernt, gliedert sich diese Einheit erstmals. Während dieser Zeit werden Denken, Fühlen und Wollen als Ausdrucksformen des Seelischen unterscheidbar, bleiben aber noch für eine lange Zeit innig miteinander verbunden. Wer die Möglichkeit hat, kleine Kinder zu beobachten, weiß, wie sie bis in die Gestik hinein die Menschen ihrer Umgebung nachahmen: Was sie sehen, *tun* sie auch. Sie gehen oder krabbeln zu den Dingen, die sie sehen, hin und *begreifen* die Welt. Eine „coole" Abgrenzung gibt es nicht.

Rudolf Steiner beschrieb dieses Lebensalter mit zwei treffenden Worten. Das Kind mache die unbewußte Voraussetzung, „die Welt ist gut", und lebe daher in einer Art „leiblicher Religiosität", indem es sich ganz mit der Welt, die es umgibt, verbinde.

Wie anders steht ein junger Mensch in und zu der Welt, wenn er die Pubertät durchschreitet! Nichts ist noch selbstverständlich und einfach. Die Kinderärztin Michaela Glöckler wählte bei einem Vortrag[1] gerade dieses Lebensalter, um den Unterschied zwischen Mensch und Tier zu veranschaulichen: Während ein Tier mit der Geschlechtsreife die Fähigkeit erwirbt, ein vollkommenes, weil identisches Exemplar seiner Gattung zu sein, bedeutet sie für den Menschen den Eintritt in eine Lebensphase, in welcher die Identität mit der „Gattung" der Eltern, Lehrer und aller anderen Repräsentanten seiner vorgefundenen Umwelt gerade nicht mehr erlebt wird. Gesucht wird die Identität mit sich selbst als das „ganz andere" und Einzigartige. Nicht die Anpassung an, sondern die Abgrenzung von der Umwelt ist „natürlich".

Von einer *Einheit* in dem Verhältnis vom Menschen zur Welt kann in diesem Alter keine Rede mehr sein. Existentiell wird der *Abgrund* empfunden, der sich zwischen dem eigenen Innenleben und der Welt aufgetan hat.

Die Seelenkräfte des Denkens, Fühlens und Wollens stehen in einem radikal anderen Verhältnis zueinander, als dies in der ersten Kindheit der Fall war. Während sie in den ersten Lebensjahren eine gegliederte Einheit waren, haben sie sich nunmehr weitgehend verselbständigt. Das tritt oftmals als Chaos in Erscheinung, stellt aber eine biographische Notwendigkeit dar, weil nur durch diese Verselbständigung individuelle Freiheit errungen werden kann: Ein Mensch, bei dem jede Empfindung, jede Wahrnehmung von selbst, also ohne eigene Anstrengung, die entsprechenden Gedanken und Handlungen hervorbringen würde, könnte niemals seinem Leben aus freiem Entschluß eine Richtung geben. Er bliebe immer angewiesen auf die Führung durch andere, wie dies bei einem Kind ja der Fall ist.

Der Übergang von der kindlichen Einfalt zum pubertären Chaos soll hier in wenigen Strichen angedeutet werden. Mit der Vorstellungsreife (um das 7. Lebensjahr) erwirbt sich ein Kind die Möglichkeit, Erlebnisse rein seelisch zu erleben, also nicht *unmittelbar* bis in die physiologischen Vorgänge hineinwirken zu lassen. Es entsteht gewissermaßen ein *Überschuß,* der innerlich bleibt – als *Vorstellung.* Im 9., 10. Lebensjahr kann man beobachten, wie das Vorstellungsleben so weit vorangeschritten ist, daß sich das Kind seines Daseins auf einer neuen Stufe bewußt wird. Oft treten in diesem Alter Einsamkeitserlebnisse, Traurigkeit auf. Das unhinterfragte Einssein mit der Welt hat einen Sprung bekommen. Die Autorität der Erwachsenen, die bis dahin einfach als Tatsache gegeben war, wird gefühlsmäßig auf ihre Wahrhaftigkeit abgeklopft: „Kann ich

1. „Das neue Paradigma der Präventivmedizin", gehalten Anfang Januar 1995 am Goetheanum in Dornach/Schweiz.

mich auf dich verlassen?“ Sie erweist sich jetzt an deren Fähigkeit, dem Kind eine *Herzensbrücke* zur Welt zu bauen. – In einem nächsten Schritt, während des sogenannten „zweiten Gestaltwandels“ um das 12. Lebensjahr, stößt das Vorstellungsleben zum begrifflich-abstrakten Denken vor. Der Kopf verliert an Leben, dafür bekommt das Kind die Möglichkeit, die Welt *gesetzmäßig* zu erfassen. Indem es seine naive Verbundenheit mit ihr verliert, kann sich das Kind der Welt erkennend gegenüberstellen. Zu dieser Zeit macht sich an ganz anderer Stelle neues Leben geltend: im Gliedmaßenwachstum und in der inneren Ausbildung der Geschlechtsorgane. Es bahnt sich eine *Polarisierung* des oberen und des unteren Menschen an, die mit der Geschlechtsreife einen gewissen Abschluß findet und im Gefühlsleben für einige Verwirrung sorgt. Auf der einen Seite geschieht Abgrenzung (im Kopfpol), auf der anderen Seite erwachen Leidenschaften, Begierden, Triebe, die den jungen Menschen manchmal regelrecht fortreißen können.

Wie vollzieht sich der Wandel im Gefühlsleben? War dieses zunächst geneigt, mit seiner Umgebung selbstverständlich mitzuschwingen, diese also *seelisch* nachzuahmen, wird es nun immer stärker als das eigene, persönliche Eigentum erlebt. Nach außen drückt sich das in dem Wechsel von tiefer Verschlossenheit und größter Ausgelassenheit des Jugendlichen aus. Auch die Liebe zu einem anderen Menschen erwacht in einer neuen, ganz mit dem eigenen Wesen verbundenen Form. *Interesse* am anderen kann entstehen, indem sich Denken und Fühlen verbinden.

Auch der Wille verändert sich. War er in den ersten Lebensjahren ganz innig mit der Leibesentwicklung verbunden, so tritt auch er plötzlich wie ein eigenes Wesen auf: Mal erlebt der junge Mensch eine ungeheure Lust an körperlicher Betätigung, dann können Phasen unglaublicher Erschlaffung eintreten, oftmals unmittelbar hintereinander. In dieser Zeit werden Begehrungen aller Art mit ungebremster, elementarischer Kraft erlebt. Es tritt aber auch die neue Möglichkeit auf, sich auf ein selbstgesetztes Ziel zu richten, also den Willen seelisch zu *führen*.

Dieser kurze Durchgang wird im weiteren Verlauf unserer Betrachtung noch eine Rolle spielen. Zunächst aber versuchen wir uns an der zweiten Annäherung.

Zweite Annäherung: Geist, Seele und Leib

Die Gliederung des Menschen nach Leib, Seele und Geist, die sogenannte Trichotomie des Menschen, ist uralt. Dennoch haben wir uns in der westlichen Zivilisation angewöhnt, den Menschen nur noch als ein Leib-Seelen-Wesen vorzustellen: Geist wird von Seele nur sehr undeutlich, wenn überhaupt, unterschieden. Oft wird heute mit Geist *Intellekt* gemeint. Dieser ist aber nur ein schattenhaftes Abbild des tätigen Geistes, der als schaffendes Prinzip allen Welterscheinungen zugrunde liegt. Ein Zitat aus Rudolf Steiners „Theosophie“ mag helfen, den Unterschied zwischen Seele und Geist deutlicher zu fassen:

„So verschieden das Leibliche vom Seelischen, so verschieden ist dieses wieder vom Geistigen. Solange man bloß von den Kohlenstoff-, Wasserstoff-, Stickstoff-, Sauerstoffteilchen spricht, die sich im Leibe bewegen, hat man nicht die Seele im Auge. Das seelische Leben beginnt erst da, wo innerhalb solcher Bewegung die Empfindung auftritt: ich schmecke süß oder ich fühle Lust. Ebensowenig hat man den *Geist* im Auge, solange man bloß die seelischen Erlebnisse ansieht, die durch den Menschen ziehen, wenn er sich ganz der Außenwelt und seinem Leibesleben überläßt. Dieses Seelische ist vielmehr erst die Grundlage für das Geistige, wie das Leibliche die Grundlage für das Seelische ist.“ (GA 9/Tb. 1976/S.26 f.)

Das Seelische ist vergänglich. Das Geistige hingegen ist ewig. Es *individualisiert* sich im einzelnen Menschen, indem er sich Fähigkeiten erwirbt bzw. sich zum „ewig Wahren und ewig Guten“ durchringt, das seine *Urbilder* nicht in der Sinneswelt, sondern in der geistigen Welt hat.

Die Frage nach der Sucht kann auf dieser Grundlage ein gutes Stück vertieft werden.[2] Es ist nämlich zu fragen, welches die angemessenen *Nahrungsmittel* für den Leib, die Seele und für den Geist sind? An der Beantwortung dieser Frage lassen sich die *Surrogate* erkennen, die als Suchtmittel fungieren.

Die Leibesnahrung:

Wenn Ihnen jemand Nase und Mund zuhielte, liebe Leserin, lieber Leser, würde das in Ihnen ein heftiges (Auf-)Begehren provozieren. Dieses Begehren nach Luft zum Atmen ist lebensnotwendig, ebenso wie das Begehren nach Nahrung, Flüssigkeit und Wärme. Der physische Leib braucht, um leben zu können, diese physischen *Substanzen.*

Die Seelennahrung:

Ausgehend von den einleitenden Überlegungen soll das Seelenleben hier als Tätigkeiten des Wollens, des Fühlens und des Denkens beschrieben werden.

2. Der nachfolgende Gedankengang schließt in seinen Grundzügen an einen Vortrag von Manfred Schmidt-Brabant (Vorsitzender der Allgemeinen Anthroposophischen Gesellschaft) an, den dieser im Januar 1993 auf einer Tagung der „Internationalen Vereinigung anthroposophischer Einrichtungen für Suchttherapie e.V.“ am Goetheanum in Dornach/Schweiz hielt.

Seelennahrung würde demgemäß bedeuten, daß diese Tätigkeiten Anregungen erfahren. Die Seele ist die Vermittlerin zwischen dem Geist und dem Leib des Menschen. Ihre Anregungen können von „oben“ oder von „unten“ kommen. Von unten, also von der Leibseite, kommen sie von selbst, ohne eigenes Zutun. Um die Seele aber von oben anzuregen, muß sich der Mensch anstrengen. Kleine Kinder strengen sich sowieso an: In ihrer Hingabe an ihre Umgebung sind sie mit dem Willen intensiv engagiert. Je stärker sich ihr Selbstbewußtsein ausbildet, um so mehr wird die Anstrengung von innen ausgehen müssen. Das bedeutet aber, daß sich der Wille aus seiner Leibgebundenheit befreien muß: Er muß seelisch werden. Es ist eine der Hauptaufgaben der Erziehung, diese freie Verfügbarkeit der Willenskräfte zu fördern. *Willenserlebnisse* sind Seelennahrung, sie entsprechen der Wärme, derer der physische Leib bedarf.

Aber auch *Gefühlserlebnisse* sind Seelennahrung. Hierbei ist zu bedenken, daß sich Gefühle immer an anderes anschließen. Auch hier hängt viel von der Frage ab, ob die Seele lernt, starke und tiefe Gefühle an Dingen zu entwickeln, die nicht nur von den physiologischen Vorgängen des Leibes ausgehen. Alle sozialen Gefühle wie Mitleid, Freude oder Interesse gehören hier ebenso dazu, wie künstlerische und religiöse Erfahrungen.

Seelennahrung sind schließlich auch die *Sinneserlebnisse,* Weltwahrnehmung: Das Denken ruht zwar einerseits auf der Betätigung des Willens im Geiste; andererseits bedarf es aber auch der Erfahrungen durch die Sinne. Erst durch die Sinnestätigkeit können wir die Welt in ihrer ganzen Vielseitigkeit erleben. Es gibt kaum eine bessere Therapie gegen Langeweile als eine intensive Beobachtung oder ein aufmerksames Zuhören. Die Seele wird aktiv, wenn sie sich der Sinnesorgane bedient. Schon der Sprachgebrauch deutet darauf hin: „*Her*schauen, *hin*hören, *er*tasten, *an*sehen“ sind nur einige Beispiele für die Gebärde des tätigen „Aus-sich-Herausgehens“ in der Wahrnehmung.

Die Geistesnahrung:

Wie ist es mit der Nahrung für den Geist bestellt? – Denken Sie sich, Sie müßten mit Ihrem Mann, Ihrer Frau, Ihrem Freund oder Ihrer Freundin eine Auseinandersetzung bestehen, die sich möglicherweise an einer Kleinigkeit entzündet hat. Bei einer solchen Auseinandersetzung gibt es verschiedene Eskalationsstufen, die gelegentlich sogar ins ganz Grundsätzliche einmünden. Nach zunächst recht logisch daherschreitender Klärung der Ausgangslage stellt man betrübt bis verstimmt fest, daß man eine Stufe tiefer ansetzen muß, um dem anderen das ganze Ausmaß des Problems ins Bewußtsein zu heben ... Die Argumente werden strenger, die Logik schneidender, das Gefühl, nicht verstanden zu werden, nimmt existentielle Züge an. Die Konfrontation dehnt sich auf die Gesamtpersönlichkeit aus, die logische Strenge weicht Gefühlsausbrüchen. Den weiteren Fortgang überspringen wir diskret. – Nun *kann* es, in glücklichen Momenten, geschehen, daß sich bei einem der beiden mitten im Getümmel ein Erlebnis einstellt, welches viel über das Menschenwesen verrät: Es kann nämlich geschehen, daß man sich selbst auf einmal gleichsam von außen zuschaut und die ganze Absurdität der Situation klar erkennt, sie wie ein Spiel erlebt und zugleich den Blick frei bekommt für das eigentliche Anliegen des anderen. Ergreift man diesen Augenblick, so kann der Streit sehr schnell beendet sein. Nicht selten erscheint einem der andere in einem völlig neuen Licht. – Für uns ist daran zweierlei interessant: Erstens ist dieses Erlebnis nur denkbar, wenn man anerkennt, daß „etwas" in uns über dem ganzen Geschehen steht. Dieses „Etwas" ist unser Ich. Zweitens findet, wenn sich das Ich Geltung in unserem Seelenleben verschafft, eine ganz andere Begegnung statt als die vorher beschriebene: Jetzt erst – durch eine Anstrengung – wird Begegnung *Wesensbegegnung.*

Wesensbegegnung ist Geistesnahrung. Was an dem Beispiel des Ehestreits klar werden konnte, vollzieht sich natürlich auch bei anderen Gelegenheiten. Erst wenn wir durch innere Aktivität die Aufmerksamkeit auf die *schöpferische Kraft* wenden, die einer Erscheinung innewohnt, können wir ihrem Wesen begegnen. Das kann bei dem Hören von Musik geschehen, aber ebenso beim Ergreifen einer Idee (als Denkerlebnis) oder in der erkennenden Hinwendung zu einem Naturgeschehen. Entscheidend ist, daß geistige Begegnung, wie sie hier gemeint ist, immer innere Bewegung voraussetzt. Zwar läßt sich solche Begegnung nicht erzwingen, aber der Acker läßt sich bereiten, um sie überhaupt möglich zu machen. Die *Ehrfurcht vor dem anderen* wird zur Erkenntniskraft.

Zusammenfassend ergibt sich also:

- der *physische Leib* bedarf physischer *Substanzen;*
- die *Seele* bedarf seelischer *Erlebnisse:* Sinneserlebnisse, Gefühlserlebnisse, Willenserlebnisse;
- der *Geist* bedarf der *Wesensbegegnung.*

Die beiden einleitenden „Annäherungen" sollten deutlich machen, daß der Mensch kein vollständiges Wesen ist, wenn er nur aus seinen leibgebundenen Vorgängen lebt. – Diese Unvollständigkeit wird oftmals als Schmerz erlebt. Die naive Weltverbundenheit des kleinen Kindes weicht beim Heranwachsen dem Erlebnis, allein zu sein. Ein Abgrund hat sich zwischen dem einzelnen Menschen und dem Rest der Welt aufgetan. Dieser Abgrund muß immer wieder neu überwunden werden. In der Seele lebt eine starke Sehnsucht nach der anderen

Seite des Abgrundes, nach *Kommunion.* Wie oben gezeigt, ist Kommunion von der Tätigkeit des Menschen abhängig, sei diese seelischer oder geistiger Art.

Die Surrogate: Genußmittel

Und genau hier liegt die Falle der Suchtmittel. Sucht die Seele die Befriedigung ihrer Sehnsucht nicht in eigener Tätigkeit, sondern durch die Affektionen des Leibes, so bedient sie sich der *Genußmittel* aller Art. Über die physiologischen Vorgänge des Körpers führt sich die Seele ihre Stimulanzien von *unten* zu. Dabei macht es nur einen graduellen, aber keinen prinzipiellen Unterschied, welcher Art diese Stimulanzien sind.

Das Bedürfnis nach *Sinneserlebnissen* wird durch deren künstliche Verstärkung bedient: Verstärkeranlagen, Fernseher, Geschmacksverstärker, Spielautomaten, Cyberspace usw. nehmen uns die Arbeit der Aufmerksamkeit ab. Auf der anderen Seite lassen sich auch die *Willenserlebnisse* kräftig stimulieren, so daß die Seele sich gewissermaßen von außen Willenskraft holt. Als Beispiele seien hier „Red Bull“, Kaffee und überhaupt alle „Wachmacher“ (Amphetamine), aber auch Discotechniken, die mit sogenannten „Subwoofern“ unterhalb der Hörschwelle direkt auf den Bewegungsmenschen zielen, genannt. Sowohl von der Sinnesseite, wie von der Willensseite lassen sich so *Gefühle* erzeugen.

Intermezzo

Heißt das also, daß „alles Irdische des Teufels“ ist? Dazu ein paar Sätze Rudolf Steiners:

„Die Außenwelt ist in allen ihren Erscheinungen erfüllt von göttlicher Herrlichkeit; aber man muß das Göttliche erst in seiner Seele selbst erlebt haben, wenn man es in der Umgebung finden will. [...] Wer nur Eindruck nach Eindruck *genießen* will, stumpft sein Erkenntnisvermögen ab. Wer, nach dem Genusse, sich von dem Genusse etwas *offenbaren* läßt, der pflegt und erzieht sein Erkenntnisvermögen. Er muß sich nur daran gewöhnen, nicht etwa nur den Genuß nachklingen zu lassen, sondern, mit *Verzicht* auf weiteren Genuß, das Genossene durch innere Tätigkeit zu *verarbeiten.* Die Klippe ist hier eine sehr große, die Gefahr bringt. [...] Man unterschätze nicht, daß sich hier unabsehbare Quellen des Irrtums für den Geheimschüler eröffnen. Er muß ja hindurch zwischen einer Schar von Verführern seiner Seele. Sie alle wollen sein ‘Ich’ verhärten, in sich selbst verschließen. Er aber soll es aufschließen für die Welt. Er *muß* ja den Genuß suchen; denn nur durch ihn kommt die Außenwelt an ihn heran. Stumpft er sich gegen den Genuß ab, so wird er wie eine Pflanze, die aus ihrer Umgebung keine Nahrungsstoffe mehr an sich ziehen kann. Bleibt er aber beim Genusse stehen, so verschließt er sich in sich selbst. Er wird nur etwas *für sich,* nichts für die Welt bedeuten. [...] Der Geheimschüler betrachtet den *Genuß* nur als ein *Mittel,* um sich *für die Welt* zu veredeln." (GA 10/Tb. 1975/S.20 f.)

Das Zitat stammt aus Rudolf Steiners Schulungsbuch „Wie erlangt man Erkenntnisse der höheren Welten?" Was er dort für den bewußt angetretenen Weg beschreibt, kann zu einem Schlüssel für das Phänomen der Sucht in unserer Zeit werden.

Genußmittel dienen dazu, seelische Erlebnisse zu erzeugen. Werden sie konsumiert, ohne daß sich die Seele in Tätigkeit bringt, erlahmt deren Kraft im Laufe der Zeit, und sie ist bestrebt, sich diese Erlebnisse immer wieder neu von außen zuzuführen. Das führt zur Gewohnheitsbildung und – im Extremfall – schließlich zur Sucht. Es versteht sich von selbst, daß schlichtweg *alles,* was wir durch unsere Sinne „genießen" können, in diesem Sinne Suchtmittel werden kann. Die angeführten Beispiele sollten das lediglich verdeutlichen.

Die Surrogate: Rauschmittel

Wie oben dargestellt, lebt in uns auch die Sehnsucht nach *Wesensbegegnung,* also nach *geistiger* Begegnung. Der Abgrund zwischen Ich und Welt muß überwunden werden, indem sich der Wille vom Persönlichen so weit löst, daß er zum Wahrnehmungsorgan für ein anderes Wesen werden kann. Die Surrogate, die vortäuschen, man sei schon auf der anderen Seite des Abgrundes, sind die *Rauschmittel.*

Es ist hier nicht der Ort, auf die Wirkung der einzelnen Rauschmittel einzugehen. Dazu sei auf FLENSBURGER HEFTE 16, „Kulturvergiftung – Rauschgift, Sucht und Therapie", verwiesen. Nur an drei Beispielen soll diese Wirkung kurz skizziert werden: Durch den Gebrauch von Haschisch und anderen halluzinogenen Drogen erlebt man eine ungeheure Steigerung der Sinnesempfindungen. Das geht einher mit dem häufig erlebten Gefühl, ganz intensiv mit dem Wahrgenommenen „eins" zu sein. Haschisch gibt Gefühle, das Denken wird „luftig", assoziativ. Bei häufigem Gebrauch stellt sich dann aber in Zeiten der Nüchternheit das genaue Gegenteil ein: Die Welt wird grau und langweilig, das Denken wird langsam und einfallslos. – Während sich beim Haschisch die Gedanken und Gefühle sozusagen im Umkreis auflösen und gemeinsam die Erdenschwere zu verlassen scheinen, trennen sich Denken und Fühlen beim Heroin ganz deutlich voneinander. Wärme und Geborgenheit sind die Hauptgefühle, welche das Heroin erzeugt. Das Denken „funktioniert" weiter – allerdings nicht schöpferisch, sondern völlig angepaßt und an der Nützlichkeit (der Heroinbeschaffung) orientiert. Der Schmerz, den viele Menschen, oft unbewußt, an der Schwelle des Abgrundes erleben, wird ausgelöscht. Der Entzug geht dafür, wie in einem Gegenbild, mit furchtbaren Schmerzen einher. Nach den Berichten von Drogentherapeuten wurden viele heroinabhängige Mädchen in ihrer Kindheit sexuell mißbraucht. Mit dem Heroin lassen sich die seelischen Schmerzen und die Abscheu vor dem eigenen Leib leichter ertragen. – Das Kokain, oft als *die* Machodroge schlechthin bezeichnet, gibt hingegen das „Erlebnis der unbeschränkten Möglichkeiten": Das Denken wird klar und schnell, man meint, die Welt fest im Griff zu haben. Das Kunstwerk des Gehirns, welches durch die *lebendige* Denktätigkeit ja erst erschaffen wurde, wird brutal ausgebeutet. Das Kokaindenken ist nicht, wie viele Gebraucher meinen, kreativ, sondern es surft gewissermaßen in rasender Geschwindigkeit auf den früher angelegten Bahnen daher, und das wird als ein Allmachtsrausch erlebt.[3]

Für uns ist entscheidend, daß auch die Rauschmittel – ähnlich den Genußmitteln – über leibliche Vorgänge zu Erfahrungen führen, die sonst nur durch Anstrengung zu erlangen sind. Sie gehen aber über die Genußmittel hinaus, indem sie zu spirituellen, also geistigen Erfahrungen führen. Diese Erfahrungen gehen überwiegend aus der Giftwirkung der Drogen auf den Organismus hervor. Sie *zerreißen* das Band zwischen dem oberen und dem unteren Menschen. Geistige Erfahrung, wie sie oben mit dem Wort „Wesensbegegnung" charakterisiert werden sollte, beruht dagegen auf der *Verwandlung* des unteren durch den oberen Menschen.

Das oben angeführte Schema erweitert sich also:

	Nahrung	*Surrogat*
physischer Leib	physische Substanzen	
Seele	Sinneserlebnisse Willenserlebnisse Gefühlserlebnisse *durch Tätigkeit*	Genußmittel *Konsum*
Geist	Wesensbegegnung *Kommunion*	Rauschmittel *Illusion*

3. Konstantin Wecker gibt in seinem Roman „Uferlos" (Köln 1992) eine eindrucksvolle Beschreibung der Kokainwirkung.

Zwischenbilanz

Zwei größere Linien haben wir bis hier parallel verfolgt: das Auseinanderdriften der Seelenkräfte des Denkens, Fühlens und Wollens beim heranwachsenden Kind und die Dreigliederung des Menschen nach Leib, Seele und Geist. Die erste Linie sollte bewußt machen, wie es kommt, daß *biographisch* von einem bestimmten Lebensalter an ein Verlust an Vollständigkeit erlebt wird. Die zweite Linie versuchte, den *anthropologischen* Angriffspunkt der Drogen und Suchtmittel aufzuhellen. Wir haben uns so von zwei verschiedenen Seiten dem Suchtproblem genähert, welches sich als ein Ichproblem enthüllte – ein Ichproblem allerdings, das heute weite Teile unserer Gesellschaft bestimmt und damit zugleich ein soziales Problem geworden ist. „Ichproblem" deshalb, weil es darauf ankommt, ob ein Mensch die verlorengegangene Einheit in seiner Seele durch Tätigkeit wiederherstellen kann und so einen neuen, freien Zugang zu der Welt erreicht oder ob er den Verlust durch allerlei Surrogate „ausfüllen" muß, die ihm über die leiblichen Vorgänge diese Arbeit (scheinbar) abnehmen.

Damit ist eine begriffliche Ausgangsbasis geschaffen, um an unser Thema – die Erziehung in einer Suchtgesellschaft – heranzukommen.

Die Geburt als Verwandlung

Wir haben den Menschen als geistig-seelisch-leibliches Wesen kennengelernt. Das Seelische haben wir nach seinen Tätigkeiten differenziert: Denken, Fühlen, Wollen. Wir haben gesehen, wie sich diese Tätigkeiten im Laufe der Kindheit aus einer Einheit zu einer Dreiheit entwickeln und wie sich mit diesem Auseinanderdriften das Verhältnis der Kinder zu ihrer Mitwelt verwandelt.

Diese Verwandlung ist ein Weg der Trennung, ein Weg zum „Gegenüber". Er ist die Fortsetzung einer anderen Trennung: der Geburt. Geburt ist Ablösung – zugleich aber auch Verselbständigung. Was sich bei der Geburt körperlich vollzieht, vollzieht sich, auf Jahre verteilt, auch seelisch und geistig. Rudolf Steiner sprach daher auch von mehreren „Geburten", in deren Verlauf sich ein Mensch stufenweise inkarniert, also mit seinem Leib verbindet.[4] – Auf der Erde haben wir es mit einer tausendfach gegliederten *Schöpfung* zu tun, die uns *von außen* entgegentritt. Wir nehmen sie durch unseren Leib, über die Sinne, wahr. In der geistigen Welt fehlen diese Sinne: Nicht äußerlich gewordene Schöpfung umgibt uns, sondern wir leben in Gemeinschaft mit den schaffenden Wesen selbst.

4. Vgl. Rudolf Steiner: Die Erziehung des Kindes vom Gesichtspunkte der Geisteswissenschaft. Einzelausgabe (auch in GA 34 und GA 36), Dornach 1981, S.18 f.

Geburt, oder Inkarnation, bedeutet, daß wir uns anschicken, aus der Welt der *Ursachen* in eine Welt der *Wirkungen* einzutreten.

Nun tritt ein Mensch nicht als unbeschriebenes Blatt seinen Erdenweg an. Jeder Mensch trägt in sich die Bilder der Aufgaben, die er sich für seine Inkarnation gestellt hat. Diese Bilder sind zunächst *über*bewußt, also dem Tagesbewußtsein nicht ohne weiteres zugänglich. Und doch wirken sie – als Sehnsucht beispielsweise, ein bestimmtes Ideal zu verwirklichen. Man kann, wenn man Rückschau auf sein bisher gelebtes Leben hält, Leitmotive finden, die sich wie ein roter Faden durch die Erlebnisse und Entscheidungen ziehen. Die Kardinalfrage an die Erziehung lautet, inwiefern sie einen Menschen befähigt, an seine überbewußten Geburtsimpulse anzuknüpfen. Das hat nichts mit Mystik zu tun – man könnte es auch negativ formulieren, indem man fragt, wie man einen Menschen davor bewahren kann, zum angepaßten Spießbürger einerseits, zum wesenlosen Phantasten andererseits zu entarten. So verstandene Erziehung kann nicht bedeuten, ein Kind auf irgendein abstraktes „Ziel" hin zu erziehen, sei das Ziel auch noch so „gut". Es kann nur darum gehen, dem Kind Anregungen zu geben, die es befähigen, in der Zeit seines Heranwachsens Zug um Zug die überbewußten, vorgeburtlichen Imaginationen zu bewußten Idealen und Kräften werden zu lassen. Der Mensch ist *an sich* eine große Intuition. Er muß das aber im Laufe seines Lebens selbst realisieren.

Die *natürliche* Entwicklung führt zum Erlebnis der *Trennung* von „oben" und „unten". Was bleibt, ist die Sehnsucht nach dem verlorengegangenen Paradies. Reicht die Wegzehrung für den Gang durch die Wüste der Veräußerlichung? Welche Kräfte sind es denn, die gebraucht werden, um den Abgrund wieder zu überwinden?

Die Verwandlung der Bilder

Wenn ein Mensch durch das Tor der Geburt ins Erdenleben eintritt, tritt ihm die Welt von nun an über seine Sinne von außen entgegen. Er erlebt sie als *Bild.* Die Gebärde, mit der sich ein kleines Kind zu diesen Bildern stellt, ist aber immer noch diejenige, die es aus dem vorgeburtlichen Dasein kennt: Es ist die vollständige, bedingungslose Hingabe. Ein kleines Kind kann den vielen Sinneseindrücken gar nichts entgegensetzen. Aber es will das auch nicht. Im Gegenteil: Die Nachahmung alles Wahrgenommenen ist ja das Hauptcharakteristikum der ersten Lebensjahre. Was mit dem Gehen- und Sprechenlernen beginnt, setzt sich, wenn das Denken erwacht ist, im Spielen fort. – *Wer* ahmt da eigentlich nach? Es ist die vom Ich geleitete Seele des Kindes. Sie ahmt nach, indem sie die Vorbilder ihrer Umgebung *mitvollzieht.* Das ist die Gebärde der Kommunion. Das Bewußtsein des Kindes ist draußen, bei den Dingen. In seiner Hingabe an die Sinneseindrücke verwandelt es diese in Tätigkeit, und so plastiziert es wiederum an seinem Leib. Aus *Vorbild und Nachahmung* nimmt ein Kind Anregungen für seine leibliche Entwicklung.

Mit der Schulreife greift die Nachahmung nicht mehr unmittelbar in die Wachstumsvorgänge der Organe ein. Sie wird seelisch, wird zum Nach*streben.* Die rhythmischen Vorgänge werden zum Haupttätigkeitsfeld des Ich: Wurden im ersten Jahrsiebt die Organe ausgebildet, so dienen sie jetzt zum seelischen „Musizieren". In der Atmung schwingt die Seele zwischen Leib und Welt hin und her. Diese Bewegung findet ihren Widerhall im Gefühlsleben des Kindes. In dem Wechsel zwischen „innen" und „außen" kommt es zu vielen, von Sympathie und Antipathie geprägten Nuancen im Fühlen. Die Seele *verinnerlicht* sich, indem sie lernt, zwischen diesen Polaritäten hin- und herzuschwingen. – Zugleich erwacht auch das Denken als selbständige Seelentätigkeit. Damit verändert sich aber der Zugang zu den Bildern. Im ersten Jahrsiebt war die Seele außen, bei ihnen, und über die Nachahmung wurden sie „einverleibt". Jetzt werden die Bilder innerlich erlebt. Das gilt auch für Sprachbilder, also für Erzählungen. An den Bildern der Umgebung differenzieren sich die Sinnesempfindungen; über erzählte Bilder kann sich die Seele für den verborgenen *Sinn* der Welterscheinungen aufschließen. Das Mit*wollen* des ersten Jahrsiebts wird zum Mit*fühlen* und schließlich zum Mit*denken.*

Die entscheidende Frage dieses Alters ist, ob die Kinder mit den Erzählungen Steine oder Brot bekommen. Die Seele nimmt Anteil an der Welt, wenn sie mit ihr fühlen darf. Erst ein reiches Gefühlsleben schafft die Voraussetzungen für ein gesundes *Urteil* über sie. Gibt man Kindern nur Urteile oder trockene Definitionen („die Welt ist schlecht; die Ökokatastrophe naht; die Sonne ist ein Fusionsreaktor; dein Lehrer taugt nichts ..."), so *verfrüht* man das Erlebnis des Abgrundes. Tritt dann die „biographische Einsamkeit" der Pubertät hinzu, so ist nichts oder zu wenig da, was als Gefühlssicherheit trägt. – Macht man Kinder hingegen über ein Bild auf den – vielleicht verborgenen – Sinn einer Welterscheinung aufmerksam, so können sie zuerst mit ihrem *Herzen* den Weg gehen, der schließlich zum Begreifen führt. Der Begriff gehört ans *Ende* dieses Weges. Das verlangt von den Erwachsenen allerdings innere Aktivität: Sie müssen ihre Gedanken erst selbst zu einem Bild verdichten: Die „Mutter Sonne", die allen Geschöpfen ihre Wärme und ihr Licht schenkt, ist ein Bild, welches *wachsen* kann. Es läßt der Kinderseele Luft zum Atmen. Außerdem regt es die Phantasie an, ohne die ein forschendes Denken nicht möglich ist. Das Gegenbild wäre der „UV-strahlende

Fusionsreaktor", der uns das Leben schwermacht.[5] – Auch über das Menschsein können Erzählungen ganz verschiedene Bilder anregen. Sind die Menschen *nur* die Zerstörer der Welt? Oder kann ich Bilder dafür finden, wie Menschen das Zerstörerische, Häßliche und Böse *überwunden* haben? Viele Märchen beschreiben genau das Wesen von Verlockung, Abhängigkeit, Verzauberung und Erlösung (oder Überwindung). Man denke nur an „Rapunzel" oder „Schneewittchen". Für ältere Kinder lassen sich Lebensläufe schildern, die das persönliche Ringen von Menschen zum Erlebnis bringen. Wirksam sind an solchen Bildern nicht die Details, sondern die Kraft der Verwandlung, die aus ihnen spricht.

Mit der Geschlechtsreife vollzieht sich wieder eine Verwandlung im Wesensgefüge des Menschen. Das Denken, welches anfangs noch ganz gefühlsdurchdrungen war, wird allmählich nüchterner und bereit, die Welt gesetzmäßig zu erkennen. Mit dem Erreichen der Pubertät steht es der Welt wirklich *gegenüber*. Das Fühlen ist jetzt ganz „persönlich", ganz innerlich geworden. Eine sehr entscheidende Frage ist, ob sich der Wille im Laufe der letzten Jahre graduell aus seiner Leibgebundenheit befreien konnte, ob er gelernt hat, seelisch – also im Denken – tätig zu werden. Denken, Fühlen und Wollen bilden von nun an keine natürliche Einheit mehr. Sie gehen immer mehr getrennte Wege, wenn sie nicht durch innere Kraft zusammengebracht werden. Unsere Frage nach der „Verwandlung der Bilder" bekommt vor diesem Hintergrund ihre Bedeutung. Kamen die Bilder in der Kindheit von außen, so müssen sie künftig von innen kommen. Die Seele muß sich aus eigener Kraft in Bewegung setzen und sich, wie es im Sprachgebrauch heißt, „ein Bild von den Dingen machen" können. Das ist auch die Voraussetzung für ein selbstbestimmtes Handeln, welches den Willen vom Denken leiten läßt. Gelingt das der Seele nicht, so fühlt sie Leere – eine Leere, die durch Surrogate ausgefüllt werden muß.

Die Entwicklung der Seelenkräfte

Suchtprävention ist erst zuletzt eine Frage der Warnung. Sie ist vor allem eine Frage nach den Kräften, die ein Mensch im Laufe seiner Kindheit entwickeln muß, um den Verlockungen einer Zivilisationsform, die sich zunehmend in Ersatzerlebnissen verliert, standhalten zu können.

Ginge die Einheit von Denken, Fühlen und Wollen nie verloren, so könnte keine Freiheit entstehen. Bliebe es allerdings bei der Trennung, so würde der

5. Das Beispiel ist nicht erfunden. Ein 10jähriges Kind sagte mir, sein Papa habe ihm das so erklärt. Auf meine Frage, was denn ein Fusionsreaktor sei, kam dann die Antwort, das seien „so kleine Krümelchen, aus denen die Welt gemacht ist".

Mensch seine Mitte verlieren: Das Denken bliebe kalt, berechnend, zweckbestimmt; der Wille würde zum Instrument eines brutalen Egoismus; das Fühlen bliebe gebunden an die Affektionen, die jeweils aktuell vom Leibe ausgehen. Das Chaos der Pubertät ist Ausdruck des Ringens des Ich um die Herrschaft über diese Seelenkräfte. Dazu bedarf es noch für lange Zeit der Vorbilder durch Erwachsene, die diese Herrschaft wenigstens mit aller Kraft anstreben. Souverän kann das Ich erst werden, wenn es eine Zeitlang üben durfte. Was in dieser Zeit trägt, ist der innere Reichtum, den sich ein Kind in den beiden ersten Jahrsiebten aneignen konnte.

Oben faßten wir Sinnes-, Gefühls- und Willenserlebnisse als „Nahrung für die Seele" zusammen. Die Frage nach der Ausbildung seelischer Kräfte bedeutet biographisch, daß ein Mensch lernt, diese Erlebnisse immer mehr durch innere Tätigkeit zu führen. Das Gegenbild sind, wie dargestellt, die Genuß- und Rauschmittel. Mit Drogen, insbesondere mit den immer weiter verbreiteten Designerdrogen, können für alle Seelentätigkeiten die passenden Illusionen erzeugt werden. Es ist heute kein Problem mehr, sich „Cocktails" zu mischen, welche die Seele auf die jeweils gewünschte Wolke setzen. Das „Soma" aus Aldous Huxleys Roman „Schöne neue Welt" ist längst Realität geworden. Kokain für das Denken, Haschisch für das Fühlen, Ecstasy (MDMA) für das Wollen – ein Menü, das mit viel Phantasie ständig verfeinert werden kann.

Die Entwicklung der Seelenkräfte durchläuft viele Stufen. Im ersten Jahrsiebt arbeitet das Kind hauptsächlich an seinem Leib, dem Instrument seiner Seele. Im zweiten Jahrsiebt stimmt das Kind sein Instrument. Im dritten Jahrsiebt muß es schon selbständig darauf spielen. Die Geistseele des Kindes inkarniert sich stufenweise durch diese Arbeit. Suchtprävention heißt, so gesehen, die Geistseele des Kindes bei dieser Arbeit zu unterstützen und nicht zu behindern.

Der nachfolgende Durchgang möchte in aphoristischer Weise aufzeigen, wie eine solche Unterstützung in den verschiedenen Altersstufen aussehen kann.

Praktische Gesichtspunkte

Zu den Sinneserlebnissen:

Ohne Sinnes*organe* ist Sinnes*tätigkeit* nicht möglich. Die Kinder wurden von der Natur mit ihnen ausgestattet. Ob und wie sie sie benutzen, hängt von der Erziehung ab. Die Sinne können aufgeschlossen, sie können aber auch abgestumpft werden. Aufgeschlossen werden sie durch feine Unterschiede in der Wahrnehmung. Alle Naturgegenstände, seien sie lebendig oder nicht, sind unendlich verschiedenartig in ihrer Kombination von Farbe, Härte, Wärme, Gewicht, Form, Geruch, Geschmack usw. Man könnte sagen, sie sind *ehrlich,* im Gegensatz zu Kunststoffprodukten, die zwar fast jede beliebige Form annehmen können, aber die Sinneserlebnisse auf ein winziges Spektrum reduzieren. Die *Feinheit der Abstufungen* ist ein Kriterium für die Entwicklung aller Sinnesorgane. Immer läßt sich fragen, ob die Eindrücke *überwältigen* (Lautsprechermusik, Fernsehbilder, „Neon"-farben) oder ob sie einfach *gesättigt* sind. Freiheit heißt in diesem Alter: die Welt sinnlich erleben dürfen.

Mit dem Übergang zum zweiten Jahrsiebt sollten die Kinder bewußt auf die Welterscheinungen aufmerksam gemacht werden. Erzählungen können neugierig machen, in der Welt wiederzuentdecken, was sich zuvor die Phantasie ausgemalt hat. Das Staunen weckt das Denken auf. Die Sinnestätigkeiten können bewußt geübt werden. Einige Beispiele: Einradfahren und Jonglieren üben den Gleichgewichts- und Bewegungssinn, Malen den Farbsinn, Plastizieren den Tast-, Bewegungs- und Wärmesinn, das Musizieren die Hörsinne usw. Alle künstlerischen Übungen verfeinern die Sinnes*empfindungen.* – Die Aufmerksamkeit wird durch die, an erzählten Bildern entzündete, Phantasie erzogen. Hinzu tritt später die exakte Beobachtung, bei der sich die vorher geübte Aufmerksamkeit mit dem Denkwillen verbündet.

Der Weg geht vom *Genuß* zur *Hinwendung* (wobei das eine das andere nicht ausschließt). Auch für das dritte Jahrsiebt gilt alles, was für die vorangegangenen Lebensabschnitte gesagt wurde. Durch die Trennung der Seelenkräfte knüpft sich aber nicht mehr von selbst an jede Wahrnehmung eine Empfindung, an die Empfindung ein Gedanke. Das verbindende Glied ist jetzt das *Interesse,* also die selbst gewollte Aufmerksamkeit für „das andere". Ist dieses Interesse nicht da, so ist an seiner Stelle Leere. Was im ersten Jahrsiebt Sache der Erwachsenen war: für differenzierte Sinneserfahrungen zu sorgen, obliegt jetzt dem jungen Menschen selbst. Ohne die Kraft des Interesses muß sich die Seele über Verstärker mit Erlebnissen versorgen.

Zu den Gefühlserlebnissen:

Wärme, Heiterkeit und Tatkraft sind Gefühlsqualitäten in der Umgebung von Kindern, ohne die in keinem Alter etwas geht. Dies vorausgesetzt, kann der Blick wiederum auf die leibliche Grundlage der Gefühle gerichtet werden: auf das rhythmische System, das durch Atmung und Blutkreislauf repräsentiert wird.[6] Viele Redewendungen beschreiben mit Rhythmusveränderungen Gefühle: „Es stockt mir der Atem", jemand ist „atemlos", ein Ereignis „bringt das Blut in Wallung" usw.

---

6. Vgl. Stefan Leber: Die Menschenkunde der Waldorfpädagogik. Stuttgart 1993, S.372 f.

Will man dem Kind eine sichere Grundlage für sein Gefühlsleben geben, so müssen beide, Gefühle *und* Rhythmen, gepflegt werden. Im ersten Jahrsiebt spielen dabei die *Lebensgewohnheiten* eine herausragende Rolle. Gibt es einen rhythmisch gegliederten Tageslauf? Das beginnt mit so einfachen Dingen wie regelmäßigen Essens- und Schlafenszeiten. Es kann aber weitergehen: Mit einiger Übung lassen sich viele kleine „Rituale" in den Tageslauf einbauen – nicht als pedantische Form, sondern als kleine seelische Fixpunkte für die Kinder. Jede liebevolle Besonderheit, die regelmäßig „einfach passiert", gibt Gefühlssicherheit: „Das ist so, das war so, das wird so sein." – Was so im Großen geschieht, hat seine Entsprechung in den Abzählreimen, Hüpfspielen, Tänzen und all den anderen Rhythmusübungen, welche die Kinder so lieben, die aber immer mehr in Vergessenheit geraten.

Rhythmus gibt Sicherheit in der Zeit; eine überschaubare Umgebung gibt sie im Raum. Das Wiedererkennen und allmähliche Erweitern des Horizonts schafft *Vertrautheit.* Das hektische Hinundherreisen, dem viele Kinder ständig ausgesetzt sind, überfrachtet sie mit Eindrücken. Das Ergebnis sind Unsicherheit und Nervosität. Es mag im Zeitalter allgemeiner Mobilität anachronistisch klingen, wenn hier ein Loblied auf das häusliche Idyll angestimmt wird, aber wenn wir uns schon fragen, wie der steigenden Sucht nach *Ersatzerlebnissen* entgegengewirkt werden kann, sollten wir wenigstens wissen, wie unsere Lebensführung wirkt. Notfalls muß man eben die vertraute Umgebung mitnehmen, wohin die Reise auch geht! – Zusammenfassend kann für das erste Jahrsiebt das Wort *Geborgenheit in den Lebensgewohnheiten* stehen.

Im zweiten Jahrsiebt stehen die *Reifung* des rhythmischen Systems und die *Verinnerlichung* der Seele im Vordergrund der Entwicklung. Das künstlerische Üben spielt dabei eine Schlüsselrolle. Wie das Ein- und Ausatmen zwischen Blutkreislauf und äußerer „Luftwelt" vermittelt, bewegt sich eine künstlerische Tätigkeit zwischen innerer Schöpferkraft und äußerer Gesetzmäßigkeit: Musik kann nur schön klingen, wenn der Musiker innerlich tätig ist *und* die Tücken seines Instruments beherrscht. Die Kunst kann zwischen dem chaotischen Wollen und dem gesetzmäßigen Denken eine lebendige, bewegte Mitte schaffen. – Über die Wirkung guter Erzählungen sprachen wir schon. Es gehört aber noch ein Kapitel zur Gefühlserziehung: das Aushalten-Können von Schmerzen und von *Un*-Lust. Verzichten und Warten-Können, also Geduld, sind eine Gegenkraft zur Sucht. Der Dichter Jean Paul Richter hat das in seiner „Levana" so ausgedrückt:

„Juden verboten, zwei Freudenfeste zusammen zu feiern; sollt es nicht ebenso Kindern abzuschlagen sein, wenn sie z.B. nach einem Spaziergang am Sommerabend wieder die Erlaubnis begehren, im Garten zu spielen, und dann die dritte, noch vor dem Essen nur eine Viertelstunde die Spielgenossen in den Saal heraufzuholen? Denn hierin sind die Kinder vorausdatierte Erwachsene und dürsten kaum in der Arbeit so sehr nach Genuß als hinter einem Genuß; von der Zuckerinsel wollen sie sogleich nach einer zweiten überschiffen und Himmel auf Himmel wölben. So ist dann das kleine Wesen schon in den Honig jetziger Lustüberfülle eingetaucht, womit die Zeit den Bienenflügeln der Psyche jeden Flug verklebt." (Jean Paul: Knospe der Kindheit. Hg. Otto Müller, Stuttgart [3]1990, S.27)

Für das dritte Jahrsiebt machten wir oben schon darauf aufmerksam, daß *Interesse* eine Brücke zur Welt ist, in der sich die Seelenkräfte wieder zusammenschließen. Interesse ist ein nüchternes Wort für Liebe. Das Gegenbild ist die rein körperliche Begierde. In der Liebe, oder dem Interesse, lebt immer auch Erkennen. Umgekehrt gibt es ein Erkennen, in dem Liebe lebt: Eine Idee wird zum Ideal, wenn sie geliebt wird. Fühlen und Denken stehen nur noch lose in einer natürlichen Verbindung; dafür können sie jetzt eine *Wahlverwandtschaft* eingehen. – Was die Ideale für das Denken sind, ist die Liebe für das Fühlen. In den Jugendlichen lebt eine große *Sehnsucht nach Idealen.* Finden sie Menschen in ihrer Umgebung, die selber danach streben, Ideale zu verwirklichen, so können sie daran Ichkraft erleben. Das kann ihnen Mut machen, eigene Ideale zu entwikkeln. Ein abgeklärter Zynismus, der unter Erwachsenen oft mit Lebenserfahrung verwechselt wird, ist dafür natürlich Gift. Ideale sind das Wetterleuchten der Zukunft, Zynismus hingegen ist Willenslähmung aus der Vergangenheit. – Das Denken muß jetzt auch lernen, sich frei zu bewegen, der Welt also wirklich *erkennend* gegenüber zu treten. Der Zeitpunkt ist gekommen, wo ein Gespräch über Sucht und Drogen Sinn macht. Darauf komme ich weiter unten noch einmal.

Zu den Willenserlebnissen:

Zur Willenserziehung des ersten Jahrsiebts gehört immer die Nachahmung. Sie braucht dafür überschaubare und, vor allem, *sinnvolle* Vorbilder. Sinnvoll sind sie, wenn sie einen Zweck erfüllen und liebevoll durchgeführt werden: Fegen, Bügeln, einfache handwerkliche Arbeiten, Gartenpflege usw. Nachgeahmt wird, neben der äußeren Tat, immer auch die moralische Haltung, mit der sie ausgeführt wird. Ein Kind langweilt sich nicht, wenn die Eltern mit Engagement einer Tätigkeit nachgehen. – Es gibt aber auch die vielgehörte Forderung: „Ich *will* das haben!" Nun gehört es zur Willenserziehung, einer solchen Forderung nicht immer gleich nachzugeben. Beim kleinen Kind mag sich der Wille noch durch Begierden äußern – später ist eine ungezügelte Begierdennatur eher Ausdruck von Willens*schwäche.* Die Grundgebärde der Drogen ist: „Du bekommst alles umsonst, und du bekommst es *sofort!*" – Es fragt sich natürlich, ob die Erwachsenen sich auch selbst etwas versagen können. Diese Kraft wird nämlich nachgeahmt ...

Verzichten heißt, den Willen „stauen". Eine Begierde bleibt unerfüllt. Lernt man, daß ein Verzicht an anderer Stelle – oder *für* jemand anderes – Gewinn bringt, so ist viel gewonnen. – Etwas anderes ist die *Überwindung.* Überwindung hat mit Hindernissen zu tun. Will man sein Kind von allen Hindernissen fernhalten, so schwächt man es durch die eigene Sentimentalität. Für die Überwindung gibt es sehr unterschiedliche Motive. Läßt man die Angst oder den Ehrgeiz einmal beiseite, so bleibt, etwas für einen anderen Menschen oder für ein Ziel zu tun. Ein solches Ziel kann eine Bergwanderung sein, aber auch ein Fest oder ein anderer Höhepunkt. – Auch kleine Pflichten, den Kräften des Kindes angepaßt, fordern Überwindung. Dasselbe gilt für alles regelmäßige Üben. Jede *bewußte Wiederholung* ist Willenserziehung, ebenso wie das Zu-Ende-Führen einer begonnenen Arbeit.

Kommen wir schließlich zur *Begeisterung:* Jede Initiative setzt Begeisterung voraus. Zunächst ist es die Begeisterung der Erwachsenen, welche die Kinder mitnimmt. Umgekehrt: Sind die Großen faul, haben die Kinder nichts, woran sie ihre Flamme entzünden können. Begeisterung nimmt den ganzen Menschen mit und gibt ihm Gelegenheit, Herz, Verstand und Willenskraft einzusetzen. Konnte ein Kind Begeisterung empfinden, so hat es auch die Voraussetzungen dafür, sich im dritten Jahrsiebt selber Ziele zu setzen.

... und die Schule?

Im zweiten Jahrsiebt sind es die Erwachsenen, deren Seelenverfassung auf die Kinder überspringt. Noch einmal Joseph Beuys: „Es kommt alles auf den Wärmecharakter im Denken an. Das ist die neue Qualität des Willens." – Mit der Pubertät brauchen die jungen Menschen Gelegenheit, ihre Ideale, Interessen und Ziele selbständig auszubilden und zu erproben. Mit den Worten des Paderborner Erziehungswissenschaftlers Peter Schneider geht es darum, neben der *Fach*kompetenz auch eine *soziale* und *Individual*kompetenz zu erwerben.[7] – Die Schulen tun heute unendlich viel dazu, diese Kräfte zu korrumpieren. Dabei meine ich

7. Siehe dazu im Sonderheft 15 der FLENSBURGER HEFTE das Interview mit Wilfried Gabriel und Peter Schneider sowie den Artikel von Reinhard Elsler.

nicht die einzelnen Lehrer/innen, die oft mit echtem Engagement arbeiten. Ich meine das ganze anachronistische System einer vom Staat gelenkten Schule. Ein Lernen, das über Notendruck und Berechtigungswesen die Angst und den Ehrgeiz zum Hauptmotiv erhebt, ist mörderisch für die freie Entfaltung der Seelenkräfte.[8] – Wir müssen uns allerdings auch an den Waldorfschulen fragen lassen, ob nicht bis in die Mittelstufen hinein längst das Gymnasium mit seinen Anforderungsprofilen zum heimlichen „Co-Direktor“ geworden ist. In seinen „Volkspädagogischen Vorträgen“[9] zeichnete Rudolf Steiner ein Bild der Oberstufe, das mit der Praxis an den meisten Waldorfschulen fast nichts gemeinsam hat. Es muß aber auch für die obere Mittelstufe gefragt werden, ob die Selbständigkeit der Kinder genügend gefördert wird. Muß nicht der *Arbeits*begriff noch viel konkreter und praktischer gefaßt werden, als es traditionell geschieht? Fächerübergreifende Projekte, Gruppenarbeit usw. sind als Arbeitsweisen bisher fast ausschließlich im Bereich der Kunst entwickelt worden – dort allerdings mit einer so begeisternden Wirkung, daß nicht einzusehen ist, warum nicht auch die anderen Arbeitsfelder einer Schule davon profitieren können. Wenn oft beklagt wird, die Schüler/innen hätten nicht genügend Initiative, so liegt das auch daran, daß nicht ausreichend Raum für Initiative gegeben ist. Alle Waldorfschulen, die versuchen, hier neue Wege zu gehen, machen die Erfahrung, daß sich die Schüler/innen sehr gerne engagieren. Vielleicht liegt das auch an den Begeisterungsfunken einer initiativen Pädagogik?

Zur „Aufklärung“

Aus dem Vorangegangenen wurde schon deutlich, daß Suchtprävention, wie sie hier verstanden wird, eine umfassende Erziehungsaufgabe ist. Erst mit der Pubertät verfügen die jungen Menschen über die seelische Selbständigkeit und den Erfahrungsboden, die eine Aufklärung über Drogen sinnvoll erscheinen lassen. Auch hier geht es um die Methode. Es interessiert die Jugendlichen in der Regel herzlich wenig, von irgendwelchen langfristigen körperlichen Schädigungen zu hören. Sie fühlen sich so durchdrungen von „Aufbruch“, daß eventuelle körperliche Schäden völlig abstrakt bleiben.

---

8. Die Autonomie-Diskussion, die jetzt im Bereich der Staatsschulen eingesetzt hat, ist ein Aufbruchssignal; von wirklicher Autonomie kann allerdings erst die Rede sein, wenn die Freiheitsentwicklung *aller* an Schule Beteiligten zum Paradigma für Bildung wird, d.h. wenn das staatliche Schulmonopol ganz abgeschafft wird.

9. GA 192/1991/11.05., 18.05. und 01.06.1919; Einzelausgabe: Neuorientierung des Erziehungswesens im Sinne eines freien Geisteslebens. Dornach 1980.

Was die jungen Leute aber sehr wohl interessiert, ist, etwas von dem Wesen der Drogen und Genußmittel zu erfahren. Dabei braucht man *überhaupt nicht* zu moralisieren. Es genügt völlig, die Wirkung der einzelnen Substanzen auf den Menschen in seinem geistig-seelisch-leiblichen Gefüge transparent zu machen. Es hat sich bewährt, die innere Beweglichkeit in der Begriffsbildung durch eine goetheanistische Betrachtungsweise einzelner Drogenpflanzen und ihrer „Gebärden" anzuregen:

Anhand einer Betrachtung etwa der Haschischpflanze (Cannabis sativa) läßt sich die Verwandtschaft von Pflanzengebärde und Drogenwirkung auf den Menschen sehr genau zeigen. Der Hanf ist Windbestäuber, sehr wärmeliebend, und gerade die Wirksubstanz des Haschisch (das Tetrahydrocannabiol, THC) entwikkelt sich in Abhängigkeit von der Lichtintensität. Die Blätter sind gefingert und gesägt; ihre Oberfläche hat eine kieselige Struktur. Anhand dieser Merkmale läßt sich die starke Affinität der Pflanze zu ihrem kosmischen Umkreis (Luft, Wärme, Licht) veranschaulichen. – Einen Gegenpol zu dieser Orientierung nach oben bilden dagegen die Fasern: Hanffasern gehören zu den stabilsten und unverwüstlichsten Pflanzenfasern überhaupt. Licht, Wärme, Luft, Leben einerseits – Verhärtung, Absterben andererseits. Diese Polarisierung findet sich in der Wirkung der Droge wieder. Während sich die Geistseele gewissermaßen in ihren Umkreis verströmt, leicht und luftig wird, verliert sie – tendenziell – die Herrschaft über den physischen Leib. Sie läßt die Materie im Stich. Wurde vorhin Inkarnation als Durchdringung des Leibes mit der Geistseele beschrieben, so findet durch die Haschischwirkung eine Trennung statt. Nicht Verwandlung, sondern Flucht ist die Gebärde.

Jugendliche können das sehr genau verstehen. Sie *wollen* Verwandlung in ihrem Leben und kennen sehr genau das Erlebnis des Scheiterns an der Verwandlung. „Biographiearbeit" ist ihr täglich Brot. – Das Denken möchte zu seinem Recht kommen, aber es möchte dort tätig werden, wo es Fragen hat. Mit 15, 16 Jahren verfügen die Jugendlichen über einen außerordentlich reichen Erfah-

1993 starben in Deutschland
– 90.000 Menschen an den Folgen des Rauchens (geschätzt),
– 40.000 Menschen an den Folgen des Alkoholkonsums (geschätzt),
– 1.738 Menschen an den Folgen des Gebrauchs illegaler Drogen.

Quelle: Deutsche Hauptstelle für Suchtgefahren (DHS), zit. nach Flensburger Tageblatt vom 01.06.1995.

rungsschatz in ihrem Ringen um Gleichgewicht in einer chaotisch gewordenen Welt. Beschreibt man die Wirkung der Drogen parallel zu den Erfahrungen, welche sie selbst an sich gewonnen haben, so kann man gemeinsam zu sehr tiefgehenden Erkenntnissen kommen. Wir haben einige Male in 10. Klassen kurze Epochen zu diesem Thema durchgeführt und jedesmal erlebt, daß diese Begriffsbildung dringend gewünscht und geboten war.

Man darf sich allerdings bei Jugendlichen, die bereits mit Drogen experimentieren, auch von einer solchen Darstellung keine sofortige Abstinenz erwarten. (Wäre das so einfach, gäbe es auch unter Erwachsenen keine Raucher mehr ...). Mit einer Aufklärung, welche die geistig-seelische Dimension des Drogengebrauchs ernsthaft berücksichtigt, kann man aber erreichen, daß die jungen Leute ihr eigenes Handeln und ihre Sehnsucht mit anderen Augen sehen können als vorher. Das schafft einerseits ein soziales Verständnis innerhalb der Klassengemeinschaft. Andererseits wirken die gewonnenen Begriffe, wenn sie wirklich aus einem lebendigen Erkenntnisprozeß hervorgegangen sind, als Kraft weiter. Manchmal kann es dann zu einem späteren Zeitpunkt wichtig sein, daß diese Gedanken einmal bewußt durch die Seele gezogen sind.

Es ist ohnehin eine Illusion, wenn man glaubt, man könne ein Kind heute noch dauerhaft von der Begegnung mit Drogen und Suchtmitteln fernhalten. Die Fragerichtung muß sich umkehren: „Was kann ich tun, um mein Kind stark genug für diese Begegnung zu machen?“ Und selbst bei dieser Frage sollte man sich davor hüten, eine Garantie zu verlangen, daß eine bestimmte Erziehungsmethode immer „Resistenz“ gegen Drogen verleiht. Unter Umständen muß ein Mensch durch diese Erfahrungen hindurchgehen, bevor er zu seinem Lebensmotiv findet. Die Frage lautet dann nicht, wie man ihm wieder zu einem angepaßten Leben verhilft, sondern: „Von welchem Licht, das in dir leuchtet, ist dies der Schattenwurf?“ Nicht Verbürgerlichung ist der Schutz vor Drogen, sondern das Individuell-Werden des einzelnen Menschen, das Risiko einer lebenslangen Gesundung.

Nachwort

Wir sprachen oben von dem Geburtsimpuls, den jeder Mensch mit in sein Leben bringt. Drogen betäuben den Schmerz, der aus dem Erlebnis unserer menschlichen Unvollständigkeit hervorgeht. Sie schneiden von der eigenen Biographie ab. Früher waren die Menschen durch Traditionen, Familie, Volks- oder Standeszugehörigkeit so fest in eine vorgegebene Ordnung eingefügt, daß diese ihnen einen großen Teil der Arbeit abnahm, die heute – beim mündigen Menschen – von ihm selbst geleistet werden muß.

Wir haben in der vorausgegangenen Betrachtung nur von der Kindheit und Jugend und der Rolle der Umgebung gesprochen. Was aber ist bei Erwachsenen das Äquivalent zu einer leiblich, seelisch und geistig gestalteten *Umgebung,* wie sie für die Kinder und Jugendlichen gefordert wurde? Leitend war der Gedanke, daß eine Kraft, die beim Kind noch nicht individuell geworden ist, von den Erwachsenen gewissermaßen *vorgelebt* werden muß. Sie muß in der Umgebung leben und ist so die Anregung, an der das Kind sich zur Selbständigkeit entwikkelt.

Erwachsensein bedeutet, Verantwortung für die weitere Entwicklung auf sich nehmen zu müssen oder zu dürfen – je nach Geschmack. Das hat einen persönlichen Aspekt: die Selbsterziehung, aber auch einen sozialen: Dem Auseinanderdriften der Seelenkräfte im einzelnen Menschen entspricht gesellschaftlich der Zerfall aller hergebrachten Bindungen. – Überall, wo sich Menschen auf der Grundlage einer Freiheitsentwicklung des einzelnen zusammenschließen, um an selbstgewählten Aufgaben zu arbeiten, üben sie zugleich an einer neuen „Sozialität". Wie das Ich die verlorengegangene Einheit in der eigenen Seele aktiv bilden muß, so gelten im Sozialen die Christusworte: „Wo sich zwei oder drei in meinem Namen versammeln, da bin ich mitten unter ihnen", und: „Was du hast getan einem deiner geringsten Brüder, das hast du mir getan." – Es ist in unsere Verantwortung gegeben, ob wir den Jugendlichen zeigen, daß wir in diesem Sinne *auch* darum ringen, immer erneut Menschen zu *werden.*

Johannes Rogalla von Bieberstein
Die These von der Verschwörung 1776–1945
Philosophen, Freimaurer, Juden, Liberale und Sozialisten als Verschwörer gegen die Sozialordnung
216 S., kt. DM 33,00
ISBN 3-926841-36-2

Carola Cutomo
Medialität, Besessenheit, Wahnsinn
188 S., kt. DM 19,80
ISBN 3-926841-19-2

Klaus Engels
Destruktive Kulte im Spannungsfeld von Kirche und Gesellschaft
212 S., kt. DM 28,00
ISBN 3-926841-46-X

Hans-Diedrich Fuhlendorf
Rückkehr zum Paradies oder Erbauen des Neuen Jerusalem?
Geschichtsbetrachtungen in apokalyptischer Zeit
352 S., kt. DM 39,00
ISBN 3-926841-37-0

Wolfgang Gädeke
Anthroposophie und die Fortbildung der Religion
448 S., Leinen, DM 48,00
ISBN 3-926841-23-0
kt. DM 36,00
ISBN 3-926841-24-9

Dieter Hornemann
Geheimnisvolles Afrika
Anthroposophische Arbeit im Urwald
102 S., 32 farb. Abb., kt. DM 26,00
ISBN 3-926841-60-5

Johannes Kiersch
Fragen an die Waldorfschule
148 S., kt. DM 19,80
ISBN 3-926841-33-8

Peter Krause
Das Judasproblem
Von den spirituellen Hintergründen der Gewalt
128 S., kt. DM 19,80
ISBN 3-926841-38-9

Peter Krause
Feuer in Tschernobyl
Die Ukraine nach dem SuperGAU
168 S., 37 farb. Abb., kt. DM 28,00
ISBN 3-926841-58-3

Anschrift, Abo- und Bezugsbedingungen siehe Impressum, 2. Umschlagseite.
Alle Titel auch im Buchhandel erhältlich.
Preisänderungen vorbehalten.

Peter Krause, Faustus Falkenhahn (Hg.)
Einsam – gemeinsam
Jugend im Gespräch
192 S., kt. DM 22,80
ISBN 3-926841-43-5

Ernst-Martin Krauss
Holzwege, Steinwege ...
Erlebnisse mit Elementarwesen
92 S., Großformat, 13 farb. Abb., geb. DM 56,00
ISBN 3-926841-35-4

Jukka Kuoppamäki
Einsam – gemeinsam
Jugendliche singen Lieder mit Jukka Kuoppamäki
Musikkassette, DM 22,00

Andreas Meyer (Hg.)
Seele und Geist
Ansätze zu einer spirituellen Seelentherapie
160 S., kt. DM 26,00
ISBN 3-926841-47-8

Heinz Schimmel (Hg.)
Tanz der Seelen
Der Tod als Verwandler der Seele. Die Totentanzdichtung von Joachim Fernau und ihre eurythmische Darstellung
108 S., 14 farb. Abb., kt. DM 25,00
ISBN 3-926841-53-2

FH 11
Über Tod und Sterben
3. Aufl., 264 S., kt. DM 24,80
ISBN 3-926841-11-7

FH 13
Hexen, New Age, Okkultismus
3. Aufl., 196 S., kt. DM 19,80
ISBN 3-926841-08-7

FH 14
Erneuerung der Religion
Die Christengemeinschaft, Sakramente, Kirche und Kultus
4. Aufl., 184 S., kt. DM 16,80
ISBN 3-926841-07-9

FH 15
Waldorfschule und Anthroposophie
3. Aufl., 132 S., kt. DM 9,80
ISBN 3-926841-00-1

FH 16
Kulturvergiftung: Rauschgift, Sucht und Therapie
2. Aufl., 228 S., kt. DM 16,80
ISBN 3-926841-21-4

FH 17
Kulturvergiftung: Alkohol
2. Aufl., 160 S., kt. DM 16,80
ISBN 3-926841-34-6

FH 18
Biologisch-dynamische Landwirtschaft, Ökologie, Ernährung
2. Aufl., 184 S., kt. DM 19,80
ISBN 3-926841-03-6

FH 19
Musik
2. Aufl., 184 S., kt. DM 16,80
ISBN 3-926841-06-0

FH 20
Sexualität, Aids, Prostitution
2. Aufl., 170 S., kt. DM 14,80
ISBN 3-926841-09-5

FH 21
Aids
164 S., kt. DM 14,80
ISBN 3-926841-10-9

FH 22
Erkenntnis und Religion
Zum Verhältnis von Anthroposophischer Gesellschaft und Christengemeinschaft
132 S., kt. DM 14,80
ISBN 3-926841-13-3

FH 23
Engel
2. Aufl., 172 S., 9 farb. Abb., kt. DM 19,80
ISBN 3-926841-15-X

FH 24
Direkte Demokratie / 1789–1989
240 S., kt. DM 14,80
ISBN 3-926841-16-8

FH 25
Rechtsleben und soziale Zukunftsimpulse
Von der Dreigliederungsidee Rudolf Steiners zur Volksgesetzgebung
244 S., kt. DM 16,80
ISBN 3-926841-17-6

FH 26
Michael
Januskopf Bundesrepublik
184 S., 8 farb. Abb., kt. DM 16,80
ISBN 3-926841-22-2

FH 27
Strafprozeß, Strafvollzug, Resozialisierung
224 S., kt. DM 16,80
ISBN 3-926841-20-6

FH 28
Naturwissenschaft und Ethik
204 S., kt. DM 16,80
ISBN 3-926841-25-7

FH 29
Freie Schule
248 S., kt. DM 19,80
ISBN 3-926841-28-1